中国交建
CHINA COMMUNICATIONS CONSTRUCTION

FENDOUZHE ZHIGE

ZHONGJIAO JITUAN JI ZHONGGUO JIAOJIAN LAOMO FENGCAI

# 奋斗者之歌

## 中交集团暨中国交建劳模风采

本书编委会◎编

中国经济出版社
CHINA ECONOMIC PUBLISHING HOUSE
北 京

**图书在版编目（CIP）数据**

奋斗者之歌：中交集团暨中国交建劳模风采 / 《奋斗者之歌：中交集团暨中国交建劳模风采》编委会编. -- 北京：中国经济出版社，2020.6

ISBN 978-7-5136-6174-4

Ⅰ. ①奋… Ⅱ. ①奋… Ⅲ. ①交通运输建设—先进工作者—先进事迹—中国—现代 Ⅳ. ① K826.16

**中国版本图书馆 CIP 数据核字（2020）第 088918 号**

选题策划　汪　京
责任编辑　孙东健　陈利军
责任印制　马小宾
封面设计　久品轩

**出版发行**　中国经济出版社
**印 刷 者**　北京艾普海德印刷有限公司
**经 销 者**　各地新华书店
**开　　本**　710mm × 1000mm　1/16
**印　　张**　23.75
**字　　数**　348 千字
**版　　次**　2020 年 6 月第 1 版
**印　　次**　2020 年 6 月第 1 次
**定　　价**　78.00 元
**广告经营许可证**　京西工商广字第 8179 号

**中国经济出版社** **网址** www.economyph.com **社址** 北京市东城区安定门外大街 58 号 **邮编** 100011

# 编 委 会

# 前言

## 弘扬劳模精神<br>汇聚奋斗力量

劳动模范是企业员工的杰出代表、是企业创新的中坚力量，也是党和国家事业发展的排头兵、领跑者。他们听党指挥，紧跟党的步伐，走在时代前列，在坚定不移践行国家重大战略、不折不扣完成国家战略项目中，生动诠释着新时代建设者的风采；他们爱岗敬业，在数十年如一日的风雨兼程中，立足平凡岗位创造非凡业绩，在我们身边唱响动人的旋律；他们勇于奉献，为了肩负的事业和责任，甘愿背井离乡，远离家人，以牺牲“小我”的高尚情怀成就“大我”，以牺牲“小家”的家国担当成全“大家”。他们以实际行动铸就的劳模精神，代表着一个时代的价值观、道德观和精神风貌，激励着千千万万劳动者坚守信念、立足岗位、开拓创新、建功立业。

党的十八大以来，中交集团暨中国交建坚持以习近平新时代中国特色社会主义思想为指导，坚决贯彻落实党和国家的决策部署与要求，坚持“五商中交”战略和“三者”定位，开创了具有中交特色的改革发展新局面，取得了令人瞩目的突出成绩，涌现出一大批爱岗敬业、勇于创新、业绩突出、具有鲜明时代特征的先进模范人物。在集团党委的坚强领导下，14 万中交人从劳模精神中汲取不竭的奋斗动力，迎难而上、真抓实干、砥砺前行，推动集团改革发展各项事业跃上新台阶。中交集团暨中国交建在港珠澳大桥、蒙内铁路、远海岛礁等一批世纪工程建设中赢得全球赞许目光；在践行“一带一路”倡议中，赢得党和国家领导人高度认可，同时也赢得世界人民点赞；在国务院国资委年度考核中实现“14 连 A”，连续 5 个任期获评“业绩优秀企业”；在世界 500 强中排名第 93 位，并 13 次荣膺 ENR（《工程新闻纪录》杂志）“全球最大国际承包商”中国企业第一名，发展质量跻身世界先进行列。

新时代的中国正以昂扬的姿态走近世界舞台中央。中交集团暨中国交建作为践行国家战略的主力军、产业升级的引领者、国际化经营的排头兵，必将在中华民族伟大复兴的征程中发挥更加重要的作用。大力弘扬劳模精神、劳动精神、工匠精神，全面激发广大职工推动公司高质量、高效益、高竞争力发展的热情和活力，充分发挥职工创新创效主力军作用，加速建设具有全球竞争力的世界一流企业，要求我们全面贯彻新发展理念，用劳模精神为企业发展注入新动能、形成新优势、积累新后劲。广大干部职工要积极主动学习劳模、对标劳模，从劳模的先进事迹中汲取继续前进的磅礴动力，努力践行“爱岗敬业、争创一流，艰苦奋斗、勇于创新，淡泊名利、甘于奉献”的劳模精神，以一往无前的奋斗精神、与时俱进的创新精神、脚踏实地的实干精神，勇做奋斗担当者、追梦前行者，凝心聚力、同心同德，铆足干劲、乘势而进，书写中交集团暨中国交建高质量发展的新篇章！

刘起涛　中交集团党委书记、董事长
　　　　中国交建党委书记、董事长

宋海良　中交集团总经理、党委副书记
　　　　中国交建总裁、党委副书记

# 目录

## 第一篇　中央企业劳动模范


李　响　不想当“将军”　可以当个好总工　/ 3

伍伟军　新时代最美劳动者　/ 9

蒋嘉伟　壮志凌云　脚踏实地　/ 15

覃　杰　唯以躬行酬壮志　/ 21

滕爱国　敬业为本　创新为先　/ 29

张晓强　海外奋斗十九载　初心不变　/ 34

周　涛　“80后”的海上行者　/ 40

安爱军　心系祖国　奋战海外　/ 46

程泽坤　科技创新铸就精品工程　/ 53

赵芳芳　柔肩扛大旗　/ 60

张文海　劈波斩浪　缔造超级工程　/ 67

## 第二篇　中交集团暨中国交建劳动模范

### 坚守奉献型


杨东来　不惧战火的海外先锋　/ 75
张怡戈　把项目装进脑海　/ 81
肖厚军　赤心不移　山川可撼　/ 86
王伟智　做个幸福的奋斗者　/ 93
王　腊　不忘初心　誓守匠心　/ 99
张月萍　一个女路桥人的坚守　/ 106
王　伟　雪域高原上的筑梦人　/ 112
王桂松　只为不负青春韶华　/ 118
赵　亮　平凡人的不平凡　/ 124
罗良乾　一心打造中国盾构品牌　/ 129
王慧奇　一朝峡谷行　终身怒江情　/ 135


### 科研攻关型


向颖刚　信息化事业的耕耘者　/ 141
杜洪池　初心不改　情缘渐深　/ 147
孙增奎　胸怀鸿志　高扬风帆　/ 153
程　凯　企业转型升级的积极践行者　/ 158
侯　芸　开启公路养护新航程　/ 163
孔祥升　干一行　爱一行　专一行　/ 168
张学兵　我把青春献给党　/ 175
崔银秋　北斗技术应用的先行者　/ 180
王岳平　为雄安描绘未来　/ 186

## 管理创新型


周相荣　为超级装备“保驾护航”　/ 193

丁德伟　拜项目为师　以工地为家　/ 198

蒋建荣　星光不负赶路人　/ 203

李习春　幸福是奋斗得来的　/ 209

肖向荣　创新路上的急先锋　/ 214

高加亮　在云贵高原打响中交桥梁品牌　/ 220

李　挺　热爱是激情　奉献是使命　/ 225

王文俊　用一言一行诠释劳模精神　/ 231

闫　建　在平凡中追求卓越　/ 237

李俊勇　打造绿色智慧新城的“领头雁”　/ 243

武新超　做“中交高速”坚实的守护者　/ 248


## 开拓进取型


江厚亮　科伦坡港口城的“最美中交人”　/ 255

张延河　江海筑梦　桥谱春秋　/ 261

唐建明　重技术创新　树商混标杆　/ 268

李玉生　用心筑路　无愧标杆　/ 274

张　强　四公局投资业务的“探路者”　/ 279

张志平　把不可能变可能　/ 286

沈启亮　“一带一路”建丰碑　/ 291

刘鹏飞　做一位勤学善思的工程人　/ 297

谭发茂　镌刻璀璨的中交地铁里程碑　/ 302

刘凤松　绘亮那一片广袤的“深蓝”　/ 308

于　静　挺身海南　筑梦海投　/ 314

林　立　彼岸前行弄潮儿　/ 321

## 大国工匠型


张宝兰　“超级配方”筑就百年工程　/ 329

徐文礼　地下“钢铁巨龙”的掌舵者　/ 334

何继红　敬业模范　行业标兵　/ 340

连晓飞　雪域高原上的实干家　/ 346

杨春雷　“战场”上彰显责任与担当　/ 351

徐建中　创新发展的领路人　/ 356

毛　希　岗位平凡　业绩不凡　/ 361

李国民　理想常青“老师父”　/ 366

# 第一篇

# 中央企业劳动模范

一个“80 后”，将企业发展和个人进步融为一体，谨记发展初心，执着技术引领，培养并率领众多技术精英投入工程建设。

# 李 响

## 不想当“将军”<br>可以当个好总工

◎ 李 响

◎ 中共党员

◎ 高级工程师

现任中交一公局二公司总工程师，中国交建“优秀共产党员”，先后荣获中国公路学会科学技术奖二等奖、中国建筑业协会 QC（质量管理）成果一等奖及 BIM(建筑信息模型)大赛单项一等奖。其领衔的“零壹”创新工作室、“基石”配合比及原材料创新工作室被评为中国交建示范性劳模(工匠人才)创新工作室。

"80后"的李响用执着与坚守、用精业和敬业，从测量员成长为中交一公局集团二公司总工程师，带领朝气蓬勃的技术团队，挺立于祖国的山川河流海湾间，成为一座座宏伟桥梁的钢支撑，在党旗下谱写一首首诠释忠诚与责任的亮丽诗篇。

## 坚守"初心"，不当"将军"

2004年，李响参加工作，在苏州绕城高速项目负责测量工作。他虽然不是专业出身，却凭借踏实、好学的态度，在较短的时间内掌握了公路测量技术，成长为测量队长。2005年转战沪苏浙公路，他担任施工现场技术员。2007年，在江海高速公路的修建中，他升任为工程部部长，更加地兢兢业业钻研技术、管控现场，编制了10多个专项交通管制方案，安全完成了5次京沪高速的上跨施工，荣获江苏省最高质量奖"扬子杯"。

2008年，李响作为一公局集团优秀技术干部赴宁波清水浦大桥交流锻炼，这是他技术生涯最为关键的成长年份。他回忆起当时场景，说："以前，'桥'对于我来说只是书本上的概念，当看到140多米高耸入云的主塔、468米的主跨时，我被震撼到了。这种‘一桥飞架南北’的气魄，都要靠技术支撑才能实现，我一定要做这样顶天立地的技术人员，建造这样的大桥。”就这样，他始得“初心”，在技术创新的道路上迈开了第一步。2009 年岗位晋升时，他果断选择总工职务，从此，开始了“总在工作、总在创新”的工程师生涯。

2010 年，拉萨纳金大桥开工建设。这是世界海拔最高的首座矮塔斜拉桥，也是一公局二公司在拉萨的首个项目。为了实现大桥梦，李响不顾家人反对，无惧恶劣的气候环境，主动请缨赶赴高原。在两年半的工期里，他带领项目技术团队攻克了卵石地层桩基、大温差混凝土、2.5 米超小半径索鞍、33 米宽幅轻型挂篮等一系列技术难关。他首次在西藏地区卵石地层采用旋挖钻施工，大大缩短建设工期，填补了技术空白。凭借该项技术，二公司首次荣获一公局集团合理化建议特等奖。在此后的工作中，他一直延续课题引路、技术攻关的习惯做法，主持了多个课题研究，纳金大桥、西藏会展中心等标志性建筑接连获评中交集团优质工程和西藏“雪莲杯”。

在取得优异业绩的同时，许多同事和领导对他说：“总工总工——总在工作，你天天这么忙，是不是考虑换个岗位调整一下？”但当担任项目经理的机会再

次来临时，李响再一次出乎意料地拒绝了升职机会，他的理由极其简单："我喜欢技术攻关，更适合做总工。"工作14年，他坚守初心，抵挡诱惑，耐得寂寞，不当"将军"，只为做好一个技术工作者。如今，李响依然穿梭在各个工地上，全心全意做好技术"钢支撑"。

## 世上无难事，只要肯钻研

2014年，乐清湾跨海大桥开工建设，大桥上部主体全部采用节段梁预制拼装，这是整个一公局集团都未曾接触的工艺。浙江省交通运输厅下达目标任务时强调，节段梁工艺在浙江省应用并不成熟，通病明显，如果在乐清湾大桥项目中节段梁施工不好，该工艺将被清除出浙江省。

当时，国际上及国内各省都在大力推广节段梁新工艺，如果堂堂的央企不

敢干、不敢上，那是绝对不行的。但是，新工艺也意味着新挑战，压力之大，可想而知。

李响接到“背水一战”的命令后，没有丝毫犹豫，第一时间从海拔 3650 米的拉萨奔赴东海之滨的乐清湾。“没做过不代表不会做，从零开始，认真学习，系统思维，解决核心问题。节段梁难，难在精度，那我们就攻关精度！”这位“总去工作”的李总工带领技术团队，开始了又一个攻关历程。

从预制场地基处理开始，到毫米级的预制台座模板，他带领技术团队像做工艺品一样浇筑每一榀节段梁。每道工序都需要不断地试验，不断地优化：为实现 0.1 毫米的测量精度，发明了匹配专用测量棱镜杆和构件；为了实现 0.5 毫米的调模精度，优化了液压系统，更换油缸；为了实现超高变坡预制，优化制作了柔性底模；为了避免测量误差，发明了四点尺量法复核六点全站仪法……无数次的重复再重复，优化再优化，从预制场建成到正式产梁，耗时 4 个月。“这是一种煎熬，但每道工序的优化，每个问题的解决，他都亲自督导操作，不断坚定大家的攻关目标。当批量实现 120 吨节段梁 ±3 毫米成品控制精度时，我们自己都觉得不可思议，但我们真的做到了。”预制场负责人如是说。

成就一件大事，何止攻克一个难题？预制难题攻关结束，海洋环境下节段拼装的难题又横亘在技术人员面前。“第一个墩顶块安装，用了 3 天，”测量队长至今记忆犹新，“规范上是 ±5 毫米的安装精度，我们内控的技术指标是 ±1 毫米，长期在海里测量，测量人员都崩溃了。”李响深知测量对工程的影响，早已做了准备，但没想到困难仍然超出预料。为了精准无误他带领测量队，从早上 5 点开始直到太阳落山，一直在 20 多米高的狭小操作平台上钻研测量方案，最后引入“笛卡尔坐标系”，采用一套全新的“轴系互换测量工艺”，才成功将墩顶块安装时间缩短到了 1 小时。在接下来技术攻关中，他一刻也不敢松懈，全年全勤扑在现场，首联节段拼装耗时 7 个月，他和团队创新节段梁微调、架桥机超前过跨等工艺，将一联拼装时间缩短到 45 天。

桥梁通航孔 150 米变截面节段梁拼装，在国内尚属首次，中跨合龙最小误差 7 毫米，比规范要求的误差值还要小。乐清湾全桥 10.08 千米，节段梁拼装

合龙精度全部低于 ±10 毫米，为国内同类桥梁最低值。交通运输部品质工程现场会把李响参建的大桥作为主会场，这一殊荣标志着李响团队实现了“毫米成就万米，匠心打造品质”的质量目标。

从钻研技术的初心，到发现技术的快乐，再到技术自信的挑战，李响一步一步创造技术神话，一步一个脚印攀登技术高峰。

## 保持敬畏之心，做个合格总工

“在项目上，我只是技术团队中的一员；到了公司层面，会有更好更高的平台，可以做更多有意义的事情。”这是李响任职二公司总工后常说的话。初任二公司总工的 2 年里，他给自己定下“优化体系构架、推行长效活动、夯实基础业务、重视梯队建设”的目标，紧盯管理边缘化问题，深入分析，优化技术质量管理考核体系，解决管理顽疾，推行超过一定规模危险性较大分部分项工程实施申请制度，在外审时受到船级社专家的高度认可。推进三大质量举措，各项目质量意识和验收合格率逐年提升：北口大桥索塔内实外美，杭绍台桥面全省（浙江省）推广。

整合创新资源，打造二公司科技名片。李响帮助企业完成了高新企业申报，联系苏州大学成立了研究生工作站，申报成立了苏州市桥梁隧道研究中心，获批了江苏省桥梁隧道（中交）工程技术研究中心，并成功报批了一公局层面首个试验类的“基石”创新工作室。以李响为领衔人的“零壹”工作室团队，重点攻克特大桥核心技术，作为一公局第一批工作室获批中国交建示范性劳模（工匠人才）创新工作室。李响为了打造技术梯队，将专业知识更好地用于施工一线，培养更多的优秀技术骨干，共同研究更深更核心的关键技术。而对于技术工作，他说：“我离合格还差得远，对于技术，只有心存敬畏，才能看得清方向、跟得上形势、踏得出脚印、行得到未来。”

就是这样一个“80”后，将企业发展和个人进步紧紧相连，谨记发展初心，坚守技术引领，同时培养出的技术精英投入大桥建设。他把光和热奉献给他热爱的路桥事业，助力企业朝着特大型桥梁建设领先者迈进，践行着桥梁大国向桥梁强国升级的光荣使命。

“爱岗敬业不仅仅是一句口号，更重要的是将口号踏踏实实落实到行动中！只有我们每个人做到爱岗敬业了，企业才能兴旺发展。”简单的一句话道出了一个新时代最美劳动者的心声，更诠释了一名优秀共产党员的使命与担当。

# 伍伟军

## 新时代最美劳动者

◎ 伍伟军

◎ 中共党员

◎ 一级建造师

高级工程师

现任中交四航局一公司副总经理，先后获得“2016—2017 年度国家优质工程奖突出贡献者”、中交集团 “蒙内铁路建设功臣”、四航局“企业标兵”等荣誉。他带领团队承建的安哥拉洛比托港项目荣获“2016—2017 年度国家优质工程奖”。

伍伟军于 1998 年 7 月入职四航局一公司，20 多年来先后在莲花山隧道、梅河高速、天汕高速、马来西亚槟城二桥、安哥拉洛比托道路堆场、贵广铁路、肯尼亚蒙内铁路等项目任技术员、工程部部长、总工、项目经理等职位，工作勤恳、谦虚好学，在道路桥梁隧道施工等方面，积累了丰富的管理经验。虽长期奋斗在一线，但他十分注重理论知识学习和技术水平提高，积极参加各项培训，扩充专业知识，使自己如虎添翼，驰骋疆场。

## 在洛比托树立工程典范

伍伟军担任项目经理始于安哥拉洛比托道堆项目。当时，中交四航局一公司主要负责洛比托港码头后方堆场、房建、给排水电气通信导航等系统设备的供应安装及附属设施的建设。这是四航局一公司在安哥拉的第一个工程项目，也是一公司拓展海外市场的重要阵地和前沿窗口。

在洛比托港道堆工程施工过程中，伍伟军通过精心部署、严密控制，不仅顺利完成了施工任务，确保了工程质量，而且也为类似工程施工提供了有益的经验。他创新项目管理，不断推进工程创新及新技术应用，坚持高标准定位，提出要建“精品工程、平安工程”。

协调一致排万难。人员和物资调遣是海外项目的两大难点，在工程前期，这两个难点给项目部带来了极大的困难。为了履约，项目部率先调集到场的施工技术人员和仅有的 9 名作业人员，全身心投入 VTS 办公楼地基开挖、地圈梁以及首层框架结构的施工，保证了 VTS 办公楼顺利开工。同时，伍伟军积极协调公司各部门加快进度，进行项目分项工程协作队伍的招标工作，排除一切困难，以最快的速度确定协作队伍，并抽调专人负责办理人员出境的全部手续，确保项目后续人员的如期进场，从而缓解了人员不足的局面。

制定创优目标和措施。项目建设目标是达到国家级优质工程，从开始施工至竣工完成，都高标准、严要求抓质量，毫不放松。最终，旱码头、集装箱码头及矿石码头堆场所有已完成的各分项验收通过率为 100%，表观质量也达到了设计及规范要求，质量合格率 100%，达到了预期的目标。

在疏港桥通车仪式和 VTS 办公楼竣工典礼上，洛比托市市长 Amaro

Ricardo 称赞：“施工方不仅能够按期交付使用，注重文明施工、安全生产，关注环境保护，而且工程质量非常过硬，是其他在洛比托建设的工程公司的典范。”

## 蒙内铁路打响中国品牌

闻名“一带一路”的肯尼亚蒙内铁路全线采用“中国标准、中国技术、中国装备、中国管理”。伍伟军曾担任蒙内铁路一标段的负责人，建设内容包含铁路正线、路基工程、桥涵工程、站场土石方、填海工程、轨道底砟铺筑等，全长 73 千米。施工高峰期有近 500 名中方员工和 5000 名当地工人，安全生产责任重大。

“苦不苦，看老伍；成不成，看老伍。”时任业主领导常这样说。蒙内铁路会聚了中国交建旗下的 10 多家设计和建设单位，但最具制约性、控制性的关键标段，就是伍伟军所负责的一标。全线十大控制性工程中的蒙巴萨港站、蒙巴萨西站、蒙巴萨特大桥这 3 项都位于一标，港站填挖方超过 220 万立方米，填海 217 万立方米；蒙巴萨西站是全线最大的车站之一，站场填方达 420 万立

方米；蒙巴萨特大桥全长 2129 米，共 64 跨，墩身最高 28.5 米，贯穿滩涂、山丘和沼泽，地形复杂，施工难度大，均为蒙内铁路全线的重点控制性工程。

作为标段负责人，伍伟军始终坚持把质量管理、安全管理、诚信履约放在首要地位，以保安全、保质量、保工期、保环境为抓手，集中优势资源，全面掀起大干快上的施工高潮，为蒙内铁路全线顺利推进提供了有力保证。为此，项目部获得“蒙内铁路第三和第四次百日劳动竞赛优胜单位”“‘两学一做党旗红，静态验收争先锋’劳动竞赛模范单位”，伍伟军被评为“蒙内铁路第二次百日劳动竞赛优秀项目经理”。另外，他还借助于技术督导活动、质量月、安全生产月、技术资料月以及路基附属工程施工专项活动月为载体，提高施工管控能力，实现项目效益最大化。

在伍伟军的管理和带领下，项目部获得全线 2016 年综合考评第一名，并被评为静态验收模范单位、拼搏奋斗单位；获评四航局一公司“安全文明工地”“2016 年度先进集体”“质量管理先进单位”“安全管理先进单位”。项目部党支部被评为中国交建先进基层党组织、广东省直工委优秀基层党组织，项目部青年突击队被评为中国交建优秀青年突击队和广东省直优秀青年突击队。

## 技术创新“领头羊”

伍伟军不仅具有丰富的施工管理经验，还具有很强的工作责任心和事业心。他重视技术和质量管理工作，善于总结施工技术管理经验，善于带领团队、发挥团队作用，积极开展技术研究和技术攻关等活动。通过开展技术创新、技术发明、技术攻关、技术研究等活动，发挥广大技术管理人员的聪明才智，推动企业的技术进步和人才成长。伍伟军领导、参与的技术研究、技术创新等荣获 5 项省部级科技进步奖：获中国公路建设行业协会科技创新奖一等奖 1 项，获中国公路建设行业协会科技创新奖二等奖 1 项，获中国公路建设行业协会科技创新奖三等奖 2 项；获国家知识产权局实用新型专利 1 项。先后获中交四航局科技进步奖、技术总结奖等多个奖项。

伍伟军长期奋战在施工一线，取得了无数的成绩和荣誉。面对成绩和荣誉，伍伟军自然喜悦，但他更多表现出的是坦然。

当别人问起他的成功经验时，他说得最多的一句话是："爱岗敬业不仅仅是一句口号，更重要的是将口号踏踏实实落实到行动中！只有我们每个人做到爱岗敬业了，企业才能兴旺发展。"简单的一句话道出了一个新时代最美劳动者的心声，更诠释了一名优秀共产党员的使命与担当。他爱岗敬业，脚踏实地，在这个属于奋斗者的新时代，在劳动光荣、劳动美丽的主旋律里，不驰于空想，不骛于虚声，在奔跑中奋力逐梦，做新时代最美的劳动者。

他用辛勤付出积累成长经验，用实际行动践行时代要求，用坚定信念诠释责任担当，用铮铮铁骨捍卫价值使命。他满怀中交人敢打必胜的信念，推动了我国新型海工重器的跨越发展。

# 蒋嘉伟

## 壮志凌云　脚踏实地

◎ 蒋嘉伟

◎ 中共党员

◎ 工程师

现任中交疏浚集团所属中交海洋建设开发有限公司香港项目经理部项目经理、党支部书记。参加工作以来，他不仅参与了新型海工重器的研发建造，还参加了许多国家重点工程建设。在施工一线，他带领支部的党员冲锋在前，不辱使命，圆满完成了攻坚任务，所在支部被评为中国交建“先进基层党组织”。

“1 年 300 多个日日夜夜，建造 4300 多根深层水泥搅拌桩……”，中交海建 2 艘重型双处理机 DCM 船（深层水泥搅拌船）不辱使命，圆满完成了香港国际机场第三跑道项目 3204 标段全部任务。

香港机场第三跑道项目 3204 标段是在国际上打响“中交疏浚”品牌的重要一役，也是中交海建参建的第一个国际化实体工程项目，是中国第一艘重型双处理机 DCM 船第一次施工，“四个一”同时出现，项目经理、党支部书记蒋嘉伟感受到了前所未有的压力，但他用执着和毅力，书写了中交人无悔的青春年华。

## 新型重器填补多项国内空白

为了满足香港机场第三跑道项目在环保和全新免挖式填海工艺方面的要求，2015 年年底，蒋嘉伟进入中交疏浚 DCM 建造筹备组。他通过深入研究市场，前瞻预判形势，在中国交建和中交疏浚领导的支持和统筹安排下，与集团内设计单位联合，创新性地提出双重处理机的设计理念。

2016 年 5 月，2 艘 DCM 船同时开工建造。作为建造组负责人，蒋嘉伟带领建造团队与设计方、厂方加强沟通协作，白天紧盯施工现场的关键环节，每天微信运动的步数都在 2 万以上，晚上精心审阅后续工艺的相关图纸，建造期间累计审阅图纸达 400 多张。他坚定地说："这是我第一次真正负责建造这么重要的设备，不能有半点疏漏。"正是凭借这股劲头，他带领团队只用时 7 个月，便使得国内首艘重型双处理机 DCM 船顺利交付。

"作为中国首艘重型双处理机 DCM 船，中交海建旗下的'DCOC-1''DCOC-2'船集深层土体切削搅拌、水泥浆精准注入、智能化施工管理等多项高端技术于一体，它的调倾系统、移船定位系统、水泥浆注入系统和抱桩器系统等智能化施工管理系统，填补了国内空白，还一举打破了日、韩等国在该领域的技术垄断。同时，该船的设计建造涵盖 9 项新型技术专利和 5 项技术专利，被中国水运协会评定为国际先进水平。"蒋嘉伟在接受天津电视台采访时自豪地说。

在香港机场投入使用后，2 艘 DCM 船的设计产能和技术优势得以真正彰显和充分发挥。船舶建造的成功，不仅推动了中交疏浚在海工领域的转型升级，提升了中交疏浚在国际上的品牌影响力，更成为中国装备制造"走出去"参与

国际竞争的有力体现。

## “五化一快”凸显管理效能

2017年年初，香港国际机场第三跑道3204标段项目组建，蒋嘉伟转变角色，肩负起项目经理的重担。

蒋嘉伟说：“当时，DCM船是刚投产的新型重器，首次施工就来到了香港，这里严格执行英国标准，我们以往的施工经验几乎用不上，更棘手的是，业主在船舶刚进场试桩阶段就提出了大量整改工作，让我们实实在在感受到了英国标准执行的严苛。”

想要得到业主的充分信任，必须有决胜第一的目标和信念，“没有信任，我们就建立信任；没有历史，我们就创造历史！一定要全力以赴，做好这个项目。”在员工大会上，他立下了军令状。

蒋嘉伟带领项目全员对业主的管理规范、施工要求进行充分研讨，并结合工期和项目实际，制订“三步走”施工目标。他先是带领技术攻关小组抢抓时间、连续奋战，对DCM船处理机系统操作进行反复磨合演练，最终成为在同台竞技的5艘船舶（2艘韩国船舶、1艘韩国改造船舶、1艘国内新造船舶）中唯一获得香港船舶运作牌照、以“正式身份”入港施工的船舶。接下来的是优化施工工艺，提高施工质量，不断提升船舶施工效率，在他的带动下，项目部各岗位技术员分别制订出月度计划、周计划和日计划，确保分项任务落实到人、执行到位。

在蒋嘉伟细致入微的管理和团队共同努力下，中交疏浚的DCM船屡创新高，不断刷新自己创造的月度单产纪录，更创造了中国DCM船单日单处理机成桩的施工新纪录。2017年4—11月，中交疏浚DCM船成桩量比同台竞技的其他船舶有效桩多出近60组，香港业主对中交疏浚的DCM船的施工生产和船舶管理水平给予了充分认可和信任，香港机场管理局相关负责人称赞说：“中交海建的DCM船施工生产和船舶管理水平都能很好地满足香港特区较为严格的国际化工程管理需求，因此我们把有关机场建设相关活动、仪式或是迎接香港土木工程署、海事处等政府机构检查都安排在中交海建的 DCM 船，我们很放心。”

蒋嘉伟就是带着中交人“决胜第一”的目标和信念，通过开展项目“信息化、规范化、制度化、标准化、精细化和成本管理快速反应”工作法，加强项目的成本管控，强化管理团队建设，提升项目管理水平，实现了统筹协调和管理创新。项目获香港机场管理局颁发的“2017 年度最佳分判商”荣誉称号。

## 深度融入发挥党建优势

作为基层党组织负责人，蒋嘉伟认真学习贯彻习近平新时代中国特色社会主义思想，牢固树立“四个意识”，坚定“四个自信”，在不断提升自身政治素养的同时，始终坚持加强境外党组织自身建设，积极响应上级党组织工作部署，紧紧围绕发展目标，结合项目和团队实际，创新机制，带领广大党员干部职工锐意进取，扎实工作，为项目的顺利实施保驾护航。所在党支部曾荣获中国交建 2018 年度“先进基层党组织”称号。

在基础建设方面，蒋嘉伟带领支部认真完善“三会一课”等流程，完成了包括16项综合制度、7项管理流程在内的项目党支部党建制度汇编，为各项工作的顺利开展奠定制度基础。在团队建设上，他带领党员骨干将“两学一做”学习教育活动常态化、制度化，系统学习党的十九大精神，严格落实管党治党责任，不断加强党风廉政教育，加强和改进项目领导班子的作风建设，项目团队呈现出同心同德、共谋发展的良好局面。

在提质增效方面，他带领党支部加强对项目重要决策、重点业务等环节的监督，规范项目“三重一大”决策事项内容，求真务实，确保项目健康安全运营。作为中交疏浚集团2017年监察工作联系点，他带领监察骨干制订联系点年度监察实施方案和实施计划，细化完善监察过程记录表格30多项，完成问题反馈4项，均得到有效整改，为项目提质增效发挥了强大的监督作用。

在抓内部管理方面，他带领党支部不断完善民主管理制度，推进项目民主公开，形成职工有序参与项目治理的民主和谐氛围。他还善于抓施工设备的内部标准化管理，推行船舶星级制管理，从船员的业务技能到船舶规范化管理水平，从同台竞技施工能力到船风船貌的良好展现，均得到各级领导和业主单位的认可，同时也充分激发了支部全体党员的进取心、荣誉感，营造了争当先进、争创优秀的浓厚氛围，为项目的顺利实施发挥了战斗堡垒作用。

尽管人的精力是有限的，但蒋嘉伟却把有限的精力放在了推进项目施工和提升综合管理水平上。3204标段顺利完成后，项目进入了调整间歇期，但蒋嘉伟却没有松懈下来。他一边带领项目人员加紧做好首个境外工程项目经验总结，并根据中交疏浚星级船舶管理标准继续推动船舶自查提升，一边统筹开展技术人员和船舶操作人员技术比武工作，以期为后续工程的顺利实施打下坚实基础。

“推动企业在海工领域转型升级并非旦夕之功，既要壮志凌云地想，更要脚踏实地地干，还有新的征程在前方等着我们呢！”蒋嘉伟笑着说道。

天若有情天亦老，人间正道是沧桑。昨日，他以荣誉证明了过去的奋斗价值；今日，他初心不改，继续负重前行，为新时代奉献自我。

# 覃　杰

## 唯以躬行酬壮志

◎ 覃　杰

◎ 中共党员

◎ 正高级工程师

毕业于天津大学，中国水运建设行业协会专家。现任中交四航院副总工程师、科技处处长、质量管理处处长、港航事业部总经理。他注重创新，领衔完成一系列重大水运工程的咨询、设计任务，参与过30多个国家和地区的工程项目；获得过国家级、省部级科技进步奖，以及优秀咨询、设计奖20多次；先后被授予“中央企业劳动模范”、2012年广东省海员工会“金锚奖”、第五届“中国交建十大优秀青年”等荣誉称号。

2019年9月21日，一则喜讯从北京人民大会堂传来，覃杰被授予“中央企业劳动模范”称号。面对这份荣誉，覃杰不禁想起在四航院度过的工作时光，想起那一本本在深夜中不断“耕耘”的标准规范、科技著作，想起带领团队攻克的一个个项目，想起那个近年来斩获颇丰的BIM中心……

## 领导者的创新引领

翻找了一会儿，覃杰拿出一本纯英文杂志递了过来：“这是我们中交集团第一本外文期刊，影响力非比寻常。”据他介绍，在这之前，四航院仅有一本负责刊登专业论文的内部刊物，如何满足职工的论文刊登需求，如何让职工的海外工程业务素质能力在国际舞台上得到展现？带着这些问题，作为科技处处长的覃杰和团队一起，创办了中交集团的首本外文期刊 *International Journal of Analytical Methodologies and Applications in Engineering*（《国际工程分析方法与应用》杂志），在为职工提供更多论文刊登和展示平台的同时，更让四航院乃至中交集团的国际影响力得到提升。

走出覃杰的办公室，在四楼就能看到四航院独特的“专利墙”，琳琅满目的专利证书、获奖荣誉和专业书籍封面以图片的形式展示在墙面上，令人目不暇接。“专利墙是我们四航院的核心展示区。截至目前四航院的发明专利和实用新型专利已有 100 多项，在国内具有很大的影响力。”覃杰看着这一面长长的专利墙，掩饰不住自豪的微笑，接着介绍：“这么多年来，四航院创造了很多的科技专利和有知识产权的专业著作，但由于没有一个公开的集中展示，很多员工对我们的核心竞争力、取得的骄人成绩并不十分了解。为此，在 2017 年年底，我和相关领导决定在四航院大楼人流量最多的四楼走廊开设专利墙，在让员工以及外来访客了解四航院科技实力的同时，也起到提振员工士气的作用。”

紧靠着专利墙，便是覃杰自兼任科技处处长以来最引以为傲的 BIM 研究中心。BIM 全称 Building Information Modeling（建筑信息模型），也就是以三维图形为主、物件导向、建筑学有关的电脑辅助设计。依托 BIM 中心的骨干、精英，四航院在国家级以及国际大赛中屡获殊荣，在最近的两届“创新杯”BIM 应用大赛上，四航院均获评全国“最佳 BIM 应用企业”，全国获此殊荣的设

计企业仅十来家。除此之外，他还先后牵头组织成立了广东省勘察工程技术研究中心、Autodesk 全球授权培训中心、广东省劳模创新工作室、广东省省级企业技术中心、博士后创新实践基地等科创平台，极大地增强了四航院核心竞争力。

不应艰辛诉怨苦，逐浪前行斩碧波。面对近几年传统水运工程市场逐年萎缩的困境，身兼港航事业部总经理的覃杰带领部门 260 名员工锐意进取，攻坚克难，在日益严峻的外部环境中确保四航院传统的港航业务逆势上扬，港航板块 2016 年、2017 年、2018 年分别完成新签合同额 28.4 亿元、31.4 亿元、35 亿元，实现收入 13 亿元、16 亿元、17 亿元，获得利润 2.1 亿元、2.5 亿元、2.7 亿元，确保了四航院在 ENR60 强排名中继续位列水运行业领先地位。

他兼任着四航院质量管理处处长，创造了质量管理体系连续 15 年无不合格项的纪录。2018 年、2019 年均以高分通过质量管理体系升级版 AAA 认证，目前全国工程勘察设计行业获 AAA 证书的企业仅有约 20 家，四航院是中交集团下属首家获得该证书的企业。

除此之外，覃杰还兼任中国水运建设行业协会专家、广东省咨询协会交通专业委员会秘书长、四航院技术审查委员会委员。如此多的职务和责任压在身上，可谓“压力山大”，但覃杰有着自己的看法：“四航院能够将如此多的重任交给我，既是对我的肯定，也是对我的鞭策。”一个头衔就代表一份责任，处理如此之多的事务绝非易事，覃杰的办公桌上整齐地摆放着几本厚厚的本子，翻开本子，只见里面密密麻麻地写了各种各样的“小计划”。覃杰坦言，自己通常会在下班后思考各部门明天以及近期需要落实的工作，每天写上一两页“小计划”，不知不觉几年下来，写了数千条“小计划”。正是这样的好习惯，覃杰才将如此繁杂的业务工作了然于心，处理得井井有条，并屡创佳绩。

从科技创新到业务拓展，再到质量管理，他面面俱到又经营得当，可想而知他背后负的责任是一座多重的高山，付出的是一条多大的河流。这也难怪在四航院的走廊上，时常都能听到他急匆匆的脚步声，看见他一边大步向前，一边吩咐着诸多的事宜，转身又进入办公室，开始了一天的忙碌。

## 撰写者的偏执浪漫

键盘的响声总是在夜深人静时才越发响亮，当文字填满了电脑屏幕，覃杰方才觉得这一晚的付出略有所成。身兼数职的他下班后的生活总是如此忙碌。在 2011—2013 年，他作为第一副组长，组织编写了交通运输部委托的《游艇码头设计规范》，填补了我国游艇码头设计规范的空白，对于四航院乃至行业来说意义重大。同时，作为组长，他完成了该规范的英文版翻译，并在第二届中国游艇文化论坛上向 20 多个国家和地区的同行推介，推广中国技术文化。2014—2018 年，遵照四航院的指示，覃杰牵头成功编写《基于国内外规范和标准的海港工程总平面设计指南》，对我国水运行业的技术进步、设计人员的培育塑造，做出了特殊贡献。

做好这些工作需要极强的专业能力，覃杰坦言，编写的难度并不仅仅在于文件本身，而是编写过程中的枯燥与寂寞产生的无尽困扰，以及和正常生产工作产生的矛盾。只有在夜深人静的时候，才能有短暂的编写时间，在浩如烟海的书籍中查找对应资料，对成稿进行逐字逐句地校对和调整……6年来，近乎每一个夜晚，覃杰都与规范标准、科技著作一同度过，在逐渐适应和习惯的过程中，营造出了独属于理工男的浪漫。据覃杰回忆，在这份浪漫里，还透露着一丝丝的“偏执”。

在编制《游艇码头设计规范》的时候，覃杰和团队成员为了充分了解台风对游艇港口的影响，抓住一次台风过境海南省的机会，在台风登陆的第二天便赶赴现场，在交通不便、断电断水、通信中断的情况下，冒雨涉水，深入港区，走访相关方面，取得了第一手资料，为制定规范提供了科学的数据。

当然，覃杰的笔下不仅只有引以为傲的标准规范，在工程领域上精于钻研、乐于奉献的他，10多年来牵头完成了一系列技术创新研发项目，成果丰硕，获得国家级、省部级奖项20多项；在核心期刊发表了大量专业论文并出版多部个人专著。这其中包括：

——作为主创人之一，历时15年编纂了世界最大、最完整的《英汉土木工程大词典》和《汉英土木工程大词典》，这两套词典总页数超过4000页，海量收集了与土木工程相关的专业词汇，编纂出版后反响热烈，在国内土木工程行业具有深远影响力。

——作为骨干成员参编《中国水运建设60年（技术卷）》（171万字），为总结我国水运工程建设经验、全面展示我国水运工程建设成就和技术实力贡献了力量。

——作为编写专家和审稿专家参编《中国交建港口与海洋工程10项核心技术》（120万字）。该书系统展示了中国交建几十年来积累的港建、港机和海洋重工方面的核心技术能力，以及中国交建在科研、设计、施工和制造方面的综合实力。

——作为组长，他主持交通运输部《海港锚地设计规范》的制定工作；作为主要成员，他参加《水运工程海上人工岛设计规范》《广东省港口门式起重机油改电地方标准》等其他相关行业标准的制定，不遗余力地为行业的发展贡献力量。

“撰写论文与专著，不仅是记录和总结工作与思考，更是在总结自己。”这一本本的标准规范、一篇篇的论文、一卷卷的专著，仿佛便是他的“另类日记”，让人在他的书海中看到了闪闪发光的工程智慧与精湛思考。他在自己书写的字里行间欣赏着自己过去和现在，一直不断进取和奔跑的身影。

## 建设者的家国情怀

当南海之滨的海风吹拂在身上，一片开阔的港区展现在覃杰和四航院团队眼前的风景便是广州港南沙港区四期工程码头。如果说上海洋山深水港取得了中国集装箱自动化码头的突破，那么南沙港区四期工程便是进一步的探索和精进。

作为四航院的重要项目，南沙港区四期工程可谓颇具设计难度，由于驳船码头岸线布置在海轮码头岸线侧面，港区内的主要装卸工艺流向平行于码头前沿线，兼之海轮、驳船中转是集装箱集疏运的主要方式，这也导致目前所有的主流自动化码头方案都不适用于南沙港区四期工程的建设，四航院需要设计出全新的自动化码头方案。

在这样的难题下，覃杰和四航院总工卢永昌、副总工麦宇雄等组成的设计团队，在不断剖析与对比国内外几十个自动化码头案例的基础上，引入前沿科技，在反复的比对与推敲后，大胆创新地提出全球首例“堆场箱区平行岸线布置＋北斗导航智能导引车＋自动化单小车岸桥”自动化集装箱码头方案，创造性地将“人工智能”“卫星导航”“精准定位”等前沿科技带入自动化码头运输设备上。这不仅在生产调度上实现了港区内多点装卸作业和最短作业路线规划，更提高了土地利用率，升级了堆场的整体布局。这一套大胆创新又精细打磨的“四航院方案”，获得了一致的肯定和认同，升级成了“广州方案”，对推进我国集装箱码头全自动化建设具有重要意义。

除南沙港区四期工程，他精湛的业务能力和“偏执”的浪漫还为四航院乃至中国留下了诸多建筑杰作：中国第一个孤岛式大型油码头——中海壳牌南海石化马鞭洲码头；世界上一次性建设规模最大的集装箱码头之一——广州港南沙港区三期工程；世界上规模最大的综合性石化码头——中科合资广东炼化一体化项目码头；海峡西岸大型集装箱深水港区的开创性工程——厦门港嵩屿港区一期工程。

他在不断的挑战和进取中，展现出了一名交通人的使命与担当。

2019 年，国务院正式印发了《交通强国建设纲要》，明确到 21 世纪中叶，全面建成人民满意、保障有力、世界前列的交通强国。作为一名交通人，覃杰对这一份重要文件的发布有着更多的感悟和因此而生的责任感。

《交通强国建设纲要》对我们交通基础设施建设的方方面面都提出了很高的要求。从覃杰的描述中，不仅看到了四航院在未来中国交通建设中的宏伟蓝图，也看到了在这一过程中的机遇与挑战。交通强国建设，需要更具突破性和前瞻性的核心科技，需要更为先进的质量管理，也需要那一颗恒久不变，建者无疆的初心。

天若有情天亦老，人间正道是沧桑。在四航院建院 55 周年和新中国成立 70 周年之际自己获得“中央企业劳动模范”荣誉，覃杰倍感意义非凡。在入职四航院的 10 多年里，他能强烈地体会到自己的成长与成绩，也亲身参与和见证了四航院在工程领域的发展与实力，更通过这一份极具成就感的事业，感受到祖国的时代脉搏和崛起步伐。昨日，他以荣誉证明了过去的奋斗价值；今日，他初心不改，继续负重前行，作为一名建设者，为四航院、为新时代的中国奉献自我。在复兴之路上，以覃杰为代表的四航院人扮演着大国建设者的角色，继续追寻着属于中交四航院、属于中国的“交通强国”的伟大梦想。

他是一位广受尊敬的人、一位大公无私克己奉公的人。他立足平凡的岗位，用心做好每件事情，因此成了一位不平凡的人。

# 滕爱国

## 敬业为本　创新为先

◎ 滕爱国

◎ 中共党员

◎ 国家一级注册建造师

注册造价师

注册咨询师

正高级工程师

2000 年研究生毕业于大连理工大学海岸与近海工程专业，现任中国交建市场开发事业部副经理、总工程师，先后获得国家科技进步一等奖 1 项、省部级奖项多项，以及“中国交建科技创新突出贡献奖”“中国交建海南工程建设功臣”“中央企业劳动模范”等荣誉。

滕爱国说："立足平凡的岗位，用心做好每件事情，我是一个平凡的人。"他注重发挥自己的专业特长，参与了多项课题研究，编写了多项技术报告，先后参与了港珠澳大桥、海南工程、香港机场第三跑道项目等多项国家重点工程建设，用自己的行为诠释了什么是牢记使命、尽职尽责的敬业精神。他多次被评为公司优秀员工、优秀党员、优秀党务工作者，获得国家科技进步一等奖1项、省部级奖项多项，以及"中国交建科技创新突出贡献奖""中国交建海南工程建设功臣""中央企业劳动模范"等荣誉。

## 在平凡的岗位上，兢兢业业、任劳任怨，为完成工程项目贡献自己的力量

海南项目是关乎国家战略的重大工程，在海况气象资料严重缺乏，没有施工经验的情况下，边规划、边设计、边采购、边施工。施工任务重，工期紧。面对工程建设的极端困难和重重压力，滕爱国与项目部人员一起冲在第一线。在远海施工的那几年，他不分节假日，不分白天黑夜，随时处于待命状态，只要有情况，就要立刻处理。

对滕爱国来说，紧急奔赴施工现场是家常便饭。有一次，还在老家过春节的他，接了一个电话，就迅速赶回北京，处理项目遇到的问题。还有一年冬天，在三亚出差，早上临时接到通知，下午要出海去工程一线，他赶忙购置了一些

必要的衣物就登船出海。曾经有一次是在元旦前后，处于东北季风期，海上阵风达 8 级，浪高超过 5 米，运输船在茫茫大海里犹如一叶扁舟，单侧倾斜最大达 42 度，他和同事可谓命悬一线。然而，他没有抱怨，更没有退缩。

## 在探索的道路上，一丝不苟、勤奋好学，积极推动科技创新，取得丰硕成果

科学技术是第一生产力。科技创新是滕爱国的重头戏，他分管着港航疏浚和环境工程等业务的技术研发和科研管理工作，先后主持参与了多项重大科研课题，其中基于北斗系统的船舶智能服务技术等达到了国际领先水平。他重视技术创新，组织的课题多次获得大奖，其中“基于北斗系统的工程船舶智能服务平台研制与应用”获得航海协会二等奖，“中国高精度位置网及其在交通领域的重大应用”获得国家科学技术进步一等奖。

滕爱国还负责中国交建港航疏浚板块重点工程项目技术管理工作，组织开展了技术方案的制订与优化、施工组织设计的审批、重点技术难题的攻关，为国家多项重点工程的顺利实施提供了关键技术支撑。为了解决项目施工等实际困难，他组织并参与“深中通道钢壳混凝土沉管隧道设计、施工及耐久性关键技术和设备研究”等多项重大课题的研究，这些研究成果已应用于项目实施，并取得了良好的成效。

另外，滕爱国主持的海绵城市建设关键技术、污染土防治技术研究等为企业转型升级贡献了力量，如“海绵城市关键技术研究与应用”研究为开拓新兴市场领域起到了重要的技术引领作用。

## 在船舶管理工作中，全盘谋划，推动资源共享，提升集团船舶核心竞争力

中交集团拥有各类施工船舶 800 多艘，对于庞大的船舶资源，实现高效管理是提升企业竞争力的重要举措。他不断深化船舶装备的审批工作，对于拟投资装备，从技术可行性与先进性、市场应用前景、经济效益等方面加大论证力度，保证投资的合理与可控，不断优化船舶装备结构。他重视管理创新，积极推动船舶装备内部资源调配，减少船舶闲置，提质增效。经过他的积极协调，近几年各单位相互租用公司内部船舶超过 100 艘次，调配产值超过 20 亿元。他组织建立内部沟通与交流机制，针对绞吸挖船、耙吸挖泥船、起重船、打桩船、半潜驳等主要类型船舶开展现场交流与后评价工作，推动与促进船舶管理工作。他推动开发“中国交建生产指挥调度管理系统”，建立集团季度调度视频会议制度，加大内部资源调配，推动船舶全寿命周期的信息化管理，大大提升了船舶管理的精细化程度和管理效率。

## 在同事的心目中，他平易近人，是很多同事的心灵导师和行为标杆

他以人为本，关心爱护每一位同事。无论是生活还是工作，他都给予同事们最大的关怀。工作中，他耐心地指导下属工作，分享工作方法；生活中，他善于听取员工的意见和建议，想员工之所想，急员工之所急，不错过每一次和员工交流的机会，倾听员工的心声，了解员工的想法，交流彼此的观点。在公司员工向他寻求帮助时，他总是有求必应，很乐意奉献自己的知识与智慧，愿意把时间花在年轻人身上，指引年轻人前行，被部门中很多同事选为在职研究生企业导师。

作为一个党务工作者，他始终坚定信念，不忘初心，牢记使命，他带领中国交建机关第十五支部深入学习贯彻习近平总书记重要讲话精神和治国理政新理念、新思想、新战略，坚持党的领导，坚定不移把全面从严治党引向深入，在十九大精神的指引下，全力推进港航疏浚业务转型升级。围绕生产经营创新工作载体，搭建活动平台，把党建工作成效转化为企业发展活力和竞争实力。

他是公司的“优秀员工”，在他负责的领域里，事事都处理得井井有条，每项工作都干得风生水起、成绩斐然。

他是大家眼中的“技术能手”，是公司的技术专家，多次获得公司级、国家级科研创新奖项，为建设创新型企业贡献全部力量。

他是青年员工的“人生导师”，乐于将自己的所学所悟都毫无保留地传授给青年人，能够与青年人打成一片；他是一座“灯塔”，照亮青年人远航的方向。

他是公认的“劳动模范”，他不诉苦、不言累，加班加点、任劳任怨，一年 365 天，有将近一半时间都在奔波出差，且经常乘坐“红眼航班”往返，第二天一早又精神抖擞地投入工作。

更为重要的是，他是一名“优秀党员”，遵章守纪、恪尽职守，廉洁奉公、以身作则，在平凡的岗位上创造了不平凡的业绩，奉献了一名共产党员的无悔青春。

他吃苦耐劳，日夜坚守，勇于担当，无论是清晨还是深夜，只要工作需要，他便不知疲倦地默默耕耘，不达目的誓不罢休。他用青春和力量点亮了“一带一路”，也用智慧和汗水成就了自己的事业。

# 张晓强

## 海外奋斗十九载　初心不变

◎ 张晓强

◎ 中共党员

◎ 高级工程师

现任中国港湾总经理助理、斯里兰卡区域公司总经理、党委副书记。1998年7月参加工作，2000年到斯里兰卡，一直常驻海外施工一线，从23岁的壮志青年，成长为一名“走出去”并且“走得稳”的老兵。

张晓强 19 年如一日，坚守在海外施工一线，以实际行动践行国家“一带一路”倡议和中国交建“五商中交”战略，用优秀业绩书写了“走出去、大市场”的经营奇迹，为企业的管理提升、高质量发展做出了突出贡献，是建设具有国际竞争力的世界一流企业征程中的楷模和先锋。

## 意志坚强，迅速成长

张晓强是一位意志十分坚强的人，坚强性格贯穿于他学习、工作之中。2000 年，他第一次走出国门，被分配到科伦坡港口的支线码头项目，这是中国港湾在斯里兰卡的第一个标志性项目。白天，他顶着烈日，带着工人一起奋战在现场，施工现场位于排污口，他们就光着脚踩着污水施工。晚上，宿舍不够，他住在船舱里，休闲时光唯一的娱乐就是读书。那个年代，打电话费用很贵，与家人只好书信联系。一个人的时候，他就在船舱里昏暗的灯光下学英文，啃英文原著。他从第一次入关听不懂移民官的话，到后来完全熟练掌握英文，和业主用英文谈判，据理力争。他渐渐地开始独当一面，一个人管 5 条船，与当地百姓、社区、政府、业主等各个方面打交道。由于他的执着及团队和兄弟单位的开拓，中国港湾在斯里兰卡逐渐站稳脚跟，慢慢发展壮大。

2006 年，卡塔尔国际机场项目由于工期短、要求严，加上分包商自身管理不善，项目进度严重滞后。张晓强临危受命，被紧急调往支援。初到卡塔尔的第一个星期，他几乎没有走出过办公室，运用自己丰富的施工管理经验，制订计划并督促落实。赶工期间，他日夜坚守岗位，无论是在天刚蒙蒙亮的早晨，还是烈日炎炎的中午，只要施工现场上有人工作，就能看见他不知疲倦的身影。他身先士卒、甘于奉献的精神深深感染并鼓舞了项目部全体员工，在他的带领和影响下，大家经过 200 多天的苦战，终于按时在 2006 年 12 月将该项目顺利移交。

交工第二天，张晓强回到斯里兰卡，即被任命为斯里兰卡 A2 公路项目经理。

## 精益求精，璀璨明星

在斯里兰卡，如果说中国港湾是中国企业中的一面旗帜，那么张晓强就是

海外中资企业的一颗明星。斯里兰卡被誉为“印度洋上的明珠”，旅游资源得天独厚，西南部沿海岸的“海上小火车”是游客必去的景点之一。然而，斯里兰卡的交通方式古老破旧，100 千米的路程常常要行驶四五个小时，严重制约了当地经济的发展并影响民众出行。2005 年 9 月，由张晓强担任项目经理的斯里兰卡南部高速公路——斯里兰卡第一条高速公路开始动工。标段全长 34 千米，中标价为 9800 万美元。由于中标后物价大幅上升，按照当时的中标价，预计将产生较大风险。张晓强就任项目经理后，仔细分析项目所遇到的困难、风险以及问题，抓住监理工程师对原设计做出重大变更的机会，积极运作重新签订合同补充协议。经过历时一年多的不懈努力和精心筹划，规避了项目实施风险，合理增加了项目效益。该案例成为中国港湾开展二次深度经营的成功范例。随后几年，张晓强和他的团队在斯里兰卡陆续拿下汉班托塔港、机场、板球场等一系列项目，使得中国港湾斯里兰卡办事处快速发展壮大，成为斯里兰卡人耳熟能详的明星企业。

## 转型升级，直面挑战

2013 年，中国交建提出打造“五商中交”新战略，使集团的产业链优势转变为价值链优势，矢志将中国交建率先打造成为世界一流水平的国际公司。2015 年，中国港湾提出打造“国际一流、幸福港湾”发展目标，努力实现“三个转变”，全面推动“五商中交”海外落地。张晓强思想灵活，敢于创新，主动拓宽经营思路，寻求发展定位，率先开启区域公司持续发展、蜕变升级之路。在他的带领下，区域公司业务布局不断完善，投资、并购等业务模式适合区域发展，区域内业务领域不断拓宽，从港口向高端房建、水务、垃圾处理、能源等新兴业务领域迈进，为未来发展奠定了坚实的基础。

张晓强追踪的科伦坡港口城项目于 2014 年落地。然而机遇总是与挑战并存，转型升级过程中不免会遇到方方面面的问题。作为中国交建与斯里兰卡港务局合作开发的综合类特大型投资建设项目，科伦坡港口城项目投资额约 14 亿美元，是迄今为止斯里兰卡最大的外商直接投资项目。然而，由于斯里兰卡政府更迭，2015 年 3 月，新政府以“缺乏相关审批手续”“重审环境评估”等为由叫停科伦坡港口城项目，一时间成为国内外媒体关注的焦点，作为负责

人的张晓强无疑承受着巨大的压力。为推动该项目重新启动，张晓强带领团队积极与斯里兰卡政府密切沟通，加强当地舆论引导，在斯方各种会议上澄清项目在操作过程中的合法合规性以及投资方的赔偿诉求依据，并定期向斯政府提交停工损失索赔报告。凭借多方努力，有效防范和化解了舆论危机，最终获得政府许可，2016 年 8 月签署三方协议，项目顺利复工。如今，港口城项目吹填工序已完成，在艳阳映射下，科伦坡 Galle Face 海边已呈现出科伦坡未来金融中心的完美轮廓。

## 初心未变，履方致远

在斯里兰卡的某个建筑工地，或是某个活动现场，你可能会与一个低调的中国青年擦肩而过，却不会想到他就是中港斯里兰卡区域公司的总经理张晓强。

风雨海外十九载，他始终以共产党员的高标准要求自己，在工作中进步，在磨炼中成长，内心深处，他仍是当初那个在渔船上挑灯夜读、勤勉好学的年轻人。对于中国港湾，张晓强是一位很优秀的干部，但是对于家庭，张晓强陪伴父母和家人的时间屈指可数。他很少能休个完整的假期，每次休假都会被打断；回国出差也是来去匆匆，还未来得及回家探望父母就被工地召回。他吃苦耐劳，在项目上日夜坚守，无论是清晨还是深夜，只要工作需要，他便不知疲倦地默默耕耘。他不怕脏，不怕累，哪里需要他，他就出现在哪里。

他尊重人才，重视人才。对待年轻人，他始终不忘刚到斯里兰卡时公司领导和同事对自己的关心和指导，身为区域公司总经理，事务繁忙甚至超负荷运转，仍然不忘抽空指导新员工学习和提高业务水平。他善于给年轻人机会，给他们敢闯敢试的平台。无论是当初刚踏进斯里兰卡的小年轻，还是如今区域公司的总经理，他一直秉承着中国交建“固基修道、履方致远”的企业使命和“让世界更通畅、让城市更宜居、让生活更美好”的企业愿景，始终坚持着“公平、包容、务实、创新”的企业核心价值观，初心不变。作为中交人，他牢记“交融天下、建者无疆”的中交精神；作为中国人，他坚持“诚信为本、合作共赢”的中国精神。

张晓强曾这样评价自己：“这 19 年是中国工程建筑行业海外发展的一个缩影，个人发展与国家强盛、企业发展密不可分，我是幸运的，做好工作就是不辜负这份幸运。”作为长期奋战在一线的杰出职工代表，张晓强用智慧和汗水成就了自己的事业，也为“一带一路”倡议在海外开花结果、为中国交建率先建成具有全球竞争力的世界一流企业、为中国港湾实现“国际一流、幸福港湾”的目标贡献着力量。

“办法要比困难多。”这是一位管理者的创新精神和自信。周涛从事设备管理工作 10 年，勇担重任，为国家、为企业鏖战在蔚蓝色的大海上，战风斗浪，建功立业。

# 周　涛

## “80 后”的海上行者

2006 年 7 月参加工作，现任中交二航局一公司海南项目执行经理。10 多年来一直在二航局生产一线工作，从一名普通技术员成长为项目管理与工程建设的好手。曾获中国交建海南工程项目部“优秀共产党员”、中交二航局“优秀共产党员”、中交二航局海星奖“标兵”、中国交建“三大工程建设功臣”等荣誉。

◎ 周　涛
◎ 中共党员
◎ 工程师

## 不拼岂能赢

中交二航局海南机电安装项目是二航局承接的首个大规模综合性机电安装项目，具有规模大、专业多、时间紧、风险高的特点，由六工段负责实施。

面对这样一个体量庞大，涵盖十大系统，横跨 30 多个专业的复杂工程，首次担任项目负责人的周涛感到压力巨大。

此外，工期还非常紧，所有单体项目都在和时间赛跑。在这场大会战里，机电安装面临着海量的交叉作业，组织协调的难度极大。只要思路稍不清晰，就会造成一团乱麻，不仅耽误机电安装施工进度，还会影响兄弟单位施工，最终导致项目不能按期完成。

更要命的是，图纸没有，专业人才欠缺，可借鉴的经验没有，施工设备只到了一部分，这个仗怎么打？

“拼了吧！”30 岁出头的周涛接受了挑战：“请项目总部总经理薛安青放心，这场仗再苦再难也要打赢。”

一诺既出，万山无阻。

大大小小的“恶战”不下数百场，周涛总是冲在最前面。工段技术员邓小

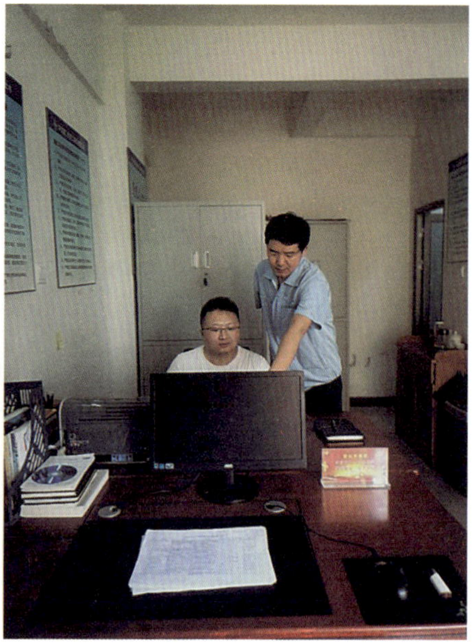

龙说："我们这里的人都跟打了鸡血似的，周涛打的鸡血最多。他几乎每天早上 6 点就起床，忙到凌晨一两点才睡，有时候睡了又爬起来去巡视现场。白天黑夜，加上打盹儿的时间，一天才休息四五个小时。"

说起周涛的拼劲，技术员李强忘不了那个特殊的"三天三夜"：要在规定时间里完成 2 个单体项目的通水通电任务。

2016 年 11 月 3 日，距离完工仅剩 3 天时间，1000 米的热水管才送达。好在周涛提前策划把管沟开挖报验都准备好了，材料一到就立即组织施工。但天有不测风云，一场突如其来的大雨将约 1000 米长的管沟冲毁，所有准备工作前功尽弃。

周涛没有丝毫犹豫，迅速组织人员清空管沟。他 24 小时守在现场，困了就在皮卡车里躺一会儿，他说："回去也睡不着，不如就在现场，和兄弟们一起干。"

困难总是来得出乎意料。现场施工工序交织如麻，刚刚铺设完成的热水管，当晚就被另一个工段不小心挖断了。得了重感冒才刚躺下的周涛，听到这一坏消息，立马从床上爬起来。"马上组织抢修！"他叫上几个技术员，匆忙奔向现场。

抢修管线、协调和其他工段作业面交叉问题，周涛忙得一刻都不停歇。等到所有麻烦都解决时，天已见白。

## 克难且看招

2016 年 2 月，机电工段组建，临时从二航局 4 个子公司抽调的 30 名年轻技术人员组成突击队，奔赴一线战风斗浪。带领这支年轻队伍的正是周涛。他大力提倡“在做中学，在学中做”。他安排工程部购买相关规范规程，并要求所有技术员利用空闲时间学习；请来设备厂家的技术人员给大家讲课，让学习更加直观化；要求每天召开日例会，集中通报当天工作完成情况以及存在的问题，并将问题当场解决，做到“今日事今日毕”。

在短短 10 个月里，这支曾饱受质疑的团队边学边干，看图纸、啃规范、勤动脑，及时归纳总结，共享经验成果，共同成长进步，从无到有建立起一套完整的管理系统。

施工时，常规思维往往不适用，而周涛最擅长的就是突破常规思维。机电设备安装的常规做法是在房子盖好之前安装。但项目同时在建的特建单体项目有 100 多个，每一个工期都很紧张，都采用常规做法不现实。

2016 年 7 月的某一天，正在安装中的 DB-1 单体项目的永久介质过滤器遇到了困难。永久介质过滤器像一个“大罐子”，直径 3 米，高 4.5 米，重达 3 吨。一般情况下，房顶会停止施工，待吊机把过滤器吊进去，安装起来简单轻松。但 DB-1 早就建好了，不可能为了安装过滤器而掀开 DB-1 的“天灵盖”。

“办法要比困难多。”周涛的口头禅又来了。在日例会上，他鼓励大家集思广益，想出克敌制胜的“绝招”。经过一番讨论，周涛最后确定使用“门字架吊装法”，也就是用工字钢制作一部简易“门字架”及一个工装件，工装件上放置过滤器，工装件底部铺设圆钢，在移动方向以卷扬机作为牵引装置，待过滤器移动到位后，用“门字架”通过手拉葫芦把“大罐子”吊起，再通过测量精准定位后焊接。

诸如此类的难题数不胜数，在周涛带领下，发挥团队集体智慧一一完美解决，并且质量安全过关、工期也得以保障。

## 同舟兄弟在

机电工段的人员组成有其特殊性。由于二航局没有机电安装专业团队，人员是从 4 个子公司临时抽调组成，可谓来自“五湖四海”，大多数人在此之前没有任何交集。

作为这一团队的“舵手”，周涛如何把一个个独立的个体拧成“一股绳”？

他独具匠心，推出了“兄弟茶”。在他不大的办公室里，摆放着一套简朴的茶具。每当有人遇到工作、生活上的烦恼时，周涛就邀请他们到这里喝一杯

清茶，谈一谈心事。一来二去，大家工作之余，也乐意主动来喝“兄弟茶”。

几杯清茶下肚，众人你一言、我一语，就拉开了话匣子。而出现最多的一个词，就是“兄弟”。

“其实我也没有做什么，是兄弟们自己很给力。”周涛笑着说道。

来自武港院的宋宗旋可不这么认为，他说：“是周涛带头带得好！他长期在工地吃饭，任务紧急时经常休息不到5个小时。记得我刚来时，晚上吃完饭，洗好澡去海边散步，却遇到周涛还在现场指挥，那一刻，我开始明白在这里工作意味着什么。”

“我们都愿意跟着周涛干，他把我们当兄弟。”邓小龙说，“记得我和10多个技术员一起上岛，那天周涛带着已经上岛的技术员到海边迎接我们。当时船靠岸的时间有点耽搁，周涛硬是顶着太阳守了2个小时。后来我们知道了情况，大家都很感动。”

来自二公司的唐廷云曾任机电工段副经理，说起周涛的为人，他竖起了大拇指：“周涛很敬业，机电安装以前没有搞过这么大规模，他的压力很大。但我从来没有听到他一句怨言。机电工段的人都来自不同的公司，周涛虽然是一公司的，但他对所有人一视同仁，不分彼此。”

2016年12月，在周涛的带领下，中交二航局海南项目六标段团队仅用10个月的时间，就出色完成了繁重而艰巨的施工任务。随后，周涛转向后场，负责机电后期的运营与维护工作。

如今，周涛已在海南项目坚守4年，一直行走在二航局机电安装领域的战斗前沿，行走在工程建设一线，那铿锵有力的步伐，坚定而帅气。

他置身海外从事投融资、规划设计、建设管理、设备集成，承担着全产业链中国标准铁路的建设、运营和维保工作，不负“为祖国争光、为当地谋福、为企业添彩”的庄严承诺，创造了中交奇迹。

# 安爱军

## 心系祖国　奋战海外

◎ 安爱军

◎ 中共党员

◎ 工学博士

正高级工程师

现任中国路桥副总经理兼内马铁路项目总经理兼总工程师。多年的铁路一线建设经历，使他积累了扎实的专业技能和丰富的大型项目管理经验，先后获得全国优秀项目经理、全国优秀建造师、全国优秀职业经理人、“十二五”全国优秀总工程师、国家科技进步特等奖等多项荣誉。

安爱军毕业于铁路院校，多年的专业培养和实践经验为他投身海外奠定了坚实的基础。在 2014 年赴肯尼亚参加蒙内铁路和内马铁路等海外铁路建设之前，他始终奋战在国内铁路建设一线，曾先后参建了青藏线、拉（萨）日（喀则）线等高原铁路以及世界上一次建成线路最长、标准最高的京沪高铁和世界上标准最高、里程最长、运营速度最快的沪宁城际铁路等高速铁路。

## 新战场、新征程——转战非洲肯尼亚

2014 年，随着国家“一带一路”倡议得到广泛响应，在中国交建“五商中交”和海外优先发展战略的号召下，安爱军临危受命，和一大批中交铁路建设者克服种种困难，远离故土，前往非洲的肯尼亚，参与蒙内铁路的建设。安爱军被委任为中国交建蒙内铁路项目总工程师兼执行副指挥长、内马铁路项目执行指挥长兼总工程师，从此开始了他漫长的海外铁路建设之旅。

这一战便是 5 年多。东起肯尼亚港口城市蒙巴萨，途径广袤的察沃非洲草原，西至繁华的首都内罗毕，再延伸穿越壮阔的东非大裂谷，绕过苏斯瓦火山口，抵达美丽的纳瓦沙湖，你可以乘坐火车将肯尼亚的旖旎风光尽收眼底，而在这绵延 600 多千米平稳运行的铁路线上，凝聚着安爱军和中交海外铁路建设者的心血和汗水。在挑战中砥砺前行，在困难中浴火重生，38 座漂亮且各具特色的车站拔地而起，成为肯尼亚当地美丽的风景线；客货车辆繁忙穿梭，600 千

米蒙内、内马铁路建成通车，形成当地人便其行、物畅其流的生动画卷，为肯尼亚的社会经济发展带来了新希望。

## 新铁路、新挑战——困难与挑战阻碍不了前进的步伐

跨越百年沧桑的铁路。在蒙内铁路修建之前，肯尼亚境内还保留着一条100多年前英国人修建的米轨铁路。岁月沧桑，它遗留下来的是肯尼亚被殖民时代的印记，早已不能满足现代经济社会发展的需要。当前的肯尼亚更迫切需要一条现代化铁路来实现经济腾飞。在“一带一路”倡议和中肯产能合作的大背景下，蒙内铁路进入实施阶段。

“就像米轨铁路一样，一百年后，可能没有人记得蒙内铁路是具体哪一家公司修建的，但肯尼亚人民肯定会记得这是中国人修建的铁路。我们必须用工程师的职业道德和历史担当把这条铁路建设好，为肯尼亚造福，为祖国争光！”作为项目建设团队的主要负责人，安爱军带领建设团队立下了军令状。

规划先行，标准适当，提供符合当地的解决方案。蒙内、内马铁路都是完全

采用中国国铁一级标准修建。然而在建设初期，肯方对修建铁路与本国的社会经济的关系并没有做出充分评估，只希望修建标准更高、运行速度更快的双线电气化铁路。为此，以安爱军为代表的技术团队对肯尼亚国情进行全面调研并分析论证，认为肯尼亚当地的能源结构不足以支撑电气化铁路的供电保障，近期及中期的货运量也完全达不到双线运能要求，实事求是地提出采用客运时速 120 千米、货运时速 80 千米的单线内燃机牵引铁路，并预留复线和升级电气化铁路条件的合理方案。由于方案科学、有理有据，最终被肯尼亚政府决策层采纳。这不仅为业主节省了初期投入成本，而且设计运量完全能够满足肯尼亚国家发展需要，符合肯尼亚国情，得到了肯尼亚社会各界和国内外专家团队的普遍认可。

海外特殊性——来自内外部的挑战。虽然“标准之争”告一段落，但真正将中国铁路标准在非洲实施落地，摆在安爱军及其团队面前的困难和挑战仍然非常之大。从外部来说，由于其海外环境的特殊性，复杂的政治生态、自由的媒体生态、敏感的环保生态、多元的文化生态等，都要在项目实施过程中一一应对；始终潜在的恐怖袭击等公共安全风险，也为项目团队带来极大压力。就组织程度来说，肯尼亚铁路是集设计、建设、装备制造、运营维护等铁路全产业链各环节于一体的高集合度、复杂的系统工程。用中国标准建设如此大规模的海外铁路对中交集团来说是首次。如何将中国铁路全产业链优质资源在海外高效整合，全面推动中国铁路标准在非洲落地，没有现成的可借鉴和供参考的经验，只能靠项目管理团队探索实践创新。就管理难度来说，在蒙内、内马铁路长达 600 多千米的施工沿线，有 11 家来自集团内外的兄弟参建单位、超过 100 家国内合作科研单位和企业集团，以及上千家当地供应商和企业服务商，管理链条长、协同难度大，如何协调好各方资源，发挥出整体最大优势是一项巨大挑战；就施工建设来说，内马铁路要穿越东非大裂谷地质断裂带，地质情况极其复杂，如何攻克这一施工技术难题是一项重大考验。

## 新思路、新作为——敬业专注、精益求精、追求卓越

这些困难与挑战并没有难倒安爱军及其团队。“我们要用敬业、专业、专

注和精益求精的工匠精神，为肯尼亚人民打造百年不朽的精品工程，真正建设经得起历史和运营检验的高质量铁路，为祖国争光、为当地谋福、为企业添彩！”这是安爱军与建设团队的庄严承诺和行动准则。安爱军带领团队冷静分析、超前谋划，稳扎稳打、有序推进，同时积极应对突发事件，在东非大地上创造了中交人的奇迹。

战略协同、扁平管理，实现整体利益最大化。安爱军引领管理团队通过扁平化管理，建立完善的组织管理体系，理顺各种生产关系，最大限度地提高生产效率，为各参建单位健康生产创造良好的内外部环境；注重走强强联合之路，协同集团各局院兄弟单位，发挥中交大兵团协同作战能力，联合中国通号、铁三院、中国中车、华为、中兴等行业龙头企业，发挥中国企业整体竞争优势，融合共赢，抱团出海，形成利益共同体和发展共同体，持续擦亮中国品牌、中国铁路品牌，不断彰显中交铁路建设品牌。

科学组织、统筹安排，高效完成各项生产任务。他带领工程技术团队持续加强以技术管理为核心的进度控制，优化施工组织方案，组织精干力量，重点突破征地拆迁工作，统筹安排好各类资源，鼓励全员价值创造，最大限度地释放生产力，优质高效完成各项生产任务。

质量为本、安全为基，铸造品质工程和安全环境。他始终将“打造百年不朽精品工程，赢得百年良好口碑”“质量即人品”作为项目建设核心理念，全面贯彻集团和路桥公司质量管控体系，注重抓源头、抓过程、抓细节，根据不同的施工阶段，制订质量管控重点措施和办法，坚持“样板引路、试验先行”，严格质量考核和奖罚，全面保障项目质量。同时，高度重视社会环

境问题，加强与有关政府部门的沟通协调，切实做好现场环保工作。

成本唯实、全面管控，持续挖潜提升项目价值。“成本即水平”，他把成本控制作为项目管理的核心内容之一，完善财务共享，严控各类风险，规范合规经营，确保实现预期经济效益。持续推进全面预算管理和成本考核工作，做好税务筹划，严格落实成本管控措施，实现与各参建单位的合作共赢和集团整体利益最大化。

技术创新、精益管理，攻克施工技术难题。他带领工程技术团队，通过技术创新攻克了现场实施过程的许多技术难题：实现用天然火山灰替代粉煤灰作为矿物掺合料用于混凝土；优化港站填海、车站布局、线路通道等方面设计，确保设计质量；面对东非大裂谷地质断裂带，从勘察、设计、施工全链条研究针对裂谷地形的关键技术；持续优化施工组织方案，重点突破隧道、桥梁、铺轨架梁、四电集成等重难点工程，全面攻克一系列设计施工技术难题，为中国标准铁路出海提供技术保障。

文化融合、共商共建，助力当地社会经济发展。他坚持做好几万名肯方雇员的管理，提升属地化管理水平，通过完善人才数据库，建立人才培训基地，帮扶生活困难雇员，实现技术转移和授人以渔。关注各方面利益相关方诉求，与肯尼亚中央政府和地方政府建立良好沟通机制，建立与业主及监理清晰的责权利关系，认真落实当地元素，积极履行社会责任，与肯尼亚政府、人民、企业共同发展、共享价值。

党建铸魂、勇于担当，关键时刻冲锋在前。他坚定不移地发挥海外基层党组织作用，将党的领导内嵌到项目管理实践全过程，紧紧围绕生产经营任务，通过开展丰富的海外党建品牌活动，将全体参建将士紧紧凝聚在一起。他说：“优秀的项目团队一定有一个优秀的项目文化做支撑，项目党建就是塑造项目文化的重要载体，领导的示范作用和党员的先锋模范作用尤其重要。”2017 年肯尼亚两次总统大选期间，当地执政党与反对党斗争达到白热化，引发了不同部落族群的严重冲突，项目面临严重的公共安全风险。安爱军始终坚守一线，指挥疏散群众职工，全面做好各项应急管理工作，带领并锤炼了一支统一行动听指挥、纪律严明守规矩、反应迅速保安全、党员带头显本色的高效应急团队，全面保障了蒙内、内马、ICD 等项目全线 1500 余名中方员工的生命安全和国家财产安全。

## 新时代、新起点——奋战海外、心系祖国

安爱军及其团队经过 5 年的艰辛付出最终迎来了丰硕的成果，他们当初的庄严承诺变成了现实。2017 年 5 月 31 日，历经 29 个月的艰苦奋战，工期比计划提前两年半完成，蒙内铁路正式建成通车。截至目前已经安全运营近 3 年，安全质量经受住了考验，运能提前达到设计水平，人便其行、货畅其流的繁忙景象预示着肯尼亚未来的发展潜力巨大。

内马铁路一期是蒙内铁路的延续，历经两次大选的严峻考验，经过 20 个月的艰苦奋战，攻克东非大裂谷地质断裂带设计施工技术难题，解决了征地拆迁的不利影响，圆满完成了各项生产任务。联调联试、初步验收和安全评估工作全面完成，2019 年 10 月正式通车，比计划的 54 个月工期提前将近 3 年。

面对来自各方的肯定与赞赏，安爱军及全体参建将士倍感自豪和压力，他们有非常清醒的认识："伟大的时代和组织给我们提供了建功立业的机遇和舞台！肯尼亚铁路的成功建设，得益于祖国的坚强后盾和肯尼亚人民的热切期盼；得益于中交集团的坚强领导和战略引领；得益于中国路桥几十年的市场积淀和卓越的商务经验以及品牌效应；得益于集团内外各兄弟单位的协同配合并发挥出整体产业链系统供给优势；得益于几万名建设者无私的奉献和默默无闻的付出！我们一定要将肯尼亚铁路设计好、建设好、运营好，真正践行为安全、优质、高效客货运输服务的初心和促进肯尼亚经济社会发展的使命，为肯尼亚人民建设良心工程，为中国铁路品牌'走出去'担当作为，这是我们的神圣责任。"这也是安爱军和全体参建将士的初心和庄严承诺。

5 年多的时光转瞬即逝，随着内马铁路一期建成通车，肯尼亚蒙内、内马铁路项目建设将暂时告一段落。安爱军和中交肯尼亚铁路建设团队相信，肯尼亚标轨铁路建设过程中培育的协同作战能力和铁路全价值链系统供给经验一定会成为中国铁路海外发展的中交样本和中交方案。

20 多年来，他始终坚持奋战在洋山深水港区等大型国家建设项目的设计第一线，用“追求卓越、勇于实践、精益求精”的坚定信念，在重大港口工程建设中发挥着自己的聪明才智。

# 程泽坤

## 科技创新铸就精品工程

◎ 程泽坤

◎ 中共党员

◎ 博士学位

正高级工程师

现任中交三航院总工程师，主要从事水运工程规划设计、科研及技术管理工作。1999 年获评交通部“青年科技英才”，2004 年获评国家首批“新世纪百千万人才工程”国家级人选，2013 年获评“全国水运工程勘察设计大师”，先后被授予上海市重大工程“建设功臣”“杰出人物”称号。获得省部级以上设计奖 13 个，其中国家级 5 个；获得省部级以上科技进步奖 6 项。

作为我国自主培养的“土博士”，全国交通行业杰出的建港专家，程泽坤始终坚持将创新技术融入重大工程建设，把设计精品工程作为自己的工作目标和事业追求，为我国的港口建设及技术研发与创新做出了突出贡献。他主持的国家战略工程洋山深水港区工程规划设计，打造了中国港口名片；主持设计的盐田国际集装箱码头工程等一批国家重大水运工程，打造了行业技术品牌；主持省部级科研项目和行业技术标准编制，打造了行业核心技术。

## 知难而上，敢于创新

程泽坤主持国家战略工程洋山深水港区工程的规划设计，打造了中国港口最亮的名片。洋山深水港区是当今世界上首座依托外海多岛礁地形，在强潮流、高含沙海域通过封堵汊道、围海造地建设的超大型集装箱港区，工程技术十分复杂。程泽坤作为洋山深水港区项目的总设计师、一至四期工程设计项目的主管总工程师，深知项目的自然条件之复杂、工程数量之巨大、技术难题之棘手、设计经验之匮乏、施工条件之艰苦可谓前所未有，甚至连项目涉及的一些关键技术难题也是目前国家设计规范没有涉及、在以前的沿海港口建设中未曾出现

的。一位资深港口工程老专家说："洋山深水港区工程能够顺利建成，本身就是最大的创新。"面对挑战，他和同事们坚持科技创新，先后攻克了多个技术难关，在港口工程设计领域创造了多项第一，如主持解决了在高流速、高含沙海域依托岛礁地形、通过填海造陆建设大型深水港区的平面形态布置关键技术问题，为港区的开发建设扫除了关键技术障碍，这是我国筑港技术的最高体现，也是我国港口建设从沿海走向外海的成功范例，同时也开创了我国建港史乃至世界建港史上在该类海域建设大型集装箱港区的先例。

洋山深水港区一至三期工程共建设 16 个 7 万 ~ 15 万吨级集装箱泊位。他率领技术团队攻克外海多岛礁地形建港一系列关键技术难题，如主持确立了在强潮流（3 米 / 秒）、高含沙（1.5 ~ 4 千克 / 立方米）海域依托多岛礁地形，通过封堵汊道、填海造陆、人造深水岸线建设大型深水港区的平面形态布置方案，突破了传统依托岛屿建港沿周边布置码头前沿线的惯例；创新提出斜顶桩板桩承台接岸结构新型式，创造了在外海深水深厚软土地基上的高回填土挡土结构新纪录，确保了港区陆域与码头施工同步进行；主持制定大直径开口钢管桩承载力计算方法、裸露基岩上大直径嵌岩桩稳桩设计方法，填补了规范空白；主持制定深水软土大直径砂桩加固、高回填粉细砂无填料振冲地基加固快速处理以及水下挤密砂桩复合地基上建设重力式码头设计方法等，保障了一至三期工程在6年内建成营运。洋山港的许多创新技术在我国沿海工程中得到推广应用。

四期码头工程共建设7个5万～15万吨级大型集装箱泊位。他主持解决了全自动化集装箱码头总体布置模式、全自动化工艺方案、交通组织、码头结构、地基处理、道路堆场等关键的技术问题。这座世界规模最大、自动化和智能化程度最高、完全使用中国自主知识产权的码头，其装卸效率世界领先，成为中国港口建设的一座里程碑。

## 结合实际，善于创新

程泽坤还主持了一批国家重大水运工程项目设计，打造精品工程，技术水平处于同期、同类项目国际先进水平。他秉持“技术是用于打造品质工程”的理念，作为总工程师，他在工作过程中十分注重通过技术创新来提高港口工程建设的品质，主持设计的一批国家重大水运工程项目，为提升水运工程设计技术水平和建设品质做出了重大贡献。

连云港徐圩港区防波堤工程全长约22千米，海域波高超过6.0米，总投资40多亿元，深水区采用了具有原创和自主知识产权的新型桶式基础结构。他主持解决了该新结构的设计方法、浮游计算、负压下沉等关键技术难题，完成的“新型桶式结构设计与施工关键技术研究”课题，获交通运输部科技进步特等奖；并撰写专著1部，为推广应用奠定了基础。

盐田国际集装箱码头三期工程和扩建工程规模包括10万～15万吨级泊位9个、3万吨级位泊位1个。码头设计采用全寿命成本最低、50年主体结构不修等超前理念成为我国港口工程设计的品质标杆，技术水平领先国际。港口是我国第一座获得“全球最佳港口”殊荣的港口。

此外，他主持设计的舟山港马迹山港区宝钢30万吨级矿石中转码头二期工程、宁波—舟山港衢山港区鼠浪湖40万吨矿石中转码头工程，是依托外海岛礁地形建设的大型矿石水—水中转港口，其外海开敞水域深水码头建设诸多技术解决方案，是我国开发建设大型离岸深水港的成功范例。

他主持设计的宁波（大榭）实华二期 45 万吨原油码头工程是当今世界最大的固定式原油码头。他还主持了长江南京以下 12.5 米深水航道一期白茆沙河段整治建筑物、二期和畅洲世业洲河段整治建筑物的设计。

他主持设计的墨西哥曼萨尼约港集装箱码头一期 1A 阶段项目是通过国际竞标获得的现汇项目，规模为 2 个装载 15000 个标准集装箱的船舶泊位，水平地震加速度值达到超乎寻常的 0.385g，设计参照墨西哥、英国、美国标准，按照两水准进行抗震设计，已建成投产。

## 坚持科研，勇于创新

程泽坤一贯重视科技开发工作，主持了近 30 项省部级课题研究，主编过

多项行业技术规范，打造一批核心技术。作为组长、副组长，他主编了水运工程行业中较为关键的 8 项技术规范。其中，《高桩码头设计技术与施工规范》（2010）、《港口工程桩基规范》（2012）、《码头结构设计规范》（2018）、《邮轮码头设计规范》（2015）和《老码头结构加固改造技术指南》（2015）已颁布实施。

他依托重大工程主持的“上海国际航运中心洋山深水港区（外海岛礁超大型集装箱港口）工程关键技术”“新型桶式结构设计与施工关键技术研究”等省部级科研项目近 30 项，其中获国家科技进步二等奖 1 项，省部级科技进步特等奖 2 项、一等奖 5 项，以及其他等级的科技进步奖 10 多项。

他撰写出版专著 3 本（《桶式基础结构应用技术与实践》《邮轮码头设计技术与实践》《自动化集装箱码头设计与实践》），发表论文 50 余篇，拥有技术专利 40 项（其中发明专利 15 项、国际专利 2 项）。“桶式结构设计与施工成套技术”“码头接岸结构”等近 30 项技术专利在工程中得到应用，效益

显著。

在主持洋山深水港设计过程中，程泽坤每年至少有 1/3 时间坚守在工程现场。他常说，洋山工程建设现场是一所大学，在那里可以学到宏观的、微观的，政治的、经济的以及工程技术、项目实施管理等方面许多书本上没有的知识，可以比较工程实际与设计之间存在的差距，从而有利于设计的优化、创新及改进。对于工程中出现的细小问题，他都仔细认真对待，加以总结、解决。围绕洋山工程建设，他先后撰写了 5 篇关于洋山工程的科技论文在国际学术会议（APAC 会议）上交流，向世界展示中国港口工程技术人员的水平以及非凡能力。

一路走来，程泽坤始终坚持以重大工程项目为舞台，以工程应用技术创新为先导，以高度的责任心和使命感为己任，带领设计人员刻苦攻关，精益求精，勤勉钻研。在祖国的海岸线上筑起更先进、更高效、更智能的现代化港口，为企业的发展和民族的复兴贡献智慧和力量，已成为他的信仰。

她用柔肩扛起海工重装的大旗，她用刚毅撑起民族工业的脊梁。在振华重工多元化业务发展的征途中，她写下了最美的奋斗篇章。

# 赵芳芳

◎ 赵芳芳
◎ 中共党员
◎ 硕士研究生

## 柔肩扛大旗

1996 年进入振华重工，先后负责港口机械、海洋重工、海上风电、重型钢结构等业务市场开拓、项目经营管理工作。参与并见证了振华重工 20 多年来快速发展的历程，在企业国际化经营的道路上屡创佳绩。现任振华重工总部营销与服务中心主任，负责市场营销管理、重大项目开发、新业务开拓、跨子集团项目牵头和海外市场的发展与开拓等工作。

赵芳芳从基层一线做起，逐渐成长为独当一面的业务骨干和中层干部。她爱岗敬业、勇于担当，她和团队为振华重工的港机产品进入全球100多个国家、岸边起重机国际市场份额超过70%、连年位居世界第一，为振华重工快速发展成为国际知名、国内一流的海工和钢结构制造企业，为公司多元化业务全面发展，为“振华重工”民族工业品牌响遍全世界付出了艰辛努力。她先后获得“振华重工巾帼标兵”“振华重工三八红旗手”“上海市三八红旗手”“中交集团暨中国交建劳动模范”“中央企业劳动模范”等荣誉。

赵芳芳时刻铭记振华重工为“振兴中华”而拼搏的初心和使命，与企业发展同呼吸、共命运，在工作中成长，在成长中再出发，始终心怀敬畏之心，不断学习、不断提升。

## 直面挑战，不断创佳绩

赵芳芳加入振华重工之后，就在经营部负责港机设备市场开发、项目投标、合同谈判、项目执行、现场交付和后市场服务等系列工作。1998年，赵芳芳作为交机组组长被派往阿曼，负责港机现场交付各项事宜。在进入公司短短两年时间里，她顺利完成了和记黄埔等几个大型项目的执行和现场交付，但在国外执行现场交机任务还是第一次。面对挑战，赵芳芳没有任何畏难情绪，一接到任务就开始思索、咨询、整理，尽量为现场工作做好各项准备。

不料，交付工作还是碰到了意外。运输船在航行过程中遇到台风，卸船的工装被吹落到了海里，眼看着船越来越接近码头，不及时卸船会错过最佳窗口期，还会面临项目罚款，并耽误下一个船期的安排，更会对公司的履约信誉造成负面影响。关键时刻，赵芳芳和团队商量之后，马上联系公司总部制订现场制造工装计划。一方面，她让现场团队和船上人员做好设备卸船的各项准备工作，抓住涨潮的窗口期并联系总部落实保险索赔事宜；另一方面，她马上联系码头用户，争取用户的理解和帮助。最终，在用户的帮助下，在那个极度缺乏工业物资供应的小镇，在通信条件极端不便的情况下，费尽周折，终于找到了符合技术标准的钢材和合适的加工场所，现场团队几天几夜连续加班，终于

紧急完成了工装的制造，成功地完成了卸船。那一刻，用户代表真诚地祝贺并由衷地感谢振华人的拼搏精神。正是由于他们始终不放弃的决心和奋力拼搏的精神，设备得以按时交付，保证了用户的开港节点，保证了项目的胜利完成。在此次事件中，赵芳芳和团队的机智应对和灵活的处理方式受到用户的高度认可。

赵芳芳还先后负责过和记黄埔、马士基、迪拜国际、地中海船运、达菲、上港集团、中远海及国内外港务局等众多港机大客户及重点项目，并力推公司创新项目，如自动化码头、国产优质配套件等，赢得客户的赞誉，进而通过客户口碑效应带来了大量回头客，为振华重工成为世界集装箱起重机最大供应商，为打响“振华重工 ZPMC”民族工业品牌以及在国际市场上的品牌树立和发展贡献了自己的力量。

## 砥砺前行，勇于挑重担

2010 年，振华重工调整发展战略，将海洋重工装备业务作为独立板块进行专业化发展，赵芳芳被任命为新成立的海工钢构经营部总经理，负责海洋工程和大型钢结构市场开拓。面对新的任务，她踌躇满志，搭班子、建团队，建立“三个维度”的精细化市场管理模式，与部门一起积极应对各种挑战。在严控风险的情况下，整合内外部资源，打造振华融合创新核心技术和多种商业模式下的市场竞争能力。她与团队紧抓行业机遇，紧跟国家战略布局，在激烈的市场竞争中获得多个行业高端工程船舶重要合同，如深水起重铺管船、饱和潜水支持船、世界最大起重船、高端油气平台、大型疏浚船舶等，并大力推广使用公司自行研发制造的大型浮吊起重机、钻井平台升降系统、重型锚绞机、铺管设备等优质产品，打造公司“造芯”核心技术竞争优势，后来居上，成为工业和信息化部海工“白名单”的首批上榜单位。同时，新签合同额保持 4 年连续跳跃性的增长，有力地支撑了公司的发展。

在海工市场开拓过程中，赵芳芳曾连续 10 年密切跟踪一艘投资额达 30 亿美元的巨型工程船舶。此船由荷兰一家海上工程公司投资，专门针对海上巨型建筑物的快速安装和拆除，因为项目重大，韩国、新加坡、欧洲的造船巨头都在紧密跟踪。但是，由于市场的变化，项目不断推迟，方案也不断调整，这极大地考验了参与者的耐心和执着。赵芳芳和她的团队在项目跟踪过程中帮助公司和客户建立了发展伙伴关系：一方面与客户一起开发、讨论、解决问题，不

断增加公司在项目上的黏着力和竞争力；另一方面积极回应客户的各项要求，用过硬的专业素养将问题逐个解决或与客户达成谅解。通过她十年如一日的坚持，振华重工制造的关键设备得以在世界上最大、最先进的海洋工程船舶上成功应用。

在“大、重、特”型钢结构业务领域，赵芳芳和团队也为公司赢得行业内很多重要项目，包括港珠澳大桥项目上的钢结构和岛隧工程核心装备、被桥梁界视为建造难度最大的美国旧金山—奥克兰海湾大桥的全部钢结构项目，以及在英国、加拿大、挪威、韩国等国家由振华重工供货的钢结构制造的大型桥梁项目。同时，在大力推广新能源海上风电业务以及风电桩体、风电安装船等施工设备及其现场施工等方面，赵芳芳和她的团队也颇有建树。

## 求索不止，再启新征程

在 20 多年的工作经历中，每当公司交办一项新的任务，赵芳芳总是迎难而上，勇于承担责任，在公司发展的道路上不断发光发热。

2016 年年底，随着业务多元化和专业化向纵深发展，振华重工管理机构进一步调整，成立总部营销与服务中心，赵芳芳被任命为中心主任。新担当开启新征程。作为牵头部门，她和团队紧跟响应“一带一路”倡议、中交集团“五商中交”“三者定体”定位和振华重工“装备 + 资本运作 + 互联网”战略，全面深化推进海外机构市场化改革，强化海外子机构属地化市场开拓职责，深挖海外市场，在做好做强传统交机、维保等业务基础上，拓展服务市场和新市场开发的深度和广度，强化市场新增量。在施工总承包项目开发上，她带领部门克服困难，通过整合内外部资源，经过多轮艰苦谈判，落地振华重工第一个海外施工总承包项目，为公司营收和创效做出了重大贡献。

## 不畏艰辛，力推国产件

为了解决在关键零部件、系统集成上一直被国外厂家卡脖子的问题，振华重工公司自成立伊始就非常注重自主创新、自主研发，不仅造壳，更要造“芯”。

通过振华制造和培育相关国内厂商相结合，逐步推出振华重工品牌系列关键配套件以及组装电控系统。赵芳芳和团队深知这件事情的重大意义：不仅可以解决公司受制于人的问题，还可以为客户节省成本，提升公司服务水平；同时，还能带动周边产业的发展，带着国内企业一起出海，是有利于行业发展和企业发展的大事。但是，如何消除客户的疑虑，从他们熟悉的知名国外厂商换成振华重工的配套件呢？这可不是一件容易的事情。

赵芳芳明白，作为企业的经营人员，推广国产件既是责无旁贷的工作，更是义不容辞的责任。她和团队想尽办法、不遗余力地向客户推荐振华重工配套产品，从质量性能到性价比再到售后服务的保障，从实地考察到各类计算支撑，都为客户们制订了详细的方案和计划，把握好时机，一遍又一遍地向客户介绍、说明。世上无难事，只怕有心人。慢慢地，有客户使用振华重工的减速箱了，有客户接受振华重工的吊具了……赵芳芳费尽心血，宵衣旰食，连续 1 个月扑在工作上，为荷兰 1 个包括 12 台桥吊和 60 台轨道吊的自动化码头准备的投标，其中就包含了精心设计的国产配套件的方案。当全部中标，并且用户接受使用

公司推荐的振华重工配套件的好消息传来的时候，赵芳芳那如释重负的模样和油然而生的自豪，至今还刻在团队成员的心头。一家企业可以带动一个产业发展，一个世界知名的民族品牌可以搭载很多有实力的公司一起成长，这也许就是装备制造业的魅力所在。

经过多年锻炼，业务全面、经验丰富、作风顽强、执行力强的赵芳芳，和团队一起，经手负责了多个有国家级和世界级影响力的项目，为振华重工的不断发展奉献着每一个人的青春、智慧和汗水。不忘初心，牢记使命，砥砺前行——赵芳芳和她的团队始终将这句话铭记在心里，并为之努力奋斗，为企业的发展，为实现“两个一百年”奋斗目标，不断做出新的贡献。

前路无可望，勇闯深蓝当先锋；铁肩担大任，日夜鏖战炼英雄。他就是团队中的一面旗帜，无坚不摧，一往无前！

# 张文海

## 劈波斩浪　缔造超级工程

◎ 张文海

◎ 中共党员

◎ 高级工程师

国家一级注册建造师

注册安全工程师

现任中交一航局国内市场部执行总经理。1998 年参加工作以来，始终坚守在施工一线，为祖国的基建事业奉献青春和热血，先后获得“第六届全国道德模范提名奖”“全国最美家庭”“全国水运工程建设优秀项目经理”和交通部“2016 年感动交通年度人物”“天津市五一劳动奖章”“天津市道德模范”“中国交建优秀共产党员”“中央企业劳动模范”等荣誉。

筑港路上，张文海的足迹遍布祖国大江南北，先后参建了湖南耒宜高速、西安咸阳机场高速、天津海滨大道、曹妃甸矿石码头三期、珠海港高栏神华煤炭码头工程等多项工程，参与了雄安新区、港珠澳大桥、海南工程等多项国家重点工程建设。他用担当与责任谱写着光荣的劳动之歌。

“到祖国最需要的地方去！”

这句话是他心中执着的信念，也是他敬业奉献的行动写照。2014年年初，张文海奔赴海南，成为第一批拓路深海施工队伍的领头人。该工程作为我国首例远海大规模建设项目，自然条件恶劣，施工窗口有限。中交一航局虽有“筑港摇篮”之美誉，擅长水工工程，但多年来都是近海施工。刚接手建设任务时，一切充满未知。张文海带领团队冒着高度危险，打响了一航局征战海南的第一仗。

施工现场处于高温、高湿、高盐、高辐射、缺水、缺土、多热带风暴的“四高两缺一多”的环境，加之生活设施初建，供水、供电、住宿等基础生活设施极不完善，特别是淡水资源有限，每人每天只能领到两小桶淡水，日常洗漱也只能接空调制冷水。但再大的困难也挡不住建设者的步伐，

面对恶劣环境，张文海带领着团队不畏惧、不退缩，在茫茫大海上，用短短半年时间，快速完成项目施工，为企业赢得了荣誉，更为祖国的“深蓝梦”开启了新的篇章。

## 为国筑梦不舍昼夜

在快速安装沉箱重力式码头时，张文海带病顶着高温指挥40个小时，完成全部沉箱正位安装，比原定计划节约一半时间，创造了“中交速度”，而这在沿海正常条件下都是很难实现的。业主考察时连连称赞，并授予项目部锦旗。首个施工项目的快速成型得到了业主的认可，也更加坚定了张文海和团队的信心。

随着工程的全面展开，现场施工如火如荼，1月1个工程节点，巨大的施工压力让每个建设者都有些透不过气来。张文海身先士卒，长年累月坚守一线指挥，时刻不敢怠慢，比其他人想得更多，干得更多。他始终往前站，立于最重要的岗位，以自身形象带领团队不懈奋斗，用实际行动实现着祖国的梦想。在3年多的时间里，数万名建设者前仆后继、日夜鏖战，一座座顺直的码头可以停靠巨轮，一座座海上城市花园被精心雕琢出来，四通八达的管线从巨大的水罐引出，联通着整个城市的血脉，使荒岛变绿洲。张文海和团队发自内心地感到骄傲和自豪。3 年里，他们完成的任务量超过国外同行企业在 45 年内所完成的同类工作量的 30 多倍。张文海和他的团队成为当之无愧的时代先锋。

## 使命必达赢赞誉

2018 年，中交一航局参建了雄安新区容东片区截洪渠一期工程。该工程是雄安新区设立以后的第一项永久性市政工程，作为“千年大计”第一张落地的蓝图，意义重大。千年大计在召唤，雄安新区也是祖国最需要的地方。海南工程结束后，张文海马不停蹄奔赴北方，在“高起点规划、高标准建设”的雄安新区开始了自己的新征程。

“时间紧、任务重、标准高、管控难”是张文海面临的重大挑战。截洪渠的合同工期仅为 76 天，在去除初期办理施工手续的 15 天、考虑提前量等因素之后，实际工期仅为 46 天。“要不惜一切，坚决打赢雄安第一仗！”张文海在动员大会上铁令如山。短短几天，天津、营口、上海、三亚、广西等地的集团技术骨干蜂拥而至，汇聚起百人的管理团队，拉开了建设雄安的序幕。2018 年 5 月 12 日，截洪渠开始浇筑第一方混凝土，距离实现“6・20 主体竣工”的红线目标仅剩不到 40 天。张文海带领的团队要在 40 天内，将 34500 方混凝土浇筑成 3.8 千米的箱涵战线，压力可想而知。一刻都不能等！ 1200 名现场

工人、160 台机械设备，以小时为节点超负荷运转，用超常规的姿态跑出“雄安速度”，向截洪渠工程发起了冲锋。

作为项目主要负责人，白天张文海冒着酷暑，来往于施工全线进行查验，晚上组织管理团队专题会，对整个项目的总平面布置情况进行动态推演，细化交叉施工区域的资源及时间分配。一道道工序优化难题和倒排工期难题迎刃而解，最终转化为雄安建设者“啃”下的一块块硬节点、打下的一场场攻坚战。在高峰生产期间，张文海连续三昼夜紧盯一线指挥攻坚，几乎彻夜不眠。有人劝他回宿舍休息，他斩钉截铁地表示：“大家都在这里，活儿就在这里，不啃下这块骨头，我就不回去！”6 月 20 日凌晨 1 点 25 分，随着最后一块顶板浇筑完成，截洪渠主体工程圆满完工；7 月 2 日，张文海带领的团队提前 3 天完成全部施工任务。自夏季汛期以来，为近 30 万新区人民解决了多年来“逢雨必积”的排涝难题，得到了新区人民的广泛赞誉。

## 文明施工显情怀

在施工中，张文海还要面临一项新的课题：文明施工。“打造优美生态环境，构建蓝绿交织、清新明亮、水城共融的生态城市”是习近平总书记对规划建设雄安新区提出的生态任务。“要想进场，得先把脸洗干净！”这是业主对施工团队的严格要求。从海上转战陆地，市政类文明施工经验的匮乏不能阻挡张文海前进的脚步。短短 3 天之内，2 套文明施工形象作业指导书制订完成。一周之后，现场完成了施工便道装配式铺设，工地围挡装配式组装，工地门禁智能化录入，施工全景实施 BIM 监控；集“办公、会议、仓储、休息、吸烟、劳保更换、环保公厕”七大功能于一体的现场办公区分列东西；256 幅宣传挂图和 144 幅宣传挂字精挑细选，代表企业形象悬挂全线；13 辆洒水车、7 台雾炮机、6 座洗消池、2 台环保监测仪 24 小时动态作业。在不断摸索中，张文海带领团队制订出了属于自己的一套套标准化流程，在一次次的整改和优化中阐释了现代市政工程的文明形象和意义，打造了从硬件到软件达标的雄安工地标准化形象窗口，彰显了对新区人民的情怀与承诺。

张文海始终以一颗赤诚之心热爱着自己的工作。提到家人，他却怀着一份愧疚。2016 年年底，正值海南工程决胜攻关之际，张文海接到家里的电话，爱人身患重病住进了医院，他却不能归家。雄安新区距离他家仅仅 2 个小时的车程，但距离的缩短并没有增加他归家的频次。在仅有的一次返津之旅中，为了及时将单位的修改意见带回现场，他“过家门而不入”，连夜赶回雄安，开始布置新的技术方案。为了国家的建设事业，他毅然舍小家为大家，这一份愧疚的背后，是一位建设者的责任和担当。他一直在路上，为实现“让世界更畅通、让城市更宜居、让生活更美好”的企业愿景和四通八达、天下往来的国家交通基础建设做出自己的贡献。

# 第二篇

# 中交集团暨中国交建劳动模范

伟大时代呼唤伟大精神，崇高事业需要榜样引领。中交集团作为国家基础设施建设的主力军和践行“一带一路”倡议的先行者，与共和国同成长，与新时代齐奋进，从落后到跟跑，由并跑到领跑，现已成为全球领先的特大型基础设施综合服务商。集团的跨越发展依靠的正是每一个中交人的披荆斩棘、不懈努力。奋勇拼搏、无私奉献的中交人，立足本职、埋头苦干，在平凡的岗位上创造出不平凡的业绩，让企业屹立于行业之巅。为了大力弘扬劳模精神、劳动精神、工匠精神，让更多的劳模发挥示范引领作用，经层层选拔，集团评选出52位中交劳模。榜样的力量是无穷的，时代呼唤千千万万个英雄。期待劳模的榜样作用落地生根，绽放光彩，影响众多的中交人勇做新时代的追梦人，不断创造新业绩，铸就新辉煌！

# 坚守奉献型

试玉要烧三日满，辨才须待七年期。在中交，他们扎根一线、默默坚守，无怨无悔、无私奉献。他们舍小家为大家，小家在远方，大家在心中。

守望、责任、热爱！他数年如一日，置个人安危于不顾，在阿富汗的战火中，为祖国奉献青春，为“一带一路”筑梦。

# 杨东来

## 不惧战火的海外先锋

◎ 杨东来

◎ 中共党员

◎ 工程师

2002 年 4 月入职中国路桥，现任中国路桥阿富汗分公司总经理助理兼达亚公路项目经理。

作为一线工程人员，他长期扎根在艰苦地区和危险地域，甘于奉献、勤奋敬业，先后被评为中国路桥“优秀员工”“优秀共产党员”，并被授予“海外奉献奖”。

伴随着中国路桥国际化经营的足迹，杨东来在菲律宾的6年中，曾与反政府武装艰苦谈判；在马里的5年里，曾经历了马里国家政变和北部地区军事冲突，并亲自参与了2015年丽笙酒店恐袭的营救工作。2018年5月至今，他带领着项目团队在阿富汗这个多灾多难、战火频仍的国家，为当地人民造福，为祖国奉献青春，为“一带一路”筑梦。

## 临危受命，义无反顾

中国路桥在阿富汗积极开发市场，2014年就派遣工作组进行市场调研，跟踪并推进了多个大型基建项目。2017年1月8日，在阿富汗总统加尼的见证下，中国路桥与阿富汗公共事业部签署了达拉苏夫至亚考朗178千米道路修复改造项目（以下简称达亚公路项目）商务合同。

2017年8月项目开工后，由于阿富汗安全形势恶化、海关低效，物资进口、设备调遣和人员进场难度远超预期，再加上项目所在地——巴米扬省地方保护主义盛行，导致当地设备租赁难度大、队伍作业效率低。中国路桥阿富汗分公司为

此付出了极大精力，但项目进度仍然滞后。2018年初，原项目经理因身体原因离职，中国路桥急需有责任、有担当、精业务、懂管理，特别是具有战乱国家工作经历、能够妥善处理复杂关系的项目经理接手达亚公路项目工作。当公司找到杨东来时，他从马里回国才8个月，但他立即表示“愿意迎接挑战，并将全力以赴”。

## 外紧内松，负重前行

2018年6月15日，达亚公路项目合作单位所在的3号营地发生枪击事件，不明身份的武装分子向营地开火扫射，造成多个集装箱和大量设备受损。得知消息后，杨东来立即安排火力增援，并及时将营地人员撤离到项目经理部。在项目部，他详细询问袭击过程，以自己在马里和菲律宾的亲身经历对员工进行抚慰疏导，缓解了紧张气氛，稳定了工人情绪。杨东来嘴上说着“不要担心不要怕”，其实早已经心急如焚：袭击者到底是什么身份，他们的诉求是什么，会不会还有下一次袭击？于是，当天他便紧急约见巴米扬省省长、警察局长、国家安全委员会负责人，通报事件情况，请求妥善解决，确保中方人员安全，同时汇报并请求使馆向阿富汗提出协助调查的严正要求。

一波未平，一波又起。6月30日，3号营地再次被袭。由于营地应对得当，项目部增援及时，所幸两次均未造成人员伤亡。事后，杨东来发现两次枪击事件都是在没有月亮的初一晚上发生的，此后每到初一的晚上，他就坚持熬到12点，并安排安保加强警戒，随时待命，以防万一。

杨东来说：“我们要时刻紧绷安全这根弦，但不宜过分营造紧张气氛。”在他的部署下，达亚公路项目部建立起了集外围警戒点、营地物防、技防、人防为一体的安防体系，通过拓宽信息渠道、制订应急预案、加强培训演练，使项目具有了提前预警、危机应对、安全撤离的软硬件条件，为项目全体员工的生命财产安全提供着有力保障，为项目施工的顺利推进奠定了扎实基础。

作为达亚公路的项目经理，他的肩上承担了更重的担子、更大的责任。但和他提起阿富汗的经历时，他却总是很谦虚：“这是我份内的事情啊！”

虽是轻描淡写，却见大智大勇；临危受命，方显英雄本色。杨东来却说：

“我就是公司的普通一员，是在阿富汗工作的一名新兵，我们每个人都是好样的，不仅是我，换作任何路桥人，都会做出同样的选择。”

在阿富汗，动荡不安的政治环境、逐步恶化的安全局势、难以协调的社区关系、愈演愈烈的市场竞争……无一不对在阿经营的外国企业提出严峻考验：其他公司项目有的因分成额度过高、附加项目过多陷入停滞，有的因当地分包管理不善、工程款回收困难而折戟。

达亚公路作为近年来阿富汗境内投资规模最大、建设里程最长的项目，也是巴米扬省和萨曼甘省主要民族——哈扎拉人的第一个公路项目，承载着哈扎拉人的民族情感和当地政府的迫切期望，受到阿富汗各界的广泛关注。

以杨东来为代表的路桥人知难而进，资源不够就地凑、帮扶小组补短板、样板工程展形象，他们在阿富汗掀起施工小高潮，立定岗位创佳绩，结下浓浓战友情。

## 资源不够就地凑

杨东来进入项目全面了解情况后，第一个感觉就是“难”！达亚公路项目

的实施，“难”不在技术上，而在组织上、管理上。工期短、任务重，外部环境和困难远超预期。

在现场，他发现中方协作单位进场设备十分有限，完全不能满足施工计划要求，这么零敲碎打地干下去，项目进度肯定会严重滞后，难以履约。而当地分包商只能打打顺风仗，出现问题靠不住。如果继续从国内运抵设备，运输周期长、清关成本高，在阿富汗境内运输也有风险。“远水不解近渴，设备不够就地凑。”杨东来坚定地说。

去哪里搞设备呢？杨东来想，亚行、日本 JICA、伊斯兰发展银行等国际金融机构前些年在阿富汗投资了许多公路项目，当地肯定有大量的闲置设备。杨东来随即到巴米扬走访调查，结果发现当地闲置设备的确不少，但大都老旧不堪，而且当地机主都打着“三年不开张，开张吃三年”的小算盘，租金居高不下。最让人头疼的是，当地地方保护主义盛行，倘若不在本地租赁也不允许从外省租赁。施工方听到寻找设备的消息，当地小型施工企业组成联营体上书省政府，要求中国路桥必须租用本地设备，否则“后果自负”。杨东来清醒地认识到，这不仅仅是门生意，还关系到社区关系，如果社区关系搞砸了，那将

会处处受限。他当机立断，当天与项目安保主管赶赴省长办公室，请求由省政府牵头，由中国路桥提出设备性能指标和数量要求，当地企业联合体提供可用设备清单，公司从中选用，当地设备无法满足要求的，公司再从喀布尔和邻省调配。最终，杨东来与当地企业联合体达成一致，从当地租赁主要土方设备100余台套，从喀布尔租赁设备50余台套，极大提升了中方队伍的施工能力，不仅为完成本年度生产目标提供了有力支持，更为巴米扬省政府提供了数百个工作岗位，赢得了当地居民的一致赞誉。

可是这还不够，杨东来又利用此前租赁设备时与当地企业打下的良好关系，通过他们联合当地资源，租赁当地设备，项目自营段在短时间内完成了路基土石方工程，改善了该段施工形象，打造了自营段“样板工程”，为后续路面施工奠定了良好基础。

## 打造一流团队

杨东来认为，一个有战斗力的集体，一定以人为本、作风优良、信念坚定，也一定追求卓越。

对于项目，杨东来设定的工作目标是“抓住机遇创效益，立足本职创佳绩”，对于工作，他要求“今日事、今日毕”。他总是说：“项目经理这种兵头将尾的身份，决定了他必须以身作则、吃苦在前、勤勉工作， 才能服人，才能有号召力，才能成为一个合格的项目经理。”

在他的带领下，项目全体成员克服了一个又一个技术难题，为项目的稳步推进做好每一项细致入微的工作。在半年时间里，项目部所有工作步入正轨，工作效率明显提高，项目进展总体顺利。

克“难”不弃微末，系“情”不舍寸功。工作与生活的宽严并济，让这个团队格外有力量。杨东来说，在阿富汗这个特殊的地方，项目部员工朝夕相处，已经结成了一个有感情的集体、一个能做事能成事的集体，在别的国家是同事情，在阿富汗就是战友情！

从云南大山，走向伶仃大海。在港珠澳大桥西人工岛上，他坚守 7 年，同团队筑就了珠江口上最闪亮的明珠。

# 张怡戈

## 把项目装进脑海

◎ 张怡戈
◎ 中共党员
◎ 高级工程师

现任中交一航局一公司科学技术部经理。2002 年毕业至今，参建了天津港、京沪高铁、港珠澳大桥等多项国家重大工程，先后获得天津市“五一劳动奖章”、中交集团“三大工程”建设功臣、一航局“平安卫士”等多项荣誉。他始终以创新创效益，以拼搏赢质量，在国家技术核心期刊上发表论文 6 篇，申报国家专利 26 项，完成了一系列重大技术课题研究及成果应用，获得中交集团、中国水运行业协会、中国航海学会等多家单位的科技类奖项。

在港珠澳大桥岛隧工程建设中，张怡戈七年如一日，坚守外海孤岛施工一线，从头至尾历经整个西人工岛建设，被媒体称为西岛“岛主”。他以海为家、攻坚克难，驻守海岛的事迹《从大山走向大海》，入选国资委“十大最美故事”；在港珠澳大桥钢圆筒振沉过程中，他带领技术团队坚持“每一个都是第一个”“零失误、零瑕疵、零容忍”，一月三船、一日三筒、振沉垂直度多次在1/1000以内，创造了振沉精度、振沉速度等多项世界纪录。他和团队创造性地探索编制出科学的清水混凝土标准化施工方法，打造了“就像工艺品一样”的珠江口“最美地标”。

## 干项目要有使命感

2018年3月的一个深夜，张怡戈驾车行驶在高速公路上，他的目的地是眼下最热的雄安新区。“脑子里想的都是工程。”回忆起那天的场景，张怡戈透出一丝歉意：“本来说好回家吃饭的，在公司讨论完方案，一脚油门就往工地开，家人也白等了。”刚从港珠澳大桥回到天津，原本以为守着家，可以多陪陪家人的张怡戈，又投入到雄安新区的建设中。同事们说他“在西岛以海为

家，现在北上雄安又以新区为家，纯粹就是位现代版的‘拼命三郎’”。

“公司能够率先进入雄安新区参加建设，这是一份荣耀，更是一份责任。能够成为雄安建设者，是千载难逢的机遇。”谈起在雄安新区没日没夜的工作，张怡戈俨然斗志昂扬的战士，豪情万丈地说：“让我去盯现场，就得盯好！雄安新区这么高的关注度，我们得努力守护好这份荣耀！”

当然，除了雄安新区的施工任务，如今主管公司科学技术工作的张怡戈还得频繁往返于各个施工现场，他所盯着的已不仅仅是某个工地。参与深中通道暗埋段施工策划，为信江航电枢纽建言献策，为诸多工地解决一个又一个技术难题……尽管任职在机关，但他坐办公室的时间不多，大多数时候仍旧奔波在工地上，是“下沉式”领导干部的楷模。“现在面对的项目更多了，挑战性和新鲜感更多了，但对我而言，每一个工程都是第一个，工作也要更有热情才行！”张怡戈说。

## 每一个都是第一个

说起“每一个都是第一个”，还得追溯到2011年。那年，张怡戈调到港珠澳大桥岛隧项目，在伶仃洋上主持构筑一个全新的人工岛。

这个人工岛是海上桥梁和海底隧道转换的枢纽，对于港珠澳大桥意义重大，建造难度同样巨大。更何况伶仃洋不仅海水深、流速大、台风多，还经过白海豚自然保护区，环保要求高，传统建岛方案根本无法满足要求。

经过无数次研讨，项目最终采用大直径钢圆筒成岛工艺，也就是将120个直径22米、最高50.5米的巨无霸精确插入海底。世界上从未有人用过这种工艺。

作为技术负责人，张怡戈知道，“构筑岛壁”是成岛的关键。每一个钢圆筒都有不同的特点，面对不同的地质条件、技术要求及多变的天气海况，稍有疏忽就可能前功尽弃。面对不容有任何闪失的艰巨任务，张怡戈和团队加班加点，详细论证。

那段时间，“每一个都是第一个”成了张怡戈说过最多的话。也是在这一年，他和同事在伶仃洋上创下了“当年动工、当年成岛”的建设奇迹。他们仅用半年多时间，像威尼斯建城之初那样，将61个钢圆筒精确地振沉入海，形成一道严丝合缝的围壁，在汪洋大海中生生建成一个10万平方米的坚固岛屿，这在世界筑岛史上是又一个奇迹。

## 助力“深海初吻”

成岛之后，整个项目备受关注的便是首节沉管在10多米水下与西人工岛实现精准对接，被媒体誉为“深海初吻”。张怡戈和团队的任务就是要在西人工岛上浇注一段预埋的混凝土管道，延伸到10多米的水下，以迎接首节沉管的到来。

首节沉管来头不小，不仅重达4万多吨，而且地基要在120年内不能出现非均匀沉降，这就要求400多平方米的截口平面在施工时误差要控制在毫米级。

张怡戈和团队面临的技术管理压力空前巨大，为死守丝毫差错红线，他几乎天天守在岛上，以防任何蛛丝马迹从眼皮底下溜走。从方案编制到交底施工，每一步施工工序绝不走过场，锱铢必较是他的态度。深达17米的外海超深基坑，他视如平地，每天爬上爬下几个来回，甚至还要钻到狭小的脚手架里反复检查，以保零差错。炎热的夏季，基坑内的温度达40多度，每次走出基坑，他们就像洗了澡、蒸了桑拿，谁也记不清一天衣服要“干”“湿”几次。

正是凭着这份工作热情，2013 年 5 月 6 日，港珠澳大桥首节沉管安装成功，首节海底隧道与人工岛隧道精准对接。

## 打造最美地标

首节沉管对接完成后，岛面主体建筑、室外工程等成为施工的重点。岛上建筑全部采用清水混凝土，施工时一次浇筑成型，不做任何外装饰。为满足施工要求，张怡戈和技术团队先后分 8 个阶段进行 64 次试验，成功编制出标准化的施工方法。

面对岛上多家单位交叉施工，安全风险及资源协调难度大的问题，他白天忙于协调沟通，晚上同技术人员研究工艺，并落实“6S”管理方法，有效地解决了文明施工与生产的矛盾，保证了工程品质。

“如果不是亲眼看到，很难想象司空见惯的混凝土，竟然能做到像工艺品一样……”前来参观的中外专家赞不绝口。这正是人工岛成为珠江口“最美地标”最好的体现，也是建设者匠心如一的价值所在。“把项目装在脑海、记在心上，干起来就有激情，也一定能干好。”张怡戈诚然地说。

临危受命赴榕江，万千将士枕戈凉；英雄无畏开天地，大好山河行四方。在贵州月亮山原始森林，他跨山脊，越沟壑，提前 1 年贯通荔榕高速，彰显铁军风采。

# 肖厚军

## 赤心不移　山川可撼

2002 年进入中交二航局四公司，曾在广西南友高速、广西隆百高速、宿淮铁路、青荣铁路、杭黄铁路等项目工作，现任中交二航局荔榕高速项目经理；长期驻扎在工程建设一线，先后被评为中交二航局四公司“优秀项目经理”、二航局“十大标兵”“优秀共产党员”和中交集团“优秀共产党员”。

◎ 肖厚军

◎ 中共党员

◎ 高级工程师

## 瘦了身体，美了山腰

肖厚军，人称“肖大兵”，以攻坚克难、骁勇善战闻名。

“1 个月，30 天，-12 斤”，这是肖厚军 2018 年 9 月体重的变化。这个月，荔榕高速最长隧道贯通、姑塘坡大桥贯通。远远望去，月亮山山腰像是系上了金腰带。对自己身体的变化，肖厚军则无暇顾及。

“项目如果亏了，我抬不起头来，没法给领导交代，也没法给员工交代。”肖厚军更关注整个项目，桥和隧道通了，后面的事还很多。“身上的肉减了，很容易长回来；项目干亏了，是一辈子的污点。”这样的想法，在他心里根深蒂固。

2018 年 10 月，项目的 3 条隧道成功贯通后，参与隧道施工的 3 家作业队受到表彰。与自己朝夕相处的队伍获奖，是肖厚军最开心的事。但是，对于肖厚军来说，新的问题又出现了。

隧道施工受自然环境影响很大，施工条件艰苦。“施工主便道存在多处陡坡急弯，雨天运输车辆无法行驶，一旦有车辆途中抛锚，其他车辆根本无法通

行，材料进场困难。”项目副经理黄海波坦言。为方便材料运输，项目部先后组织过两次大规模施工便道整平与硬化工作，并成立了专门的便道维护队伍，负责便道的日常维护。

“增加的成本谁来承担？想在这件事上达成共识,比干活本身难多了啊！”肖厚军说。

10月11日晚上，大家挤在会议室里通宵达旦地工作。白天时间不够，晚上来凑，这是肖厚军的车轮战法。“这种拼毅力、拼精神的做法，经常让协作队伍老板都熬不住。”项目书记、主管合同的副经理许凯说：“经过努力，可钻的空子被放弃，对项目来说，细微的漏洞也被堵住，最后达成公平合理的方案。”

如此斤斤计较，精打细算，就是为了要捂着项目的钱袋子。“该掏的掏，不该掏的，一分钱也不能多给。”项目上有大大小小十几家协作单位，“你得到别人1块钱，别人就会从你这拿走10块钱，甚至更多。”每一次会上，肖厚军都会强调这样的意思。

其实，几天前，肖厚军就接到医院电话，要他去医院复查。对自己的事，肖厚军选择了习惯性拖延。“协作单位刚干完活，他们正等钱用。我一走，该支付的没及时支付，他们会说我在躲债！”在任何事情上，肖厚军都不来猫腻。

10月12日一大早，肖厚军到贵阳复查身体。临行前，他对财务主管再三交代，下周一，也就是3天之后，要把工程款打到协作队伍的账上。这是信誉，也是隐形的成本。

10月18日，四公司召开第四季度生产调度会，肖厚军因病不能到场，他给领导的请示中，却是轻描淡写：“我没事，偷下懒，在老家治疗几天就好了！”

## 寨子里来了位副主任

在国家贫困区施工，肖厚军对自己很抠，对扶贫却慷慨。他受聘担任水族水尾村副主任以来，走村串户，扶贫又扶志，各种投入达10万元，赢得了良好的口碑，营造了和谐的施工环境。

2018 年 10 月 10 日，在荔榕高速姑叫隧道贯通仪式上，项目公司领导和榕江县水尾乡书记、乡长都到了现场，乡长石建雄毫不避讳地说：“在各个标段中，二标段对乡里的帮扶最大！”

村书记潘秀锋道出实情：“从村里到县城，30 多里的路来回要 6 个多小时，村里的年轻人搬的搬、迁的迁，守着金山银山，却四处乞讨要饭！”大家知道村里来了一帮修路的人，个个有了盼头，水尾乡的春天被叫醒，肖厚军成了村里的座上宾。

随后，在肖厚军的带领下，项目部拓宽进村道路、重修办公楼、为乡中心小学捐资助学……做了一系列帮扶工作。肖厚军因此备受拥戴，被聘为村副主任，村民们说：“有问题找‘大兵’，他是村里的‘110’。”

2018 年 3 月 22 日，春风拂面。水尾村村委会办公楼内窗明几净，欢声笑语，村副主任肖厚军和大家分享“两会”报告中的乡村振兴战略。这栋办公楼，就是项目部投资 5 万元修建的。

“山面积算少了，我家山多大我知道，你们不要占我便宜。”韦师傅固执

已见。原来，征迁协调队队长和当地一家姓韦的居民起了争执，就某一处便道拓宽需要征山的面积问题产生了分歧。韦师傅拨通了肖厚军的电话，说：“今天这个问题啊，我非要弄清楚，我觉得他们把面积算少了。”

肖厚军笑着说：“韦师傅，这个结果是测量仪器测出的，你要是不相信，再重新测一遍，重新计算，可好？”

随后，韦师傅随测量人员重新测算了一遍，结果丝毫不差，韦师傅摸着头笑着对队长说：“不好意思，我错怪你们了，你们的数据确实很准确。”

扶贫，没有最好的方式只有更好的方式。项目部成立之初，就住在水尾乡的“吊脚楼”内，当地种的菜，养的鸡鸭，多是自产自销，根本卖不出去。项目部和村民达成共识，项目部按照市场价格，敞开收购村民的农产品。这一措施也调动了村民种菜和养殖的积极性，扶贫更扶志。

好事传千里，信誉得人心。自此，水族老百姓在各种事情上积极配合，一

股和谐的暖流在当地政府、当地村民与项目部之间形成，彼此心连心。

## 锤炼底色，成就多彩

在多彩贵州，在森林氧吧的荔榕高速项目上，项目经理肖厚军的生活并不多彩。他主要的精力，都用在了锤炼底色上。

2016 年的夏天，他刚到项目上，查看完现场，不禁感叹："这怎么干啊？山高林密，寸步难行……不过，困难可怕，是因为你没有走进困难。走进困难，才能无畏困难。"肖厚军如是说。

此后的每天早上 7 点整，在项目部大门口，他和班车上的人员简单交流几句后，班车被放行，开往了大山里。不熟悉的人还以为他是门卫，或者是检查人员。不，他是项目经理肖厚军。这是他的班前会，一个月、两个月、一年、两年……每天就这样简单重复着。

"大家有什么问题，都告诉我。作为基层的管理，就要扁平化，我也是围绕生产这个中心转，前方顺畅了，我心里就天晴了。"肖厚军的管理就是这样打破常规，"一竿子到底"或者叫"官兵一致"，班前门口开会，班中现场督促，班后促膝而谈。项目上干脆给他起了个外号叫"肖工长"。肖厚军说，一个简单的事情，如果项目经理安排副经理，副经理安排班组长，班组长再去落实，就会出现多头管理，层层打折扣，效率就会次第低下，大家熬不起，项目也拖不起。

二航局承建的荔榕高速二标段，本来全长 6.69 千米，桥隧比高达 97%，除了隧道就是峡谷，是整个高速公路的"卡脖子"标段。经过一年施工后，各方面进展顺利。2017 年 9 月，经过项目公司的协调，一标段所属的姑塘坡大桥、一段路基和一块预制场地划入二标段。

任务的增加，意味着责任和付出的加大。项目部成立姑塘坡大桥分部，从这个分部到项目部，施工便道长 40 千米，路上单趟就要颠簸盘旋 2 个多小时。

姑叫隧道右幅隧道全长 2980 米，左幅隧道全长 2900 米，为荔榕高速全线最长隧道，是整个线路的"卡脖子"工程。姑叫隧道地质复杂，围岩软弱，涌水量每天高达1.3万立方米，进口和出口高差75米，相当于25层楼的高度，给隧道内的排水造成了极大困难。姑叫隧道进出口地处原始森林，连接隧道进出口之间的施工便道就有18千米，这条工程生命线是在肖厚军带领下打通的，也是肖厚军每天必走的路。

不疯魔，不成活。肖厚军是基建狂魔，是典型的工作狂。更确切地说，他是一条鲶鱼，搅动了项目团队。“就如滚石上山一样，撑不住了，就是死！”肖厚军常常说。如果说项目是一座坚固的堡垒，他既是这座堡垒的“冲锋号手”，又是这座堡垒的“冲锋枪手”。

凭借硬气，2018年9月底，荔榕高速全线最长隧道姑叫隧道贯通，姑塘坡大桥双线贯通，这出乎项目公司的预料。隧道贯通后，项目公司采取灵活战术，重新调整路面铺装方案，从隧道两头铺装调整为整体铺装。肖厚军，成了整个线路的关键人物。

项目公司经理张胜利在姑叫隧道贯通仪式上致辞说：“你们科学管理，战酷暑，斗严寒，不分昼夜，攻克了诸多难题，为荔榕高速建设树立了榜样！”

从项目开工，到隧道贯通，两年的时间里，人称“肖大兵”“肖工长”的肖厚军像项目门口的牛长河，润物无声，细水长流；像山里的大树，扎根山野，屹然挺拔。

19 年的寒来暑往，生动演绎了奋斗者、追梦人的奔跑姿态。他的心很“小”，因为潜心钻研工艺技术；他的心很“大”，因为装着“一带一路”建设蓝图。

# 王伟智

## 做个幸福的奋斗者

◎ 王伟智

◎ 中共党员

◎ 高级工程师

2000 年毕业于长沙理工大学，现任中交四航局二公司总经理、党委副书记。这位朴实无华的“湖南伢子”一步一个脚印，秉承湖南人特有的“吃得苦，霸得蛮，不怕死，耐得烦”品格，以饱满的工作热情、务实的工作态度、敢为人先的组织能力和创新精神，成长为业务能力扎实、综合素质全面的新时代工匠，用个人的成长经历谱写了新时代奋斗者之歌。

从初出茅庐的愣头青，到成熟干练的领头人，一路走来，王伟智坚守初心，用勤劳与汗水、创新与拼搏、责任与担当，战胜一个又一个困难，把自己的经历汇入新时代工匠的成长奋斗史。

## 初出茅庐，攻克业界难题

2002年，刚参加工作两年的王伟智担任三亚东防波堤项目工程部长，对于许多工程人来说，工作两年可能还处于业务探索、学习积累初期，而他已迅速成长为“龙头”部门的负责人。在面临防波堤沉降问题时，他带领部门技术人员夜以继日翻阅国内外相关资料，借鉴国外先进技术，结合当地水文条件，多方案对比后选定深层爆破挤淤方案。然而，水深30米以下有太多的未知数和不确定因素，几次爆破试验后，清淤效果并不明显。面对所有人的质疑，他毅然坚持下来，通过多次模拟试验及检测数据对比，不断调整爆破方案的相关参数，最终成功实现深层爆破挤淤，各项指标也满足设计要求，获得业主和参建各方高度认可，成功攻克了水深30米下防波堤成型后沉降量不均的业界难题。

## 勇挑重担，逐鹿中东市场

沙特是世界上“最神秘”的国度之一，拥有世界穆斯林的朝觐圣地麦加，每年吸引着全球过千万穆斯林前来朝觐，但就是这么一个令人神往的国度，对于工程人来说却意味着无比艰难的挑战。

2009 年 12 月 22 日，在红海之滨，随着一声清笛传来，一艘集装箱巨轮拖着“V”字形的波浪，缓缓驶入沙特吉达红海门码头，这标志着超现代化的集装箱码头顺利开埠。

“It’s an amazing performance!（这次开港仪式令人赞叹！）”这是业主 CEO、Xenal 家族代表 Aamer 先生在开港仪式上对我们四航人的赞誉。他接着得意地说：“两年前，是我亲自确定了中国公司承建这一项目。今天我可以说，中国朋友，我没有看错！”

王伟智等中国工程师代表听到 Aamer 先生的赞誉，脸上露出欣慰的笑容之后，坚毅的眼神中却流露出丝丝辛酸，因为他们的思绪飞回到了那些艰苦奋战的日子。

2008年，四航局首次参建执行欧美标准的沙特项目。这里有着世界上超高的自然温度，室外气温常年超过40度；这里沙尘暴肆虐，每次沙尘暴袭来都堪称好莱坞大片般的现场直播。当时四航局二公司对欧美规范接触较少，项目咨工团队合乐公司是一支历史悠久的欧洲建筑咨询公司，对现场管理有着极为苛刻的规范要求。由于缺乏相关经验，现场管理团队前期运作困难，使项目面临着巨大的履约及成本管控风险。在这紧急关头，王伟智勇挑重担，出任沙特RSGT项目经理。

"要解决问题，首先要找到问题的关键。"自接手项目管理重任后，王伟智也是"摸着石头过河"，坚持"内外结合"，全面熟悉项目，找出问题的症结所在。王伟智发现，项目团队有一些"水土不服"。他带领团队找出自身与业主要求间的差距，通过梳理管理上的不足并开展相应的培训活动，使项目部团队逐渐适应了业主高标准的HSE管理、QC管理等模式，整体综合能力也获得了明显的提升。与此同时，他创新成立项目商务部，加大商务管理工作，适时开展索赔和变更，为项目二次经营打下基础。

沙特原本常年无雨，所有城市都没有正规的排洪设施，但随着气候的变化，沙特降雨量也随之增大，政府对于排洪项目需求迫切，要求项目部在洪峰来临前完成排洪设施的建设。沙特本国向来缺少工程行业从业人员，如果依靠当地资源根本无法按时完成业主下达的高强度任务，于是王伟智想到了从国内调配资源，随之要解决国内人员签证配额的问题。但当时正值沙特斋月期间，当地政府官员基本不办公。王伟智连续半个月都是从早上7点出门，到晚上8点多回来，中间有时都无法进餐，一直在想办法跟政府协调签证配额，最终在斋月期间完成签证配额事宜，顺利组织人员进场，并在洪峰来临前完成了排洪设施建设。斋月期间，又逢项目石料采购困难，外出意味着一整天不能进食进水，王伟智也从未退缩，毅然冒着沙尘暴中迷路的危险，深入沙漠中心地带，找到了满足欧美标准要求的石料。

当项目生产逐渐步入正轨后，王伟智以精细化管理为主线，坚持"商务引领、技术支持"管理模式，带领团队理清思路，从图纸着手，从业主需求角度出发，进行设计图纸优化，有效降低了施工难度。其中，项目重力式码头方块重量从 50 吨 / 件以下改为约 400 吨 / 件，方块结构从实心变为空腔，从而优化工程量，提升工程质量，为项目创下良好效益。此外，堆场珊瑚礁地质回填验收方法也由 SPT 改为 CPT，通过引用国际上的著名论文并结合大量试验数据，创造出与项目情况高度符合的验收曲线，获得了业主及咨工的双双点赞。

沙特 RSGT 项目的成功，为四航局二公司在中东向高端市场的发展奠定了坚实的基础。不仅二公司创造了效益，还培养了一大批高素质业务人才。2014 年，王伟智被提拔为二公司副总经理，负责经营工作，曾经的深耕再次发挥作用。沙特吉达雨水排水工程启动，项目业主是世界最大石油公司——沙特阿美石油公司，阿美的管理以严苛而著称，业内称之为“在刀尖上跳舞”。王伟智再次迎难而上，“扎”在沙特近半年，深入一线靠前指挥，带领项目团队提升管理，满足业主严格的管理要求，获得了业主的认可与信任，对承建吉赞经济城等项目，继续深耕沙特市场产生了积极影响。

## 有的放矢，推动高效发展

随着工作调整，2014 年底，王伟智开始分管二公司生产及安全管理工作。

在单一水工业务转为多元化组合业务结构形式后，各项目数量不断增加，布置区域更加广阔，内外部监管及追责制度更加严厉。面对新形势，王伟智狠抓重点项目履约，做好项目策划、年度策划，合理统筹调配内部资源，为二公司持续平稳健康发展、迈入“双百亿”规模做出积极贡献。他带头推行签订分级安全管理责任包制度，细化安全管理责任，提高项目部的安全风险识别、安全风险管控及安全综合治理能力，营造出“全员讲安全、全员重安全、全员管安全”的浓厚氛围。

王伟智身先士卒，带领团队勇往直前、东征西拓，开发、建设、维护好新的广阔市场。2015年年初，海南工程项目前期进展不理想。王伟智义无反顾、主动担当，来到“四高二缺一多”的项目前场，一待就是两个多月。他多措并举，迅速调整管理架构，协调施工资源，提升后勤保障能力，凝聚管理力量，增强各方沟通互动，保障项目首个节点按期完成。

奋斗者是精神最为富足的人，也是最懂得幸福、享受幸福的人。在中华民族伟大复兴的路上，已成为四航局二公司总经理、党委副书记的王伟智依然坚守一颗永不褪色的赤诚之心，带领全公司员工开疆拓土，演绎奋斗者、追梦人的奔跑姿态。昨天，一种齐筑精品、共创一流的追求在他身上传承；今天，一股改革创新、锐意进取的力量在他身上喷发；明天，一份交融天下、建者无疆的使命必将在他身上担当。

戈壁孤城，肩扛担当；九曲黄河，永志初心！京新高速临白项目，不惧艰险领跑全线；再战官渡黄河大桥，打造省级示范项目。

# 王 腊

## 不忘初心 誓守匠心

◎ 王 腊

◎ 中共党员

◎ 高级工程师

2002 年毕业于长沙交通学院，同年进入中交一公局工作，现任官渡黄河大桥项目部总经理。在京新高速临白项目建设中，面对戈壁滩险恶环境，他带领团队攻坚克难，2 个月内完成 600 余万立方米风积沙路基施工，被授予阿拉善盟“五一劳动奖章”；在官渡黄河大桥项目建设中，他积极推动品质工程创建，被评为一公局集团首届“十大品牌员工”“十大杰出青年”。

清晨 6:30，黄河桥头总有一个戴着安全帽的身影，在晨曦中凝望黄河对岸。他的眼中有期盼，期盼桥梁早日贯通，让两岸百姓从始通行方便；他的眼中有梦想，力争实现“保省优、创国优”的品质黄河桥愿望。一说起官渡黄河大桥，他双眼闪光，他就是一公局集团官渡总承包项目部党总支书记兼总经理王腊。从建桥工地回来，在食堂吃过早餐回到办公室，王腊一如既往地开始了新一天的工作。

从江苏通启高速、河南平正高速、四川雅泸高速、陕西渭蒲高速、山西龙城高速、内蒙古集呼高速、内蒙古京新高速临白项目到官渡黄河桥，一路走来，他始终以“责任坚定方向，品牌谱写华章”为座右铭，践行筑路人让世界更畅通的愿景，身体力行，以身作则。在他的影响下，形成了官渡总承包项目部融合拼搏、创新、精细、品质的“官渡力量”。

## 攻坚克难，“绿色京新”的打造者

说起临白，很多人脑海中闪现的第一个词是“五无”：无人、无电、无水、无生机、无信号。在这与世隔绝的戈壁滩勉强生存已是难事，而王腊还要组织精细施工，决胜于未来，可谓难上加难。2015 年 1 月 10 日，气温接近零下 20℃，为打通施工便道，他和工友们徒步 10 多千米，挺进巴丹吉林沙漠腹地，正式开启了京新公路的修建工作。

就在这样缺水少电、通信闭塞的无人区，顶着巨大压力的他带领团队建起了项目部。项目正式启动后，用水便成了“老大难”。大家先后钻了几十眼井，却只有一眼出了水。而这口井里的水用来施工都不合格，何谈饮用？但他仍未放弃寻找施工水源。看着整日用浑水洗脸刷牙的同事们，他一次次只身一人走进大漠寻找水源，在坡道距离地面百米多深的位置，终于发现了水源。兴奋之余，他竟忘了时间，又恰逢天色骤变。黑夜中，他在大漠中迷失方向，手机没有信号，无法请求支援，他就用最原始的方法，把枯树枝搭在一起点燃，让一堆篝火撕开可怕的黑夜，升起狼烟，终被前来寻找的同事发现。

寻水的故事仅乎悲壮，“五无”地带“信号山”的故事透着无奈。不知跑

了多远的路，不知站在哪个沙丘上，迎着阵阵狂沙，到处摇晃手机，找到微弱的信号，就只为了跟家人通上话，报上一声平安。他清楚地记得手机第一次接通网络，终于可以跟家人视频的时候，项目部的院子里异常地热闹。这种最平常的事情，对于他们这些在戈壁滩上的人来说是那样难得！随着这座“戈壁孤城”的建成，项目部的各项工作也逐步走向正轨，胸怀梦想的筑路人也陆续地从四面八方集结于此。渴了，他们用斧头砸裂早已冻成冰块的瓶装矿泉水，含冰解渴；饿了，嚼几根被冻得“清脆”的夹冰火腿肠。无数个夜里，漫天的飞沙一次次地把熟睡的他呛醒，在一片混沌中打开灯，目光可及之处，均被盖上了一层厚厚的沙土。而所谓的休闲娱乐，不过是反复观看已事先缓存的、“返场”多遍的视频。那些对家的呼喊，那些对爱的茫然，那些对孩子的亏欠也都随风而去，斑驳工地上滑落的流年。

面对恶劣的环境和紧迫的工期，他始终牢固树立“安全重于一切，安全高于一切，安全压倒一切”的安全观，努力推行“新材料、新设备、新工艺、新技术”，现场施工严格执行标准化要求，全力打造一公局品牌，展现一公局形象。他一直默默地奉献于钟情的交建事业，时时刻刻心系项目，用心浇筑沙漠中最美的黑色弧线！

## 精益求精，“品质官渡”的建设者

他凝心聚力，带领团队创新筑桥，实现一桥飞架南北，黄河变通途。在官渡，他按照一公局集团的要求，带领班子及骨干管理人员定目标、编计划、定节点、想措施；凭借拼搏、创新、精细、品质的“官渡力量”，打造官渡黄河大桥标准化、精益化、信息化品牌，力争实现“保省优、创国优”。

初来官渡，他带领团队，积极探索总部集中管理的思路、方法。结合河南省公路局及一公局集团对官渡项目的总体要求，综合考虑一公局集团在河南市场战略布局要求，对项目准确定位，确立“创建交通运输部品质工程示范项目”目标。他将中国交建和一公局集团集中管理理念与项目实际相结合，用近 1 年的时间探索实践，总结定型“12383”管理措施。

他凭借敏锐的洞察力，借助中国交建桥梁标准化施工指南（梁桥）编制依托项目和一公局集团“三厂四区”试点推广项目的契机，带领官渡建桥人发挥主观能动性，勇于探索，与分部一道总结推行“8372”班组标准化管理模式；以班组管理标准化为基础，鼓励全员微创新，积极推行工序施工精细化管理；深化本质安全理念，推行安全管理及现场安全设施标准化。

迎检、考核、陪检、工地例会……只要有合适的机会，在时间允许的情况下，他都会到厂区、施工现场、班组当中转转，与现场人员交流建议，督导管理；一有好的思路他都会记在本子上，发现厂区管理的优点与不足也会记下来，思考后召集人员着重讨论商讨对策。

如果你来官渡，走进钢筋加工厂，满眼可见的是 BIM+ 自动化数控设备。厂区建设，他们积极落实“机械化换人，自动化减人”，一键化生产，钢筋加工数控率达到 100%，损耗率由 1.03% 降低至 0.67%，比常规节省人工 50% 左右。走进预制场，映入眼帘的是成系统的布置，临时用电本着暗沟地埋和架空原则

布设，确保厂区安全、整洁；喷淋养生管道在台座内预埋，同时养生水经三级沉淀循环利用，节能环保。在官渡，每个班组有效运行“8372”管理机制，提升了工人队伍的整体素质，减少了风险，让施工现场面貌焕然一新。

王腊，是官渡人的榜样，“精益求精”就是王腊的代名词。

## 结缘中交，舍家为公

儿时，通往学校的道路凹凸不平，每逢雨天，更是泥泞不堪，寸步难行。一天雨后放学回家，他一脚踏空跌入泥坑中，浑身沾满的黄泥巴，委屈地问母亲：“我们家门前的路什么时候也能像城里的柏油路一样好？”母亲对他说：“等你长大了当上工程师，再回来把咱家门前的路好好修修。”从此，一颗梦想的种子在他心中埋下了。朴素简单的梦想激发了巨大的动能。高考时，他选择了土木工程专业。大学4年，他刻苦学习，多次获得奖学金。毕业那年，他选择了中交一公局——当一名工程师的梦想早就悄悄发芽了。可是，这个梦想也拉远了他与父母、妻子、孩子的距离，10多年在外打拼，是为了给家人带来更好的生活。父母已经渐渐地步入老年，可王腊参加工作以来却总是与家人聚少离多，有时忙到年尾都没有回过家，他深感愧对自己的家人。

王腊知道桥涵基坑的承载能力，知道混凝土的调配比例，还知道现场检测的试验方法，可是却不知道孩子第一次迈步是怎样的勇敢……！每项工作一结束，他都习惯性地把工作记录在一个灰色的笔记本上，而这个笔记本除了工作记录，更多的是对家人的思念和他的一个个故事——2016年4月18日：“今天接到妻子电话，儿子一直喊肚子疼，下午医院确诊为急性阑尾炎，已经穿孔，马上就要动手术。平时大大小小的事都是妻子在扛，现在儿子生病了，自己却无法尽到一个父亲的责任，心里愧疚，愿儿子早日康复。”当时路面正在进行紧张施工，他在犹豫回还是不回。这份担忧都被工友看在眼里，工友们都劝他回去，可他还是选择留在工地，一直没有回去。日子一天天过去，不知不觉中，他也已经到了不惑之年，自己的幼子也已经是一名三年级的小学生。与家人相约，陪着孩子度过一个愉快的假期，对于很多父亲来说是件简单的事，可对于筑路人来说，实现这样的约定却很难。

## 初心未改，勇往直前

“让每一个焊点，每一方混凝土，每一片 T 梁都能承载起中国交建这一国家品牌，”他的心中一直藏着这个“大国工匠”的梦想。工作 16 年来，他用爱岗敬业的实际行动彰显了交建人的责任与担当，用高尚的职业道德向员工传递着向上向善的文明风气，用诚恳奉献书写着属于自己的热血青春！官渡黄河大桥开工建设两年多来，在他的带领下，标准化、精益化、信息化深入项目骨髓，在中原大地树起了“中交”品牌，为企业赢得了广泛赞誉。

她是扎根前线 23 年的筑路人，她是茫茫戈壁滩里盛开的格桑花，有着一股不服输的韧劲，被称为“执着地陪着公路远行的人”。

# 张月萍

## 一个女路桥人的坚守

现任中交一公局第一工程有限公司满别项目党支部书记兼二满项目党支部书记及总经济师。她始终坚守一线，一干就是 23 年。在环境恶劣的边境线，在漫漫黄沙的戈壁滩，她抗击风沙保障节点，党建引领敢为人先。她用芳华岁月雕刻了一个女路桥人的坚毅与热忱。

◎ 张月萍

◎ 中共党员

◎ 高级工程师

很多人对路桥这个行业最直观的感受是条件艰苦。艰苦到什么程度呢？节假日无休，无论是高温酷暑还是风霜雨雪，都要在工地坚守。这样的日子，在很多人的眼里是男人的日子，是让女人走开的日子。然而，却有这样一位女性，她始终坚守一线，一干就是 23 年。她就是中交一公局第一工程有限公司满别项目党支部书记张月萍。

时光在不经意间缓缓流过，23 载光阴将一颗幼苗培育成了参天大树。

张月萍从技术员入行，历任经营部部长、总经济师、项目书记等岗位，累计参与过 12 个项目，为公司创收做出了骄人的业绩。一路走来，荆棘与鲜花并存。

23 年前，受父母影响，张月萍大学毕业便进入了中交一公局。年轻的她，同许多新入职的员工一样，跟着项目跑，学技术、学经营。遇到不懂的就问，直到弄懂为止，是她一以贯之的学习态度。她经常向试验室、测量队等各专业人员学习，随身携带的小本子上密密麻麻写满了学习笔记。抱着一份“不要被别人看扁了，证明自己可以胜任”的信念，她勤学苦干，逐渐对公路经营有了

深入了解。

工地气候恶劣，风沙肆虐，干旱缺水。为了赶进度、抢时间，长发披肩的她剪掉长发，改留短发。尽管有些心疼，但干脆利落的短发能让她更专注于工作。凭着这份忘我拼搏的精神，她相继参与了唐港、石黄、衡枣、连徐、合徐、丹拉、内蒙二赛等高等级公路建设，并逐步累积了扎实的项目经验。从青兰项目开始，她走上总经济师岗位。

张月萍第一次当领导时也忐忑不安，也会担心自己是否可以承担得起这一重担。但是不服输的她坚持学习，并学会以全局眼光考虑问题：一是坚持做好本职工作；二是从整个项目成本的角度出发考虑问题；三是协调好各分管领导，相互磨合，互相补台，发挥班子的最大合力。

由于在总经济师岗位上的出色表现，很快，张月萍被提拔到书记岗位。此时的她，一边是经营工作，一边是党务管理，庞大的双重工作量让她时常分身乏术。为快速弥补党建专业知识的不足，她一如既往地坚持学习，通过向公司各位老书记学习，向公司党办请教，她慢慢发现，其实党建和总经工作不是单打一，也不是两条平行线，两者可以相融互促、相得益彰。由于方法得当，她逐渐对两方面工作得心应手。无论是在总经岗位，还是担任项目书记，她都做得有声有色。“有干劲，会管理，很负责，能带头”，是大家对张月萍的一致印象。

时光荏苒，岁月流痕。23年前，与张月萍一同踏入工作岗位的有近百人；23年后，这一数字变成寥寥无几。像她这般坚持23年，又做到如此出色的，又有几个呢？

时光在不经意间缓缓流过，历经23年培育的参天大树已经能独挑大梁。

自2011年张月萍走上项目领导岗位，凭借扎实的基本功及丰富的一线经验，她所参建的项目全部实现赢利，不少还是公司的“利润大项”，工程形象赢得了业主、监理的一致好评。由于在工作中的突出表现，2004年她被中交一公局授予“巾帼建功标兵”称号，2008年被中交一公局授予“经营管理技术能手”称号，2016年被中国交建评为“中国交建优秀党务工作者”，2018

年被中国交建评为“优秀共产党员”。

成绩的背后是汗水和努力铸造成的“钢与铁”。在邯大项目，张月萍初任书记兼总经济师，面对项目初期亏损严重的现状，她带领项目经营人员，第一时间做好标后预算，并迅速拿出经营策划方案。后来，因为土料问题造成路基填方严重滞后，导致业主一度极不信任。为扭转被动局面，张月萍带领经营部门，主动改变思路：一是不计代价寻找土源，给业主拿出项目百分之百处理问题的诚恳态度；二是继续上报填料变更。经过不懈努力，业主终于同意将60%的路基填筑工程由素土变更为卵石土，这个变更不仅加快了项目工程进度，更减少了由于素土填方造成的亏损。

在二满项目，张月萍再任书记兼总经济师，面对路线长达120千米、自然环境恶劣、全年有效工期仅5个月、民族区域语言不通等重重困难，她同项目其他领导齐心协力，一方面，强化前期策划、供应商选择、项目成本核算、劳动竞赛、和谐项目建设等基础性工作，为项目后期顺利推进打下坚实的基础；另一方面，她创新采用总分模式下的“大服务、大协调”管理方式，双管齐下，使得项目43天完成产值2亿元。项目因此被中交一公局工会评为2015年度“劳动竞赛优胜集体”。

选择一种职业就意味着选择一种生活，职业的特殊性对个人奉献提出了更高的要求。

作为一个女路桥人，作为一名母亲，较之男职工，她的牺牲着实多，也着实不易。

2005年初，张月萍在产前不足1个月才离开工作岗位。2005年5月，孩子生下不到2个月，为了工程建设的需要，她就带着孩子和婆婆到张家口工地上班。孩子不到半岁，她又忍痛割爱，搁下年幼的孩子和年迈的父母，毅然踏上了奔赴内蒙古二赛项目的征程。

作为一位母亲，每当临行前看到女儿不舍的泪光时，她也不是没想过辞职，也不是没想过退居二线。有一次，她终于做好了退居二线的准备，但邯大项目陡生波折，项目经理换了三任，土料变更迫在眉睫，急需缓和与业主的矛盾。

面对艰巨的生产经营任务，强烈的责任感和使命感使她无法放下手头的工作，更舍不得离开项目。就这样，她坚持了下来，在工地一干又是十几年。

在以男性为主导的工地上冲锋陷阵，她凭借着自己超强的意志力和奉献精神打拼出一片天地，坚持 20 余载，工作越来越出色，成为项目党建和经营的行家里手。你是否也会好奇：是怎样的理想信念支撑着她一步步勇往直前？

用张月萍自己的话说，她对每个项目都有一种强烈的责任感。她认为要把项目做得好，不仅要让自己满意，还要比别人做得更好，这源于对自身的高要求。张月萍还有着自己的独到之处，那就是不断反思每个项目的得失利弊。如果有做得不到位的地方，就千方百计地改进，这让她养成了精益求精的优良作风。此外，项目各异、挑战不同，让她对每个项目都充满了新鲜感，保持高涨

的工作热情，一次次成功的跨越与突破，是一份份无法比拟的欣慰与自豪。

23 年风霜雨雪，23 年工地坚守，23 年不问归途的路桥建设，大江南北有她铿锵的脚步，柏油沥青公路上镌刻着她的身影，漫天风沙吹亮了她坚毅的眼神。作为企业的一名党员干部，张月萍用满腔热忱、坚毅和无悔书写着企业“固基修道、履方致远”的时代使命，用芳华岁月雕刻了一个大写的路桥人。

正因为有着数不清的像张月萍这样坚守在一线的工作者，才让宽阔的大道推进到荒山野岭、偏僻乡里，才让不畅的人流物流充分运转起来，带动一方经济发展，造就一方幸福生活。他们在自己的岗位上默默耕耘，为实现中国梦添砖加瓦、不问归期。

无悔青春献路桥，血战高原展风采。他常年驻扎在青藏高原，青春在高原之路绽放光彩，他的人生正在被一场场风雪擦亮。

# 王　伟

## 雪域高原上的筑梦人

2006年毕业于湖北工业大学土木工程专业，同年参加工作，从事施工生产管理13年，现任中交路建北方工程有限公司总经理助理、西藏区域中心经理。2013年、2014年连续获评中交路建“优秀共产党员”，2016年荣获中交路建“总经理特别奖”，2018年荣获中交路建“十大杰出青年”称号。

◎ 王　伟

◎ 中共党员

◎ 高级工程师

他是一名筑路人，筑的是远乡游子的回家路，筑的是贫苦百姓的脱贫路，筑的是雪域高原的通天路；他是一名筑梦人，筑的是精彩纷呈的青春梦，筑的是畅通无阻的路桥梦，筑的是美丽和谐的中国梦。

从华北到西南，从平原到高原，王伟一路走来，他每一步都迈得无比坚定，每一滴汗水都洒得无怨无悔。

## 敢为人先，雪域高原战苦寒

风景如画的雪域高原让很多人心驰神往，艰苦贫瘠的高寒之地又令人望而却步。2016 年，王伟担任西藏贡嘎机场至泽当专用公路新改建工程 LJ4 标（以下简称贡泽 LJ4 标）项目经理，从此便与西藏这片神奇的圣地结下了不解之缘。

由于海拔高，空气稀薄，气温较低，4 月的西藏风雪依旧，放眼望去满目苍凉。进入西藏的第一天，刚下飞机，王伟便感到呼吸困难、头晕目眩。因为缺氧，他整晚辗转反侧、无法入眠。刚到西藏的那几天，他是靠制氧机的支持熬过来的。在深入了解项目的情况之后，他更明白真正的考验才刚刚开始。

地区之间的气候差异让人一时间难以适应，民族之间的文化差异使沟通十分困难，加之项目全线结构物多且分散、地方材料供应不足，施工进展举步维艰。

高寒缺氧的艰苦环境最容易引起人心起伏。尽早凝聚人心、鼓舞士气成为王伟进入雪域高原的一项重要使命，他必须为身边的同事树立一个良好的榜样。为了不负公司和团队的期望，面对高寒缺氧的艰苦环境和施工难以破局的双重压力，他不服输、不怕苦，不曾有过丝毫退缩，奋力书写着建设者的精彩人生。

迎着刺骨的寒风，他连续半个月早出晚归，扎根施工现场。一瓶矿泉水、一盒方便面就是一顿饭，一部对讲机、一双帆布鞋承载着一段又一段探勘巡查的重任。由于施工路线长，施工现场与项目经理部距离较远，有时带去工地的水喝没了，他便捧一堆白雪止渴醒神，手冻裂了、脚冻麻了，依然坚持。一天下来，鞋子上沾满了泥土，脸庞上写满了疲惫，但他的眼神中始终保留着最初的倔强。

为了快速打开局面，他经常研究施工方案到夜里一两点钟。在连续熬夜加班和恶劣环境的摧残下，他患上了重感冒。在西藏，感冒是难以快速治愈的顽

疾，还有引起并发症肺水肿的风险，这对于运转艰难的贡泽 LJ4 标项目来说，无疑是雪上加霜。同事们都劝他先把身体养好再想其他事，而他却依然坚持带病上岗，每天在应对繁重工作的同时，凭借药物和意志与病魔顽强抗争。

对王伟来说，这是他人生中一段刻骨铭心的旅程，更是他心灵上一次淬火成钢的修行。面对困境，他就像一团拼命燃烧的火焰，用热血燃烧着风雪的严寒，用意志燃烧着病魔的疯狂，用智慧燃烧着夜空的黑暗，燃尽所有的艰苦和困难，燃出一片中交人奋战高原的烽火连天。受他感染，大家凝聚起了一股与苦寒战斗到底的不屈斗志。他迎难而上的精神感染了团队、凝聚了人心，他敢为人先的魄力征服了苦寒、突破了困局。

在王伟的带领下，贡泽 LJ4 标先于其他标段火速建起美丽的标准化驻地，并一鼓作气打开施工局面，高效组织人力、物力资源全面进入大干态势。从第一根桩基开始浇筑到第一片预制梁顺利架设、第一段路基成功交验……每一步他们都迈得无比稳健，每一个环节他们都严格执行规范。他们高标准、快节奏的施工风采打一开始就深深吸引着业主、交通运输厅乃至西藏自治区政府的眼球，理所当然地成为各级领导参观的必去标段。

2018年，王伟任职西藏区域经营中心经理，角色的转变令他深感责任更大。从管理一个项目到同时管理多个项目，使命更加艰巨，任务更加繁重。尽管没有成熟的经验，但他并没有畏惧不前，因为他坚信勤能补拙，只要付出更多的努力，再大的困难也会低头。

为了加深对各项目的了解，从海拔4500米的那羊2标二分部到海拔5100米的日喀则EPC项目，从西南边陲的萨康8标项目到路途艰险的索赤2标项目，只要有需要，他就会第一时间赶到。有时，他一天就要辗转好几个项目，遇到各种困难都挺在最前面。他坚定的足迹深深地印在雪域高原，印在所有同事的心间。

## 不甘人后，百花丛中更夺目

功夫不负有心人。2016年是贡泽LJ4标的开局之年，亦是收官之年，更是收获之年。这一年，王伟带领团队通过采取优化施工方案、强化成本管控等一系列有力措施，一路披荆斩棘，创造了仅用8个月时间就完成全年施工任务的奇迹；这一年，项目部在业主组织的5次月度考核中，取得了3次第一名、1次第二名、1次第三名的优异成绩，安全环保工作得到了全国人大执法检查组充分好评；这一年，项目以领先其他标段5个月的速度成为全线率先实现贯通的标段，也是全线唯一圆满完成竞赛目标任务的标段、唯一获得业主奖励的标段，荣获业主最高荣誉“特别优秀奖”，王伟个人荣获“优秀项目经理”称号。

虽然荣誉环绕，但他并没有沾沾自喜、就此满足，因为他所追求的是带出一支连战连捷的常胜之师。2017年担任贡泽LM4标项目经理后，王伟依然保持着十足的干劲，带领团队攻坚克难、全力冲刺。在零备料的情况下，最终项目以全线第一名的骄人成绩顺利完成建设任务。

2018年，作为西藏区域经营中心经理，他深耕西藏市场，全力维护中交品牌，带领团队协助中交路建完成合同额17.9亿元。在信誉评价方面，2016—2018年连续3年帮助中交路建荣获西藏地区信用评价“AA”级，2018年中交路建在西藏自治区71家参评单位的信用评价结果中荣获第二名。

闪耀荣誉的背后，是他数不尽的汗水和努力，是他敢为人先、不甘人后的高昂斗志，是他不畏高寒缺氧、不向困难低头的顽强意志。

在美丽的雅鲁藏布江边，格桑花儿迎风招展，蜿蜒的公路将西藏与内地紧紧相连，中交蓝的旗帜飘扬在雪域高原。

从曹妃甸到盐城，从懵懂到中年，他殚精竭虑、无私无畏。他错过了对家人的陪伴，错过了迎接孩子的出生，却从未错过项目的任何一个关键节点。

# 王桂松

## 只为不负青春韶华

◎ 王桂松

◎ 中共党员

◎ 高级工程师

2006 年 7 月毕业于中国地质大学土木工程专业，现为一航院工程总承包事业部工程管理部副部长。入职以来，一直从事项目管理工作，始终坚持“干一个项目，建一项精品”的价值追求，刻苦学习、努力钻研，业务能力不断提高，和项目团队一起打造多项优质工程，赢得了业主的好评。2015 年、2018 年，被一航院评为优秀员工。

“青春是用来奋斗的”，这是王桂松经常鞭策自己的话。13 年来，他坚持扎根于工程建设一线，始终如一保持高度的使命感和责任感，爱岗敬业，砥砺奋进，为一航院的发展默默贡献自己的力量。

## 脚踏实地，用劳动精神书写奋斗人生

2006 年，王桂松毕业于中国地质大学土木工程专业。初出校门、意气风发，对未来充满无限憧憬的他，来到一航院总承包项目部施工现场，置身于相对艰苦的工作和生活环境，没有犹豫彷徨，而是积极学习，不断进取，向着心中的目标不懈奋斗，很快从一名学生成长为一名生产业务骨干，走上项目管理岗位。2010 年担任项目经理以来，他负责多个 EPC 总承包项目，其中不乏综合性较强、规模庞大的专业化矿石码头项目，以及市政、水利、房建及公园的大型基础设施项目，负责的 EPC 总承包项目完成合同额累计近 50 亿元。

作为项目负责人，长年累月奔波在工地上，每天有干不完的事、解决不完的问题。一年 365 天，在工地上达 300 天以上，回家时间少之又少，节假日都是在工地上度过。在父亲生病住院手术前，他才匆匆赶到医院；孩子出生，他也没能在第一时间赶到家中陪护爱人。2005 年，一航院承接了曹妃甸矿石

三期续建项目，业主将合同递给他的时候，说道：“小王，这个项目就交给你了！”他答道：“领导，放心吧，请您看我们的行动！”

说起来容易，干起来难。当时前期项目已经投产，效益非常好（每年要装卸4000万吨矿石，高峰时一个晚上要装2000多辆车），续建项目主要是为了整个工程的验收，此时业主很矛盾，又想保生产，又想尽快验收，各个部门只想完成自己的任务，无形中增加了大量的协调工作。他想方设法协调业主各个部门一起出谋划策，抓住来船的间歇期，抓紧施工，满足业主保生产、过验收的期望。面对巨大的工作量，他长时间“5+2”“白加黑”地高强度工作，每当坚持不住的时候，他就告诫自己再咬咬牙，再坚持坚持。长期的劳累让自身的免疫系统急转直下，他病倒在工作岗位上。

这是王桂松生病过程的数据：

2016年4月11日，在工地高烧39度，工作到凌晨2点；

4月12日，高烧39度，吃了感冒药，工作到凌晨1点半；

4月13日，高烧40度，打了点滴，工作到半夜12点。

工地太忙了，王桂松对自己身体出现的状况并没太在意。4月14日，他高烧超过40度，在同事的劝说下回天津市内住院，查出患了一种非常罕见的急性疾病。

4月15日，住进ICU，随后昏迷，经过几天的抢救，终于转危为安。

4月22日起，每天利用晚饭半小时的时间与项目部沟通项目进展。

4月30日，从ICU直接出院，在病因诊断上，医生写道：“劳累所致。”

5月5日，复查结果良好。

5月6日，回到曹妃甸项目工地。

回到了工作岗位，王桂松又投入繁忙的工作之中。同事们甚至业主领导都劝他再休息一段时间，但他深知项目上人员紧张、事情纷繁复杂，项目需要他。他身先士卒、忘我工作的精神感动了员工，激发了大家的积极性，确保了项目如期完工。事后，每当有人说起这事，对他心系项目、无私奉献的精神表示赞美时，他总是轻描淡写地说：“无知无畏，要是知道这么严重，早就看医生了。”

## 精益求精，用工匠精神打造精品工程

“干一个项目，建一项精品”是王桂松对工作的追求。2010年，他担任曹妃甸矿石三期工程地基处理工程项目经理，项目前期100多万平方米的地基处理中，有吹填后静置5～6年的、有埋有大量生活垃圾的、有刚刚吹填完成的等不同情况。为了优化施工方案，他和设计人员一起一个钻孔一个钻孔分析地质资料，把整个场地细分为20多块，每一块采用一种或几种组合地基处理的方法，进行试验。试验时，他一直在现场采集分析试验数据，面对成功的地基处理方法他总是在想还有没有更优化的空间。根据他的提议，有近40万平方米地基的处理方法得到改进，由于现场地基处理效果非常好，二次地基处理的范围大大缩小，节省了3个月的工期，为建设方节省了几千万元投资。

在做地基处理新吹填区域时，正值曹妃甸的冬季。那年又赶上千年寒冬，设备加上–20号柴油，早上都无法启动。他每天第一个到工地，一遍又一遍地鼓舞工人的干劲。等所有人都下班后，他最后一个收工，每天都是两脚泥沙、一身疲惫、浑身冻透才回到项目部。最为悲催的是，当场地经过预处理，设备进场，准备大干的时候，旁边工地吹填的泥水却将他们的工地全部浸泡。他们积极排除干扰，加班加点排水，抢救机械，项目很快恢复正常状态。

过硬的团队奉献过硬的工程。项目投产后，7年来堆场没有大修过，轨道梁变形比当初预想的要小得多。

## 勇于担当，用劳模精神领航前进之路

2018年，在南海公园湖体开挖项目上，1200亩湖体开挖开工时有人说：“不就挖个土嘛，有什么难的，多上挖机，多上车辆不就可以解决了吗？”盐城当地有一个人工湖，开挖50万立方米土方量用了1年时间，而南海公园湖体要开挖200万立方米土方量，工作量是人工湖的4倍，工期却只有短短的6个月。另外，南海公园范围内纵横向有10条河流，支流更是密密麻麻，地下水位非常高，施工难度可想而知。此时，一航院的业务刚从海上转到陆上，缺乏相关管理和施工经验。在工作中，王桂松边学边干，每天晚上6点组织项目业主、监理、施工单位开碰头会，分析当天的进度，讨论存在的问题，找出可以改进的地方，以便提高效率。湖区面积较大，湖区渗水是开挖作业中的一大难题，为了降低排水难度，他将整个湖区分为3个区，土方开挖期间每个区域内以主便道为主线，每隔10个开挖条带留置1条隔水堤，在3个区中的每个区继续进行细分，共分为26个大块，每个大块按隔水堤分成若干小块，并为每个小块指定土层的堆放区域。各区开挖作业由两侧向主便道推进，开挖作业分条带进行，每台挖机同时控制2条开挖条带。每天晚上11点，王桂松组织施工单位和班组开会，总结当天的经验教训，讨论第二天上多少设备、上多少工人、隔水带设置宽度的合理性、排水的效果、预估的难度等，一遍又一遍地推演，一遍又一遍地修改施工方案。经过4个半月的努力，公园湖体200万立方米土方开挖完成，创造了盐城当地土方开挖的奇迹。建设方好评如潮，称赞中国交建是一支敢打硬仗、能打硬仗的“铁军”。王桂松他们用付出和成绩在江苏盐城市场打响了一航院品牌。

“施工上的难题，再难都好解决，那是自己的事，最难的是拆迁……”王桂松在项目总结时这样说。江苏盐城南海未来城基础设施及公共配套项目（一期）总承包项目在开工前需要居民搬迁，由于各种利益诉求交织，致使矛盾重重。面对困难，他不等不靠，主动出击，积极寻求解决方案。他主动

对接社区，深入居民家中，动之以情，晓之以理，面对刁难和不理解，他以自己的坚忍、真诚打动了一家又一家，成功解决了数十个矛盾，为项目的顺利实施推进打下了良好的基础。

在项目实施过程中，他还利用休息时间，主动走进街道、社区，宣传中交集团、宣传项目、宣传为了减少扰民在施工中采取的大量措施。社区主任感激地说："为了解决小区的排污问题，中交主动帮我们修了 1 条排污管。"一位村干部说："中交在我们村做了 1 年的工程，没有 1 户村民反映自家地里有什么建筑垃圾。"街道干部说："中交是真心为我们着想，帮我们疏通河道，是来为我们做实事的、做好事的。"

"他们自己人讲一遍，顶我们讲好几遍。"周边居民的理解，使项目得以更快地推进。

一路奋斗、一路成长、一路收获。由于业绩突出，王桂松多次被一航院评为优秀员工，2019 年，他又荣获中交集团暨中国交建首批"劳动模范"称号。他正以更大的干劲，在项目现场努力拼搏，让青春在奋斗中闪光。

11年间，他每年处理公文2000多件，连续10年参加重要文件的编写。天下大事，必作于细。赵亮就是这样一位在平凡岗位上默默奉献不平凡的中交人。

# 赵 亮

## 平凡人的不平凡

◎ 赵 亮

◎ 大学本科

◎ 中级政工师

2008年毕业于西北大学，随后进入中交第一公路勘察设计研究院有限公司工作，任总经理办公室文秘。他以一己之力承担了一公院繁重的办公室文秘工作，积极主动做好行政管理工作，先后3次被评为“中交一公院年度双文明建设先进职工”。

叮铃铃！“赵工，我那个报集团的文件已经校对提交了，麻烦尽快上报。”

叮铃铃！“赵工，用下公章，××项目文件要盖公章，手续已完成，麻烦查一下。”

叮铃铃！“赵工，我们那个给业主的函特急，麻烦帮催办一下。”

叮铃铃！“赵工……”

新的一天的工作，就是这样开始的。眼前这个壮壮的小伙，面带微笑，从容不迫地答复着每个人，手中正在处理的事务却没有停下，手不停地在鼠标、键盘和便签本之间来回切换着。办公系统中的待办事宜和办公桌上的文件，就像俄罗斯方块一样不断落下，如果没能及时处理，就会像滚雪球一样，越滚越多，最后崩溃。

这个忙碌的身影，就是一公院总经理办公室文秘——赵亮。在301办公室里，这样的场景已连续上演了11年。

“热爱岗位工作，就要对工作认真负责。”这是赵亮的座右铭，也是他对工作的态度。总经办文秘这个岗位注定了每天所做的工作是由一件件重要的小事构成，事虽小，却容不得半点差池和马虎。也许越平凡细微的工作越需要耐心和毅力，细琐之事常常能让人看到其做人的品质，赵亮却说：“我只是按要求努力把自己的工作做好而已。”面对无尽的琐碎工作，他也有过彷徨、有过退缩，但是他时常告诫自己：不管工作有多么琐碎，都要认真完成！因为你选择了它，就必须负起责任，把点点滴滴的细微工作努力做好，才能对得起企业的信任，对得起自己的良心。

11 年间，赵亮每年处理的公文达 2000 多件，连续 10 年参加《一公院院长工作报告》《一公院十二五规划》《一公院十三五规划》等重要文件的编写工作，并以一己之力承担了一公院总经理办公室繁杂的文秘工作。

每天不间断地收文、发文、督办、催办，愈加锻炼了他的细心和耐心，让他在繁杂的办公室工作中越来越稳重。办公室工作中，临时性事务随时会出现，他总能够按照公司和部门领导的安排，在做好本职工作的同时，统筹兼顾，按要求完成临时安排的事宜。

每年编写工作报告的时候，都是一年中最忙碌的时候，基本上大家都是靠加班完成编写任务。最让他记忆犹新的是编写《一公院“十二五”规划》期间，办公室主任、另一位同事和他，仅仅 3 个人组成编写组。在收集完基础材料之后，从没有编写过规划的“三人组”在会议室开始了“闭关”。因办公室事务繁多，编写进度十分缓慢，眼看计划时间临近，无奈之下，他们只好开启了全天候封闭编写模式。经过 10 多天没日没夜的努力，终于如期完成规划报审稿，并顺利通过了会议审议。初稿完成，“解除封闭”的那天，背着行李包走出大

楼的那一刻，他们 3 个人心里都感到重见天日般的新生。

作为办公室文秘，赵亮还负责着一公院印章管理工作。先不算其他各类特殊情况，一公院每年光是生产投标任务就超过 1300 次，大多数时间他都要放弃节假日休息时间陪同封标，以确保生产经营工作顺利进行。11 年间，或陪伴通宵封标后再开启新一天的工作，或携带印章匆匆奔行于全国各地，对他而言已成为家常便饭。

几乎跑遍全国省市的他，对全国各地大小城市的印象却仅限于机场、火车站、机场高速和酒店。安排紧密的工作和身负公章的重任，让他不能多停留片刻。刚参加工作不久，有一次，他带着公章到北京协助封标工作。因为是突发情况，他在前一天晚上快 12 点才赶到北京机场，第二天早上 6 点多就得乘机赶回西安。整个封标过程是在北京机场大厅完成的，第一次到首都的赵亮，连北京的白天都没见到就赶回西安。谈起投标工作中突发情况的各种“奇闻异事”，原本不太善于言辞的赵亮立刻变得滔滔不绝，从他洋溢的微笑和清澈的眼眸中能够看到一丝自豪，那是属于他的骄傲，公司蒸蒸日上的气象里有着一份来自他的坚持。

公私两难全！赵亮为工作投入了大量个人休息时间，对家庭的照顾就少得可

怜。但家人的理解和支持让他坚持了下来。

说到家人，这个总是带着微笑的小伙眼眶开始有些湿润、脸上泛起了深深的愧疚。结婚后，他基本没再陪妻子逛过街，只在幼升小的暑假带孩子出去旅游过一次，只带孩子看过两场电影，没有陪过父母去远方看看……

对此，家人也曾多多少少有些唠叨、抱怨，但最后都选择了理解与支持。回想起结婚时和妻子说过的"永远记着，在一个叫家的地方，从此有个人每天都等着你回来，一等就是一辈子"的誓言，如今却变成了妻子单方面的等待。"如果没有家人深明大义的理解、尤其是妻子的默默支持，我什么都做不了。"赵亮如是感叹。

又是一个不能按时下班的傍晚：

"走了没？到哪了？"

"我晚会儿回去，你们吃饭不用等我。"

"给你留点。"

"少点，别留多了。"

……

一天的单位工作，就这样接近尾声。等着赵亮的，是那个叫"家"的温暖房子和家人。回到家，吃完饭，检查检查孩子作业，陪妻子聊聊天，一起收拾收拾家务，这是一天中难得的与家人交流和放松的时刻。还有很多时候，等他回到家里，家人都已经休息了，他只能悄悄地坐在沙发上浏览一下手机，然后洗漱休息。一个普通人的不平凡生活日常，就这样周而复始、循环往复。

平凡充斥着生活的角角落落，平凡永远是生命的主流。平凡是一束素菊，缺乏艳丽，却充满真诚。在这个平凡的世界，我们最需要的不见得是英雄，而是那种真真切切、实实在在、无负自己良心的人。天下难事，必作于易；天下大事，必作于细。他在平凡的岗位上默默努力，用行动践行一公院"特别能吃苦、特别能战斗、特别能奉献、特别能创新"的企业精神，展示出新时期一公院普通职工的人生价值和时代风采！他就是赵亮，他用敬业照亮前行之路！

他是企业的一块砖，哪里需要哪里搬。在肯尼亚、在黑山，他目光坚定、步伐铿锵。他迎着困难而上，矢志不渝致力于打造中国盾构领军品牌。

# 罗良乾

## 一心打造中国盾构品牌

◎ 罗良乾

◎ 中共党员

◎ 工程师

一级建造师

注册安全工程师

2008 年 6 月毕业于中南大学土木工程专业，随后入职中交隧道局。现任中交天和机械设备制造有限公司南京分公司工程部副经理。参加了太中银铁路项目、大西客专铁路项目、沪昆贵州客专项目、肯尼亚蒙内铁路项目、黑山南北高速公路项目建设，2010 年被评为中交隧道局“优秀团员”，2012 年、2016 年被评为中交隧道局“先进工作者”。

罗良乾，一个拿困难当历练的“80后”，2008年从中南大学毕业后，怀着满腔热血一头扎进工地。时间过去了12年，一位踏实敬业、勇于奉献、攻坚克难、专业技能过硬的青年向我们走来。

## 条件少讲一点，态度积极一点，行动迅速一点，工作用心一点

这句罗良乾自己编的顺口溜，是他在工作中对自己的“四点”基本要求，支撑着他在一次次挑战和困境中前进成长。2010年，毕业不到两年的罗良乾迎来了他工作中的第一次挑战。那年他23岁，在大西铁路渭南制梁场任总工程师。该梁场是全公司第一个铁路梁场，他除了肩负梁场生产技术日常工作外，摆在面前最棘手的是铁路梁场取证，这是令很多人“谈之色变”的难题。如果梁场不能顺利通过取证，将严重影响后续制梁和架梁进度。

面对艰巨的任务，他靠着对自己的“四点”基本要求和毅力，在自身零经验、公司零经验的窘境下，与大家一起边学边干，恨不得一天干24小时。在那段时间里，用于吃饭睡觉的时间都变得奢侈了，每天休息四五个小时，做梦都是梁场取证。功夫不负有心人，通过4个月的努力，梁场一次性通过铁道部认证，而他的体重从120斤降到了不到100斤。

## 愿做企业的一块砖，往企业需要的地方搬

这句看起来简单又过时的话，要做到却不那么容易。在罗良乾看来，能做企业需要的一块砖是企业对自己的认可，愿做企业的一块砖是自己对企业的信任，做好一块砖是一种能力，而他一直在努力去做好一块砖的路上。在黑山南北高速公路项目中，他就是那块到处“搬来搬去、四处救火”的砖：项目出现困难的时候是他第一个站出来，有困难的地方也总有他忙碌的身影。

黑山项目施工环境复杂，进场一年后才开始施工，刚开工的隧道因缺少钢架和锚杆，眼看将不能按期进洞，刚涨起的士气再次受到打击。这时，罗良乾兼任起了项目特殊困难时期的物资采购工作。接到任务后，他果断放弃等靠项目的一贯做法，充分利用项目外籍工程师的资源顺藤摸瓜，前往塞尔维亚、波黑这些周边国家寻求一手供应资源。接到任务后的第 12 天，缺少的材料及时送达工地，解决了项目的燃眉之急和后续物资供应问题，其他标段兄弟单位同样的问题也随之得到解决。

隧道刚进洞 10 多米，中欧施工理念差异导致施工不顺，加上外方监理的不信任，施工步步受阻的被动局面进一步加剧。就在关键节点，罗良乾被派任隧道工区经理。到任后，他每天准时到洞内蹲点跟班一个多月，查找和

排除影响施工的症结，与监理充分沟通和讨论解决对策，问题一个一个被解决。一个月后，监理向他们的隧道团队竖起了大拇指，并作为隧道施工标杆全线推广。

随后开工的桥梁建设也遇到了类似的难题，因墩柱箍筋无法全部与主筋密贴，第一个墩柱钢筋绑扎完成后报检七八次，仍然通不过验收。又在关键节点，罗良乾被调往桥梁工区。接手桥梁工区后，他很快看清，阻碍工程的不是工人技术问题，而是监理提出的要求过于理想，无法实现。他立即与设计单位沟通，确认并取得该问题不影响桥梁任何质量的设计申明，与监理沟通讨论解决方案。一个星期后，第一个墩柱钢筋通过验收并顺利浇筑。

后来，罗良乾又先后负责改线重点工区和协助项目全面生产，成为了项目上名副其实的“救火员”，一个困难解决后，又继续奔赴下一个。在大家看来，他是“万金油”“路路通”。而这背后，是他强烈的责任心、敢于拼搏的精神、用心工作的态度和艰辛的付出在支撑。当问到他是怎么去解决这些问题时，他说：“搞工程不是造原子弹！只要肯下功夫，技术问题绝大多数都能解决，剩下就是沟通的问题了。”

## 工作不仅仅是完成任务，把工作做精做好是最好的自我提升方式

上面这句话是罗良乾对待工作的态度，他把做精做好工作当作自我提升，而自我提升是为了更好地工作。

2012年，沪昆铁路项目经历了全国铁路大停工后的复工困难时期，大量的隧道成了卡工期脖子的关键工程。通过分析，隧道变更是加快隧道进度的关键所在。思路有了，如何实现变更成为关键中的关键。罗良乾带领项目部技术人员详细分析各级围岩经济和进度效益，确定各级围岩的变更策略，力争把变更工作做到更精更好。2012—2014年，他和团队完成隧道变更340多份，累计变更隧道长度近10千米，占隧道总长近60%，创造了可观的经济和进度效益。

2017年，罗良乾来到中交天和南京分公司，为了能提供更好的盾构施工技术支持保障，他到各工地长时间蹲点，进行现场调查，收集整理和总结先进典型的盾构施工管理方法、工艺方法，编制盾构掘进施工技术指导手册、盾构项目施工管理细则、各地层施工技术总结等精细化管理和技术文档，力求将盾构施工技术支持工作做精、做细、做专业。谈起做这些工作的意义时，罗良乾提到最多的是：努力将这些工作做好的过程，也是自己补充汲取专业知识、提升自身的过程，工作做得越精，自己收获越多。

同事们说起罗良乾时，“谦逊”“好学”“敬业”像贴在他身上的标签。由于缺乏盾构专业知识，刚来到中交天和的第二天，他便一头扎进工地和厂房“贪婪”地学习，这一学习就是半年。谦逊的他遇到不懂的问题就向同事请教、向工人请教，学以致用，已然成为大半个行家。在工作之余，他忙于学习，提升自己的“正能量”，也感染着周围同事共同学习和进步。

时间在悄悄地流逝，罗良乾踏实肯干、勤奋敬业、钻研学习以及对工作高度的责任心却从未改变。在为公司贡献力量的同时，他也在不断充实和提升自我。作为万千中交筑路人中平凡的一员，他与中交同成长、共进步。

在险恶的怒江大峡谷，他把最好的年华献给扶贫事业。倾心尽力为脱贫，他将中交人的风采和热情投向了泸水大地和泸水百姓。

# 王慧奇

## 一朝峡谷行　终身怒江情

◎ 王慧奇

◎ 中共党员

◎ 高级政工师

现任中交房地产集团有限公司纪委副书记，中交地产股份有限公司党委副书记、纪委书记。自参加工作以来，兢兢业业，任劳任怨，被评为“中央企业优秀团干部”、中国交建纪检监察“先进个人”。

在云南省西北部，怒江水由北向南奔腾而去，千年的惊涛怒浪冲洗出了怒江州全境非凡风光，也冲出了“怒江上无船”的窘况，这个怒江贯穿全境的州成了云南省唯一一个无高速路、无机场、无铁路、无航运、无管道运输的“五无交通”州市。2016 年 8 月，王慧奇主动请缨，作为中交集团驻怒江扶贫工作组组长挂职泸水市委常委、大兴地镇党委副书记、自扁王基村第一书记，第一次踏上了这片天险之境。

在进州的路途中，王慧奇不仅深刻感受到了道路的狭窄破烂、坡陡弯急，还亲眼目睹了因车祸锈在草丛里的车辆残骸。而与交通状况相比，更让他揪心的是怒江州严峻的现状：全州 4 个县（市）均为深度贫困县，255 个行政村中有 249 个贫困村（深度贫困村 218 个），有 16.4 万建档立卡贫困人口，贫困发生率为 38.14 %，高达全国平均水平的 10 倍以上。“有天无地，有山无田，有人无路”是怒江州 54.1 万各族群众生存环境的真实写照。

## 他成了“睡牛棚的第一书记”

为找到一条适合自扁王基村的脱贫路，王慧奇克服2000多米海拔的挑战，多次深入高山村寨、村民小组走访，用两个多月时间对上百家建档立卡户进行深入调研，摸清了情况。有的村组不通公路，他就徒步进村，一走就是一天，如果路远来不及返回，就住在农户家里。最终，王慧奇结合实际确定了“以加强农村基层党建为抓手，帮扶一批致富带头人、一批土特产经济人、一批能工巧匠和一批外出务工人员，快速发展种植、养殖业合作社和集体经济＋危房基础设施环境改造＋个别农户精准滴灌”的帮扶思路。对此，王慧奇丝毫不敢放松，他无法忘怀走访时看到的四壁透风的板房，难以割舍衣衫褴褛、神情黯淡的农户大哥……他知道，怒江帮扶的号角才刚刚吹响。

说干就干！王慧奇迅速联系周边发展较好的乡镇和省内外较为发达的地区，组织带领村干部、扶贫工作队员走出去学习调研。很快，中交集团资助的第一个农民专业合作社——荣新火龙果种植农民专业合作社正式成立。随着60亩火龙果鲜花盛开在大兴地镇，王慧奇挂念的建档立卡贫困户开始有了收益分红，低保户脸上也渐渐有了笑颜。

下定帮扶决心，星火可以燎原！在王慧奇的争取协调下，肉牛养殖合作社很快也建立起来。在建设初期，为了达到科学规范标准，王慧奇当起了监工，严把质量关，特别是在第一批50头西门塔尔牛运到养殖场后，王慧奇连续几天住在牛棚边，观察肉牛适应情况。碰上母牛下崽，他更是整晚待在牛棚，生怕有什么闪失。就这样，他成了村民口中“睡牛棚的第一书记”。不怕累，不怕苦，这位“睡牛棚的第一书记”形象也印在了村民的心里。

## “他像我的儿子，也像我的父亲”

2019年6月，央视《手挽手——精准扶贫 央企在行动》节目现场来了两位特殊的嘉宾，他们是来自大兴地镇自扁王基村的密新兰母子。一上台看到王慧奇，密新兰大姐的泪水就夺眶而出，紧紧攥住王书记的手泣不成声。原来，密新兰母子是王慧奇挂联的最困难的建档立卡贫困户，同他在挂职期间建立了深厚的感情。

时间回到2016年，初次走访的王慧奇甚至用“家徒四壁”来形容密新兰的家境，改良的猪圈就是她的家。几年前，密新兰不幸得了癌症，沉重的负担使不堪重负的丈夫离家出走，小儿子船春飞也被迫辍学打工。眼前的情景深刻地鞭策着王慧奇，他更实实在在地把密新兰一家当成了自己的亲人。不仅多方为密新兰寻求医疗资助，还亲自去船春飞打工的地方，动员他回到学校继续学习。现在，密新兰因疾病掉光的头发重新长了出来，身体渐渐好转，她的儿子也被王慧奇接送到怒江州职教中心学习，开始拥有了“拿到会计资格证，好好工作，带我妈妈去旅游”的梦想。

“没有王书记，我现在也许不会活着了！”密新兰不断地用傈僳语告诉人们这几年王慧奇是怎样帮助她家的：“他像我的儿子，也像我的父亲。”

## 一朝峡谷行，终身怒江情

到怒江州后，把当地村民当成亲人的王慧奇敏锐看到了这里的稚童一双双渴望求知的眼睛：在洛本卓乡俄嘎村，唯一的小学俄嘎完小的教学楼和操

场破旧不堪，学校被迫借用村委会的会议室上课，孩子们的学习活动场所严重受限。

扶贫先扶智。王慧奇立即向集团领导汇报，筹资 450 万元资助俄嘎希望小学和泸水一中高中部教学楼的建设；先后在中交集团发出爱心倡议，为村里的贫困学生募集善款，资助金额达 26 万元。

一枝一叶总关情。2018 年，中交集团投入 1 亿多元援建的“中交怒江连心桥”开工建设，王慧奇多方协调相关工作；称杆乡恩感思落易地扶贫搬迁点正在加紧建设中，他及时争取集团援建资金 1000 万元。除此之外，还持续投入 200 万元，为大兴地镇建设饲料加工和肉牛养殖场，惠及数以百计的贫困户；位于怒江第一湾并已先期投入 1000 万元，建成后将带动怒江中蜂和旅游产业发展的中交贡山中华蜜蜂产业园建设已全面启动……

虽然山高，挡不住砥砺前行的脚步；虽然水长，流不尽勠力同心的汗水。如今，提起怒江州，王慧奇不免感慨：“峡谷会变样，山顶牛羊欢，两岸花红映朝阳！”

# 科研攻关型

石以砥焉，化钝为利。在中交，他们不畏困难，刻苦钻研；他们面对挑战，奋力攻关。他们为中交的发展始终孜孜不倦。

他是工程信息化建设的先行者，率先实现自建系统与统建系统的融通融合，将 BIM 及智慧工地巧妙结合，为二航局的信息化事业立下赫赫战功。

# 向颖刚

## 信息化事业的耕耘者

◎ 向颖刚

◎ 中共党员

◎ 高级工程师

现任中交二航局信息化管理部总经理。自 2001 年参加工作以来，荣获中交二航局“十大标兵”“优秀管理者”“优秀员工”“优秀党员”“党风廉政建设先进个人”等荣誉；被施工企业管理协会评为“工程建设行业信息化突出贡献个人”，并被聘为信息化工作委员会专家委员会委员。

18是一个充满年轻味儿的数字，而18年，对于工作者来说，几乎是整个人生奋斗的青春期。习近平总书记说：“幸福是奋斗出来的。”向颖刚正是这样一个走在奋斗路上的人。18年来，他锐意进取、大胆创新，以高涨的工作热情、踏实的工作作风，为二航局的信息化事业做出了突出贡献。

## 细针密缕，迎难而上

2009年，二航局筹备公路工程施工设计总承包特级资质申报，而信息系统建设是评审的重要依据所在。但在当时，二航局在该领域的基础较为薄弱，这成了特级资质申报中的一块拦路石。怎么办？在此关键时刻，刚刚30岁出头的向颖刚挺身而出，接过项目管理系统建设的接力棒，将责任扛在肩上，成为项目的技术负责人。

由于管理系统的复杂性且受关注度高、涉及业务面广、协调难度大，一时间，压力和挑战接踵而至。在困难面前，向颖刚没有被吓倒，相反，他将此当成人生和事业道路上的磨刀石，在别人休息和放松的时候，他却在用心刻苦地

钻研业务知识，不断提高实践能力。为准确把握系统的业务需求和核心技术难点，他带领项目组深入施工一线详细调研、摸透现状，广泛听取意见并进行封闭式集中讨论。在深入分析施工生产的重点、评估系统建设需求后，向颖刚和项目组成员明确项目管理系统建设面临的最大痛点是与二航局已有综合平台的数据协同处理的问题。因此，建设方案提出项目管理系统要充分服务施工一线生产，提升工作效率，并强调项目管理系统和综合业务系统两大系统共用同一数据库，各业务数据同源，流程互通，项目部通过项目管理系统填报的数据，能直接在综合业务系统中进行查询、统计和分析。

在向颖刚和项目组的共同努力下，项目管理系统如期建设完成。该系统切合实际、内容完备，得到了企业内部和特级资质考评专家组的一致认可与高度评价。而作为技术负责人，向颖刚不仅得到了可贵的历练，技术水平稳步提升，而且增添了沉甸甸的责任感和大功告成的自豪感。

## 苦干实干，逐梦有行

2012 年，在深化供给侧结构性改革背景下，基于财务共享服务理念，二航局启动“以财务管理为核心，财务业务一体化”的信息化战略。作为实现该战略的重中之重，业务财务一体化工作被正式提上日程。为尽快让工作落地实施，向颖刚组织业务部门进行多次讨论，最终确定了人力资源系统和财务系统中组织机构和人员的处理方式——新的组织机构、人员编码完全按照新编码进行管理维护，这也意味着有大量的数据要进行转换、对照。

面对 1 万多条对照记录，向颖刚一方面请人力资源及相关科室的同志协助进行核对，保证万无一失；另一方面，将新增的、停止的、修改对照关系的分别整理好，交给工作人员进行数据维护。在薪酬项目与会计科目对照时，由于前期数据标准不一致，导致前后做了 3 次调整，每次调整都涉及与业务部门、外部合作建设单位的多方沟通协调以及数据的对照修改，需要花费大量时间和精力。尽管工作烦琐，但向颖刚毫不松懈，一次次组织协调修改，调动业务人员、信息化人员和软件服务商通力合作，从而确保了基础数据的准确无误，并将业务财务一体化顺利向前推进。

梅花香自苦寒来。经过辛苦付出，当人力资源与财务系统成功对接时，获得集团内部的一致好评，这也为后续营销系统、物资系统与财务系统的成功对接打下了坚实基础。

多年的工作让向颖刚形成了这样的一个认识：在自己进步的同时，要带动他人一起进步，才能打造出更加坚强有力的人才队伍。因此，在他成长为一名专业骨干的过程中，也以自身严谨的工作作风和孜孜不倦的进取精神影响和带动着身边的年轻人成长。

2013 年，向颖刚被任命为二航局信息中心主任。当时，信息化部门信息系统上线任务多、时间紧，面临人员年轻、人手紧张的窘迫局面。向颖刚处处以身作则，带领年轻人团结协作，带头加班加点、动作前置、克服困难，使得各项信息化工作有序推进。

近年来，二航局积极贯彻落实中交集团信息化穿透工程，先后担当中国交建人力资源系统试点、中国交建云电商平台试点、新疆项目信息系统试点、中

交集团 4A 系统试点、门户试点等多项重任。向颖刚作为试点项目负责人，主动作为、真抓实干，团结带领试点工作组高标准、高质量地完成了全部试点任务。在云商平台试点期间，面对系统建设、完善与试点应用同步开展以及试点组织难度大、各方认识不统一、保障任务繁重复杂等情况，向颖刚带领团队迎难而上，精心筹划，积极开展制度、流程、系统的需求梳理，协调组织各个单位顺利开展工作，并多次赴试点单位提供有针对性的专业培训和技术保障。云商平台的成功应用，有效促进了二航局“大采购”战略的实施，同时也获得了中交集团的认可。

## 依山就势，胸有丘壑

一直以来，业内重视系统建设，但并不关注流程的管理，从而影响了作用发挥和工作效率。向颖刚创新管理思路，从工作的实际出发，率先在二航局内提出信息化管理的新定位——流程的梳理、优化和改变。他积极促进流程管理纳入信息化管理部门职能，有人劝他“多一事不如少一事”，他却坚持信息化

管理部门是与全公司流程结合最紧密的部门，只有将两者职能紧密结合，才能提升信息系统建设、完善过程的沟通效率，真正实现管理制度化、制度流程化、流程表单化、表单信息化。为了达成这一设想，向颖刚正走在奋斗的路上，他内心坚信，目标定会实现，并为企业的高质量发展插上腾飞的翅膀。

学如逆水行舟，不进则退。当今世界，新一轮科技革命、产业变革加速兴起，颠覆性创新不断涌现，面对“云大物移智”时代，向颖刚深知，必须与时俱进，方能永远立于不败之地。

2017 年，向颖刚提出依托下属建筑公司 BIM 团队，打造二航局的 BIM 应用团队，开展产信结合研究及运用的设想。方案既定，雷厉行动。他带领团队成员深入项目一线，足迹遍及郑万铁路项目、华中·中交城项目、成都地铁 17 号线项目、延崇高速项目、襄阳东西轴线项目、深中通道等项目，而他们的努力成果也呈现遍地开花之势——从项目需要和工程特点出发，开展项目信息化策划，深化 BIM 技术在场地布置、项目策划、施工组织设计中的应用，为现场施工工序和安全施工提供了诸多解决方案；从进度控制、人员、设备、物料、质量安全、绿色施工等方面开展智慧工地应用，在项目一线深植“智慧 + 互联 + 协同”的现代管理理念；探索开展电子沙盘、项目监控系统、虚拟样板等专项应用。然而，面对这些成果，向颖刚却谦逊地说，自己不过是“做了一点产信结合的小事”。

“精诚立业，实干圆梦”是向颖刚一直以来的人生信念。作为一名普通的信息化工作者，他虽没有轰轰烈烈的事迹，但他在平凡的岗位上持之以恒、坚持不懈，用一点一滴的汗水描绘着大中交的宏伟蓝图。

从润扬大桥到黄埔大桥再到南京长江五桥，他凭借丰富的筑桥经验，不断尝试，大胆创新，拼搏18年，向着行业标杆不断迈进。初心不改，只为逐梦。

# 杜洪池

## 初心不改　情缘渐深

◎ 杜洪池

◎ 中共党员

◎ 正高级工程师

现任中交二公局南京长江五桥 A2 标项目经理。自 2001 年参加工作以来，先后担任技术员、技术部部长、常务副经理、项目经理、公司总经理助理等职务。主持的“超大型锚碇沉井施工技术研究”荣获中交股份 2011 年度科学技术进步一等奖；“三塔悬索桥上部结构施工关键技术研究”成果获得中国公路学会 2012 年科学技术奖一等奖。

滚滚的长江向东逝去。太阳火辣辣地照在脸上，汗水顺着安全帽不停地滴淌下来，看着不远处矗立的白色高塔和工人忙碌的身影，南京五桥项目经理杜洪池的脸上露出自豪与激动的笑容。由中交二公局承建的南京五桥南主塔在2019年2月25日率先封顶完成后，开始了一项重要施工任务：南京五桥南主塔进行首节钢混组合梁吊装施工并精确安装到位，这标志着南京五桥全面进入上部桥面施工阶段。“现场工程施工有序推进，又一座大桥在团队共同努力下即将建成。”杜洪池在和一线技术人员交流时说道。

回望走过的建桥路，不知不觉，杜洪池已经在建桥一线工作岗位上度过了19个年头，曾经遇到的无数次艰难时刻，通过顽强拼搏、不断创新，已经迎刃而解。他的建桥初心与使命，让他与桥的情缘越来越深，让他的建桥梦越做越大。

## 6700多个日夜建桥情

杜洪池于2001年7月大学毕业后，参建的第一个项目就是润扬长江公路大

桥，从此与特大型桥梁的情缘越结越深。“千米级大跨径悬索桥，国内第一跨径，对于一个土木工程专业毕业的大学生来说，挑战和压力十分巨大。如何在技术岗位上做到精益求精，思绪在杜洪池的大脑里不停地翻转着。于是，参加工作的第一天晚上，他失眠了。在润扬长江公路大桥工作的 3 年多时间里，杜洪池认真学习，不断提高，苦练桥梁技术基本功。在他内心里，只有一个梦想、一个初心：建一流桥梁，精益求精。从此，他与桥梁紧紧地绑在了一起。

在黄埔大桥工作期间，杜洪池已经成为优秀的工程师、工程技术部门负责人，他全面完成了黄埔大桥的技术设计和方案编制工作。2005—2007 年，他担任中交二公局技术研发中心桥梁二组组长，参与了《公路桥涵施工技术规范》（JTG/T F50—2011）的编制工作，得到了二公局和规范编制委员会的一致好评。

此后，他又相继参加了泰州长江大桥、咸阳旬邑高速、南京长江第五大桥建设，由项目副经理、项目经理升至公司总经理助理，而他与桥梁建设结下的情缘也与日俱增。中交二公局最年轻的破格高级工程师、最年轻的正高级工程师、桥梁技术一级专家等，这些头衔已成为他宝贵的“名片”，成为他从立下初心至今 6700 多个建桥日夜的光华。

## 3座长江大桥续写长江情

润扬长江公路大桥、泰州长江大桥、南京长江第五大桥，大部分人只是走过、见过、听过这 3 座江苏省的著名大桥，而杜洪池则可以自豪地说“我全部参与建设过”，因为这 3 座桥都凝聚了他的青春情缘和奋斗的汗水。参加工作的 19 年里，他在长江大桥足足奋斗了 16 个年头。这几座长江大桥都是他奋斗过的地方，是他追逐桥梁梦想的地方，也是他技术提升、不断成长的地方。杜洪池把自己的热血、激情与青春奉献在桥梁建设上，而上天也未曾辜负他。一座又一座世界级桥梁，一个又一个省部级奖项，他所参与建设的桥梁获得了最美、最高的赞誉。

在润扬大桥建设中，杜洪池参加了上部投标、大临设计、施工技术方案编制，参加了“润扬长江公路大桥南汊悬索桥上部结构施工成套技术研究”科研项目，研究成果经陕西省科技厅鉴定，达到国际领先水平，获陕西省 2006 年科技进步一等奖、中交集团 2005 年科技进步一等奖。2007 年，杜洪池在担任泰州大桥项目副经理兼常务副经理期间，组织带领技术团队开展的“三塔悬索桥上部结构施工关键技术”研究课题成果获得中国公路学会 2012 年科学技术奖一等奖。后续建设的南京长江五桥，被列为省部级重点工程。杜洪池正继续带领他的桥梁团队，在“长江建桥史”上不断前行，刷新一项项纪录，实现一次次超越，续写他与大桥的不解情缘。

## 两个“工人先锋号”抒写奋斗情

“中交二公局南京五桥 A2 标混凝土拌合站荣获 2018 年省级‘工人先锋号’！”嘹亮的声音响彻在南京五桥劳动表彰大会的会议室里，会场爆发出热烈的掌声。杜洪池正准备起身领奖，看见主持人示意，又坐了回去。紧接着，主持人又宣布：“中交二公局南京长江五桥 A2 标主墩作业班组荣获 2018 年省级‘工人先锋号’！”掌声更加热烈了。杜洪池缓缓起身，昂首阔步走向主席台，捧着 2 个沉甸甸的奖牌与颁奖嘉宾合影。照片上，杜洪池笑得很开心。

2018 年，南京五桥项目拌合站和主墩作业班组成为荣获 2 个江苏省“工人先锋号”荣誉称号的唯一一个标段，这是杜洪池在南京五桥工作期间实现

"建桥初心"的最好证明和回报。

南京五桥南塔位于南京市建邺区江心洲"中国·新加坡生态科技岛"，技术要求和绿色环保要求高。杜洪池带领技术团队在建设前期反复进行实地参考和技术研究，在综合考虑全部要素基础上提出建设"全密闭式环保拌合站"。在建造的过程中，他坚持每天都要察看建设情况，不管白天、晚上、刮风、下雨，他从未缺席。拌合站站长老袁问道："杜经理，您不用每天都来盯着，有我们在，保证完成任务。"杜洪池回答："拌合站是我们发展和生产的重点，临建过程至关重要。作为设计者，这座环保拌合站就像我的孩子一样，我要看着它长大。"智能雾炮设备、砂石分离设备、扬尘在线智能监控设备、自动冲洗平台等一系列智能化环保管控措施全部到位后，高标准、高质量、高环保的拌合站投入了南京五桥的建设。2018 年，拌合站项目荣获"南京市扬尘管控先进单位"称号。

项目主墩作业班组更是杜洪池技术团队精益求精的代表。在作业过程中，作业班组坚持精细化施工和技术创新，用一个多月时间完成了南主墩所有作业平台搭设和主墩 24 根桩基钢护筒打设，而且钢护筒打设精度优于设计要求；主墩 24 根 2.8 米大直径桩基，采用大功率气举反循环型钻机，合理避暑并采取"四班制"轮换，提前精确完成节点任务；主墩钢吊箱重达 850 吨，作业班组利用 BIM 技术，严格执行图表化施工要求，利用 4 天时间下沉到位，其施工效率极高，精度优于设计标准，主墩所有工程节点都做到了优质、高效、安全、环保，且均比计划工期提前完成，得到业主和主管部门的肯定。

## 中交劳模为中国桥继续前行

2019 年 4 月 29 日，中交集团劳动模范表彰暨向港珠澳大桥建设者学习宣讲大会召开。在这个大会上，杜洪池被授予中交集团"劳动模范"称号。

在"五一"劳动节项目职工座谈会上，杜洪池说："中交'劳动模范'称号是我们团队的荣誉，是我们每一位建桥者共同努力奋斗的成果。作为中交桥梁建设者，我将以此次荣誉为起点，不忘建桥初心，用 18 年的桥梁施工奋斗征程作为基础，为中国桥的建设使命再做贡献。”作为桥梁建设者，回望19年的建桥奋斗经历，他与桥已经紧紧地融合在一起，完美地结合成为一个整体，彼此之间有了很多情感，这就是建桥情、长江情和奋斗情，简单的语言无法表达他此刻的心情。正如杜洪池参与的一部中交二公局制作的微电影《去爸爸那儿》中的一个画面那样：杜洪池和他的孩子利用简单的材料制作了一座悬索桥，制作得那么精细、那么认真、那么投入。那一刻，或许所有的情缘都在亲情与“建桥”的喜悦中了……

阅尽征程好风光，更有盛景在前头。作为中国交建的桥梁建设者，杜洪池一往无前、与时俱进、脚踏实地，勇做奋斗担当者、追梦前行者，还将谱写更美、更壮丽的中交高质量发展新篇章。

他刻苦钻研、心思巧妙，是设计领域的计算机“大咖”，用小小软件创造了百万利润，无愧“最美公规人”的美誉！

# 孙增奎

## 胸怀鸿志　高扬风帆

◎ 孙增奎

◎ 中共党员

◎ 正高级工程师

现任中交公规院副总工程师，主要从事道路勘察设计等方面的工作，擅长特殊路基和特殊性岩土的处治与设计。作为专业负责人、项目负责人完成了10多条、近1000千米的特殊地区大型复杂项目的高速公路勘察设计，完成国家级科研项目1个、省部级科研项目3个。获得省部级优秀勘察设计一等奖4项，二等奖5项；获得中国交建“五小”创新金奖1项；以自编软件为基础，获得国家版权局计算机软件著作权2项。具有丰富的工程经验和较高的理论水平。

孙增奎在公规院工作15年，专注于自己的专业，不断追求进步，甘于奉献、任劳任怨，努力工作、爱岗敬业，无论在生产方面、科研方面还是团队建设方面，为公规院道路业务的发展做出了突出的贡献。同时，作为一名优秀的党员和党支部组织委员，他具有很强的大局意识。面对项目多、任务重、天天加班、经常出差的工作现状，他保持积极、乐观的心态，以为家奉献、为家付出的情怀对待工作，在工作中发现快乐、感受幸福。

## 以身作则、任劳任怨，同事纷纷点赞

在贵阳至瓮安高速公路项目中，为了保证外业工作进度，孙增奎每天都会带领外业小组的同事们跑完不少于2500米的线位距离。他一边捧着图纸，随时留意地形地貌，勘察工点；一边小心翼翼与锋利的植物倒刺搏斗，与饱和的泥土抗争，艰难的环境和高强度的工作快速消耗着他们的体能和精力。在外业小组中，30岁以下的年轻人占多数，可刚走上2000米，这些小伙子就开始步履蹒跚了。“时间不等人啊！”每到这个时候，队伍中年纪最大的孙增奎就会用他的这句口头禅鼓励大家再加把劲。外表严肃的他对待工作同

样一丝不苟，看到岩层断面，他一定要上去细致地记录产状；遇到钻孔，他一定看了又看，记了又记。不管天气多热，身体多累，也不管脚下的路多么崎岖，他决不允许有一个细节从身边错过。脖子上的毛巾和手中的木棍是孙增奎跑外业时的标准装备。装备虽不起眼，但他仿佛有使不完的劲，总是走在队伍的最前面，步伐永远那么稳健。遇到连当地村民也从没走过的陡坡，他也会第一个爬上去，然后将后面的同事一个个地拉上来。他严谨的工作态度和顽强的拼搏意志时刻激励着大家。

## 既是工程师，又是程序员，难题面前不服输

时针拨回到 2008 年，广东梅州至大浦高速公路项目给了孙增奎成为一名程序员的机缘。原来，这个项目是典型的山区高速公路，地质条件复杂，高填深挖工点分布密度大，边坡防护种类多，划分段落细，而且广东省首次在该项目上应用三级清单预算模式。如按照传统模式进行防护方案布设和工程量计算，3 个设计人员需至少用 1 个月的工作时间，极易出现错误且很难被发现。填写分项工程量清单时，如采用手工，就要在 Excel 表中逐行填写 3 万多行数据，

工作量非常大。为了将大量人手从枯燥的重复劳动中解放出来，孙增奎的脑子像一台高能计算机一样高速运转。“怎么解决时间与效率的问题？怎么才能既解放人手又避免出错？……”

“编程！对，人工容易出错，还是电脑准确率高、效率高。就这么办，没有的话可以自己试着写。”结果，事情就变成了这样：别人过节扎堆凑热闹，他却把自己反锁起来，一门心思写代码，而且越写越兴奋。孙增奎体会到了软件对提高工作效率和设计质量的重要作用，他对编程上了瘾，遇到任何重复、繁琐的工作，就想用软件解决。最终，孙增奎的路基防护设计软件出炉了，这款软件提供界面点击、互动式输入的模式，相比人工，效率至少提高60%，节约成本300万元以上。孙增奎自豪地说道：“我花一两天编的程序，可以完成一般人员几天或者十几天繁琐、重复的工作，感到非常高兴。”

就这样，孙增奎打开了计算机语言开发设计新世界的大门，用现在的网络流行语来说，他就是一位名副其实的“技术帝”。创新思维让孙增奎尝到了甜头，为解决“生产任务与人员配备之间矛盾日益突出的问题”找到了一种可能性方案。从此，他在技术创新的道路中“越陷越深，不能自拔”。孙增奎以重大研发项目“综合无人机、GIS、BIM 技术的道路设计技术”为基础，多次组织道路部门、BIM 工作室主要研发人员进行技术交流，深入思考和确定公司道路 BIM 发展方向和技术路线，为推动公规院道路专业 BIM 技术的应用发挥了重要作用。

## 勇于创新，敢于实践，成功破解技术难题

随着公路项目不断向地形、地质条件复杂的区域推进，与岩土工程相关的特殊路基问题日益增多，挖方滑坡、填方滑移、路基沉降等问题非常突出，处治方案直接决定工程造价、安全风险以及交通主管部门和业主对企业技术水平的评价。多年以来，孙增奎坚持对所负责的 10 多个大型复杂项目逐一全程踏勘现场，成功制订出大量复杂条件下的路基解决方案，在避免重大工程隐患的同时，有效节约了造价。以 2018 年为例，在湖北 G107、蕲春—太湖高速公路项目中，他根据现场施工揭示的软土特点，细化调整处治措施，节约造价 1000 万元以上。中交投资的贵州荔波至榕江高速公路项目终点枢纽存在弃方 200 余万立方米，弃土异常困难。孙增奎通过对现场的反复踏勘和方案论证，大胆采用弃方填筑、取消桥梁方案，节约造价 4000 万元。该工程已安全交工验收，多个类似工点受到各项目业主、专家的高度赞赏。

他胸怀大志，在科技的引领下，攻坚克难，创新思维，不畏浮云遮望眼；他初心不变，在智慧的天地间，潜行深海，高扬风帆，挥斥方遒绽不凡。孙增奎说：“我热爱这个行业，热爱所做的专业。我希望走遍全国各地的所有项目，去触摸每一块石头，踏足每一片土地。”现在，他不仅是一位工程师，还是一位程序员，更是一位传道者。他热衷于将所有经验和技能倾心传授给年轻同事，全力推动道路事业的传承发展。

第一座海洋重工码头、第一座 30 万吨油码头、第一个船闸三角闸门……程凯与二航院的诸多“第一”一路同行，一路成长。

# 程　凯

## 企业转型升级的积极践行者

◎ 程　凯
◎ 中共党员
◎ 工程师

现任中交二航院航运水利事业部总经理助理、副总工程师，兼任水利规划室、水利工程室主任。自参加工作以来，他一直秉持二航院人“诚信、求实、创新”的精神，夯实专业技术、深耕设计一线，从一个普通的设计人员成长为一名综合能力强、创新能力突出的业务尖兵，先后获得武汉市国防科研系统“十佳业绩创优之星”、中国交建“共青团创先争优优秀青年”、二航院“十大杰出青年”“优秀员工”等多项荣誉。

## 不积跬步，无以至千里

这是程凯一以贯之的执业态度。17 年来，他先后参与了二航院承担的第一座海洋重工码头、第一座 30 万吨油码头、第一个船闸三角闸门等设计工作。只有扎扎实实做好每一次设计，认认真真解决每一个问题，才能实现技术的提升。在宏华启东制造基地工程 EPC 项目，他担任设计经理及项目副经理，带领设计团队攻坚克难，创造性提出“一种超大荷载作用下的整体卸荷式板桩码头结构方案”，顺利推进并完成了世界第一的 22000 吨移动式吊机基础的设计施工。与此同时，他积极参与二航院 EPC 工作，其中由他担任项目副经理的宏华启东制造基地工程 EPC 项目获得“总承包金钥匙奖”，由他担任设计主要负责人的扬子石化—巴斯夫二期改造项目配套工程 EPC 项目获得“总承包铜钥匙奖”。

在多年从事水运行业设计的经验基础上，程凯积极投入二航院的创新及转型升级工作，作为重要编制人员参与了交通运输部《水运工程信息模型应用统一标准》《水运工程设计信息模型应用标准》的编制工作。在这些成绩的背后，是程凯多年如一日、甘于付出的辛劳汇聚，是他执着于精益求精、勇于突破的创新精神，也是他不畏艰难、坚持不懈追随企业转型升级步伐的信心和勇气。

## 实践是检验真理的唯一标准

这是程凯长期奉行的设计准则。2013 年，宏华启东制造基地工程开始实施，本项目提出了一种新型的海洋重工产品建造模式，采用世界第一的 2×11000 吨轨道式门式起重机实现了海洋重工产品的“陆地造”，大幅减短了海洋重工产品的建造周期。宏海号的唯一性和超大性决定了其使用要求及其轨道基础所承受的荷载与常规结构相差甚远，而这种超乎寻常的使用要求及荷载，也同时决定了宏海号轨道基础的设计与施工将是一个绕不过去的技术关键点和难点。由于没有相似的工程经验可作参考，宏海号轨道基础从最初的方案设计到最终的现场施工全过程均需要认真分析、仔细研究、精心准备。

面对困难，程凯敢于突破、勇于担当，主动承担了设计团队带头人的角色。在近两个月的奋战中，设计团队收集、研究了国内外大量的规范、文献和资料，深入分析了宏海号各种作业工况下的使用要求及相对应的荷载情况，采用多种结构设计方案、多种计算方法进行详细的对比与计算，从而创新地提出一种超大荷载作用下的整体卸荷式板桩码头结构方案。该方案码头承台宽度为 25 米；前板桩墙采用新型的圆管型组合钢板桩方案，其主桩及辅桩的长度都

突破了国内同类结构的纪录；墩台下锚固桩基采用竖向承载力及抗弯能力较强的 PHC，共设置 2 排直桩、5 排斜桩，斜桩斜率最大为 6∶1、桩基横向最小间距为 2.8 米、纵向最小间距为 3.0 米，无论是桩径还是斜度，都达到了陆上预制 PHC 桩的使用功能和施工工艺极限。可以说，无论是从设计的创新程度，还是施工的超高精度上，都达到了国内同类结构的领先水平。

## 精益求精，才能真正让业主满意

这是程凯多年来坚守的服务理念。他认为，设计不是空中楼阁，一个好的设计师应当是业主的贴心管家，是施工单位的前路向导。如果一个设计人员不考虑业主的需求，不考虑施工的实际难度，那么他的设计作品注定是破绽百出、经不起实践考验的。2012—2014 年，他先后参加了宏华启东海工基地一期、二期 EPC 项目实施工作，作为项目副经理主管项目的设计管理与质量管控工作。他深入项目现场，与施工人员进行全方位的沟通和研讨，切身体会到设计与施工无缝衔接的重要性。他立足于确保设计安全的原则，结合现场施工需要，提出了诸多设计与施工上的优化方案，为宏华一期、二期 EPC 项目的顺利实施做出了重要的贡献。

## 转型升级不能停，再踏征程任重道远

这是程凯紧紧追随的发展步伐。在传统水运市场面临紧缩的大环境下，二航院人深入贯彻习近平总书记关于生态文明建设的重要指示精神，积极迈进水利及水环境治理的新领域。作为企业转型升级的排头兵，他责无旁贷、全心投入，再一次重新出发。本次水利行业的转型不同于以往的历次转型，不仅意味着要打破固有的知识体系，还要打破原来十几年的工作舒适区，需要重新去学习、去努力、去积累。面对这些挑战，他没有丝毫退缩，一方面以身作则学习新的知识、新的技术；另一方面带领团队攻坚克难，扎扎实实地打好每一仗。在他的带领下，事业部的水利团队技术架构初步完善，成功中标了阜阳市水系综合治理 PPP 项目以及襄阳市水系综合治理 PPP 项目等国内知名的水系综合治理项目，圆满完成了通城县城区河道生态治理 PPP 项目的初步设计工作，迈开了向水利行业进军的坚实一步。“雄关漫道真如铁，而今迈步从头越”，他相信只要大家心向一处想、劲往一处使，最艰难的道路必将成为成功路上最美丽的注脚。

## 创新推动进步，科技驱动发展

这是程凯秉持的科技创新理念。二航院一直以来都是水运行业中 BIM 的引领者。作为二航院的一员，程凯一直都致力于 BIM 的学习和研究。他积极推动航运水利设计院 BIM 的建设与研发工作，同时还以主要编制人员的身份参与了 BIM 技术的集团标准及部颁标准的编制。在带领团队开展 BIM 工作的过程中，他一直强调 BIM 的落点在标准化、重点在信息化，与部门同事一起组织编制了船闸 BIM 设计指南、航道 BIM 设计指南等作业标准，初步探索出一成套的船闸 BIM 设计流程以及 BIM 设计成果体系，为后期 BIM 工作的继续拓宽和发展打下了良好基础。

他长期扎根在一线，辛勤耕耘，致力于养护新材料、新技术的研发，首次提出“同步纤维磨耗层技术体系”，成长为中咨养护的首席专家。

# 侯 芸

## 开启公路养护新航程

◎ 侯 芸

◎ 中共党员

◎ 正高级工程师

现任中咨集团公路养护检测技术有限公司党委书记、董事长、总经理，中国交建公路路面养护技术研发中心主任；中国公路工程咨询集团有限公司首席专家；获得省级科技进步一等奖 3 项、二等奖 2 项，被中国公路学会授予“全国公路优秀科技工作者”称号，被中国交建评为“创新英才”，并荣获“交通运输部青年科技英才”称号。

## 以科精业，专注用科研助力路面养护新材料

侯芸怀着对公路养护检测事业的无比热爱，不断超越自我、完善自我。担任中国交建路面研发中心主任以来，在养护新材料的研发上，虽然经过多次失败，但是作为带头人的他从未言弃，带领着团队战胜一个又一个困难，在科学研发上取得了一个又一个成果。

在同步纤维磨耗层新材料的研发之初，科研团队发现，新材料的试验结果里，有一项参数不满足设计要求，侯芸作为研发中心的带头人，面对困难，迎难而上，带领科研骨干，深入分析原因，经过多次调整配合比设计以及大量的试验数据，最终确定了各种原材料的使用比例，完成了同步纤维磨耗层新材料的研发工作。他首次提出同步纤维磨耗层技术体系，参与设计、研发了国内首台同步纤维磨耗层专用摊铺设备，研究成果达到国际先进水平。他承担的“重交通条件下的高比例 RAP 沥青路面关键技术研究与应用”项目荣获“北京市科学技术奖”一等奖。

## 见机而作，利用“大数据”推行养护新模式

紧扣“互联网 + 养护”趋势，他亲自带队主持开发出基于大数据的公路养护全资产管理服务平台及配套手持终端，实现养护管理的全天候、全过程、全

面覆盖，力争以信息化引领传统产业升级。在他的带领下，研发中心 2018 年陆续承接了龙建四处日常养护管理平台开发、甘肃“互联网 +”养护项目、内蒙古高路公司公路综合养护管理平台等多个信息化项目，包括 1 个项目级平台、2 个网级平台，合同额累计达 930 万元，为研发中心在公路全资产养护管理平台方向的技术积累提供了强大支撑。从此，自主开发的中咨路面养护决策管理平台及信息化成果已成多点开花之势。

为顺应公路养护市场化需求，他又提出了区域养护、周期养护等新型公路养护模式，这种新型养护模式为推进我国公路养护管理技术升级做出了突出贡献，他因此被中国交建授予“创新英才”称号，同时被交通运输部授予“交通运输青年科技英才”称号。

## 不避艰险，开创养护检测“信息化”办公新模式

唯有自强，才能不避艰险。在检测业务方面，随着试验检测机构资质被逐

渐放开，市场竞争日趋激烈；在养护业务方面，面临着新设备、新技术、新材料的更新换代，这些都为侯芸带领的养护检测公司带来了新的挑战和机遇。

有一个时期，每晚 9 点才是侯芸的下班时间，以致很多同事心里都有一个疑问：侯总到底在他的办公室里搞什么发明？直到后来，一个部门的成立同时伴随着另一个数字“9”的横空出世，大家才都恍然大悟。这就是信息化办公室以及 9 个“系统”：中咨路面养护决策管理平台 PMMS、中咨养护检测实验室管理系统、中咨桥梁养护管理系统……信息化的办公模式为在全国同时开展的几十个检测项目插上了光速般的翅膀，大大提升了工作效率，成为养护检测公司 136 名同事在 365 天内高效率完成 313 个项目的制胜法宝。

## 强化执行，“海外优先”开启公路养护检测新航程

全年出差 117 天，飞行 145162 千米，飞行时长 259 小时 35 分钟，去过

4 个国家，30 座城市，侯芸就这样带领着养护检测公司全体成员，用自身的实际行动坚持把试验检测逐步变成高端咨询的一部分，主动走向海外，扩大业务领域，面向国际客户提供高端咨询的优质服务。2017 年，由侯芸带领的业务骨干开拓的塞内加尔桥梁基桩检测项目受到业主的好评；2018 年，业主又在此项目上委托养护检测公司开展桥梁的荷载业务，实现了海外项目的良性循环。侯芸又亲自去了尼日利亚，持续跟踪阿布贾—凯菲高速公路 5.4 千米道路加宽及凯菲—拉菲亚—马库尔迪公路改扩建工程项目的试验与质量管理专项技术服务工作，争取为海外工程再添新功的同时把检测事业助推到更高层次。

他在交通工程检测领域提出的“设计 + 施工 + 检测 + 养护”一站式服务，打破传统的检测形式，形成了独特的链条式业务，寻求为建设工程提供高质量服务的机会。

敬业是一种美德，乐业是一种境界。习近平总书记在《之江新语》中如是说道：要精其术，不拘泥于以往的经验，不照搬别人的做法，力求做得更好，成为本行业的行家里手，在克服困难、解决问题中提升能力和水平，在履行职责中实现自身的价值，在对事业的执着追求中享受工作带来的愉悦和乐趣。中国交建各个专业板块涌现出了许多像侯芸那样的“行家里手”，他们执着于敬业又善于乐业，成为中国交建这条腾飞的银河巨龙中最亮的星，璀璨而耀眼。

铁道总院的“80后”急先锋，参与或主持多个重大公路、桥梁、市政工程项目，两获鲁班大奖，体现着年轻中交人的责任和担当。

# 孔祥升

## 干一行　爱一行　专一行

◎ 孔祥升

◎ 中共党员

◎ 高级工程师

2006年毕业于华中科技大学土木工程与力学学院，就职于中咨集团，现任中交铁道总院武汉院副总经理、工会主席、纪检委员。多次获评局级“优秀员工”“先进工作者”“青年岗位能手”。参与设计的重庆江津粉房湾长江大桥获得2014—2015年度“鲁班奖”；参与设计的瓯江特大桥获得2013年中国建筑业协会“优秀管理成果”一等奖、2018—2019年度“鲁班奖”。

2019 年 4 月 29 日，在中交集团暨中国交建劳动模范命名表彰大会上，孔祥升获得中交集团“劳动模范”称号，并作为 10 名劳模代表之一上台接受颁奖。伴随着宋海良总裁宣读完表彰决定，现场爆发出热烈的掌声。那一刻，37 岁的孔祥升内心澎湃似少年，这是对他多年来兢兢业业、勇于创新的充分肯定；那一刻荣誉背后 13 年的奋斗经历如幻灯片般在眼前一一闪过。

## 有冲劲、爱学习是他给大家留下的第一印象

从一个刚刚走出大学校门的普通高校毕业生，成长为桥梁设计甚至企业管理的拔尖人才，孔祥升的成才之路源于他那永不消减的学习激情，源于他的认真和执着。

2006 年，孔祥升以优异的成绩从华中科技大学毕业加入中交集团，随后参与广州东沙互通立交桥项目，在这里经历了走出校园的第一次考验。在桥梁设计的过程中，由于受当地规划及用地的限制，甲方要求将主线收费站建设在桥面上，而且将全部 18 个收费通道放在高架桥上，这使得收费站广场桥梁宽度近百米，给桥梁结构设计带来了很大的难度。以往的设计中，普通桥梁一般都是杆系结构，桥面宽度和桥梁跨度的比例往往不超过 1:1，但该收费站广场

桥宽跨比竟要达到4:1。那么，常规的桥梁结构计算理论就不能满足该桥梁的设计需要，经验在这里显得不再那么重要。孔祥升发现，以往在校园中学到的专业知识不再能满足设计需要，而当时国内还没有设计建造过宽跨比如此大的桥梁，没有经验可循，唯一的选择就是埋下头来重新学习新的理论和应用。

这时，年轻的孔祥升敢于创新、接受新事物快的优点显现了出来。困难面前，他白天在办公室和师傅们边讨论边琢磨，到了晚上，就研究行业内刚刚流行的三维空间计算软件 MIDAS。上班仅 1 个多月，这位同事眼中的小毛孩做出了让大伙儿费解的举动：休假时间到了，他却没有回老家，而是留在了项目上："想抓紧时间，把软件搞懂。"几个月下来，他翻烂了几百页的材料，记了厚厚的三大本软件使用笔记。

终于，孔祥升利用 MIDAS 三维空间计算软件配合空间计算理论成功设计出了东沙互通立交主线收费站广场桥的设计图。经过专家论证，三维空间计算分析详细准确，结构设计合理可行，满足安全、适用的设计原则，成功地解决了特殊宽跨比设计计算难题，并将设计院的平面杆系理论应用成功升级到三维空间理论应用。孔祥升破解了难题，一时间成为了设计师同事们心中的青年专家，大家打心眼里服他："真有两下子！"

## 桥梁不仅要牢固、经济，还要美观

孔祥升的母校坐落在“桥都”湖北武汉。位于长江与汉江交汇处的武汉一共坐落着20多座跨江桥梁，而且桥型各异、一桥一景。课余时间，学道桥专业的孔祥升尤其喜欢观察桥梁，不仅观察桥的构造，而且乐于观察桥梁的整体造型。“桥梁不仅要牢固、经济，还要美观。”临近毕业的孔祥升站在万里长江第一桥——武汉长江大桥上，立志要设计安全、美观的桥梁。

在设计东沙互通立交桥之后，孔祥升继续参与东沙特大桥的设计。大桥横跨珠江重要支流三支香水道，连接广州南站和广州市区。在经济发达的华南地区，三支香水道被称为黄金水道，承担着重要的航运功能。要想将水道的航运功能最大化，又要兼顾航道升级的前瞻性，桥梁的跨度就要尽可能地大。

为了使大桥的跨度足够大，设计小组经过研讨，将大桥设计为当时国内罕见的单跨338米的独塔斜拉桥。

在桥梁建筑材料上，设计小组也经过了反复的论证。如果采用混凝土主梁，成本低，但会使桥梁跨越能力受限，跨度就要变小。如果主梁全部采用钢材，虽然主梁的重量大大降低，但造价要更高。为了使东沙特大桥既牢固又经济，孔祥升提出混凝土和钢材相组合，运用主跨采用钢材，边跨采用混凝土的形式。由于混凝土和钢材的比重、刚度、弹性模量、温度敏感性等设计参数差别很大，势必导致受力模式和受力状态差别较大，组合起来之后，理论计算非常困难。孔祥升经过反复尝试，严格计算，成功破解了混凝土和钢材相组合的难题，实现了结构安全与工程造价有机统一。

作为一名桥梁设计师，在孔祥升眼里，适用性、牢固性兼顾经济性是桥梁设计的基本要求，怎么使跨度达338米、桥面以上塔高达147米的斜拉桥成为广州的一处人文景观，成为孔祥升接下来要思考的难题。“一个优秀的设计师交出的不仅是一个桥梁作品，更应该是一件精雕细琢、美轮美奂的艺术品。”为了攻克难关，实现桥梁整体景观创新，孔祥升经常吃不下饭、睡不着觉，满脑子都是桥梁景观、桥梁美学，他查阅了国内外几百座各种类型的斜拉桥图纸和图片资料。其间，他经常在梦中醒来，用存留的记忆激活解决问题的灵感——

即使是深夜，也要起床草绘斜拉桥桥塔外形图。反复的斟酌和改修几乎占去了他所有的时间，光笔记本就记满了几十本。别人在家休息时，他却在查阅资料、冥思苦想，忍受着常人难以忍受的寂寞，但他在学习工作中找到了乐趣和价值。

功夫不负有心人。经过长时间的思考和反复斟酌，最终孔祥升把斜拉桥主塔整体设计成“宝瓶”形，配以弧形和椭圆形上塔柱横梁。大桥建成之后，远远望去，流线型的宝瓶高耸入云，柔美的弧形塔柱搭配椭圆形的横梁，映衬着滚滚东去的江水和远处连绵起伏的青山，一时间让东沙特大桥成为了广州的新地标和名片，赢得过往行人的一片夸赞。

“美是主观的，但却极具价值。只要用心设计，桥梁也能成为一种人文景观，成为传播美的载体。”孔祥升望着自己设计的大桥，心中充满了自豪感。

## 从设计师到施工项目经理的转型

在设计行业积累了丰富的经验以后，孔祥升成为了武汉东风大道快速化改造工程总承包项目的常务副经理。这个项目一共包括两个内容：一是市政快速高架桥的建设；二是地面城市主干道的整体升级改造。与孔祥升所在项目同场竞技的，还有两家大型施工单位。在开工之前的动员会上，一向低调的孔祥升发出豪言：“这虽然是我们设计院管理的大型施工项目，也是我第一次作为施工项目的主要负责人，但是我这个人认准的事就一定要做到最好。”

工程全面开工首先要解决的问题就是拆迁难题。原路段地上地下分布有军用光缆、高压天然气管道、高压电力杆线、自来水管道、市政雨污水管道、各类电力通信管线、加油站等几十种管线和设施的迁改，各种线路、管道、设施如蜘蛛网般密布，为了紧赶施工进度，孔祥升一边跟多家单位沟通协调，一边让项目部做好各类管线和设施的精确物探和详细调查，桥梁基础尽量做到精细化施工。由于地下管线错综复杂，又关联多家单位，感到压力重大的孔祥升时刻坚守在项目现场，一刻也不敢松弛，每天工作 10 多个小时，通宵熬夜也成了家常便饭。

## 东风快速高架桥

东风快速高架桥建设中的设备改造则体现出了孔祥升扎根一线、勤于思考的优秀品质。东风大道位于武汉经济开发区，大道两侧企业众多，是西出武汉的重要通道。高架桥的建设不能中断路面车辆的通行，因此施工时受干扰非常大。高架桥的传统施工工艺是采用满堂支架，反复搭拆支架工程量巨大，非常耗时，搭建之后的支架内部钢管密布，给路面上行驶的汽车预留的空间十分狭窄，大大增加了项目的安全风险。

“出力能把活干完，用心能把活干好。”孔祥升说。他带领项目团队大胆创新，运用大钢管固定支架技术和新型地行式移动模架技术。创新后的施工支架系统具有承载力强、拆装方便、对交通影响小、通用性强等优点，在有效保证施工安全的同时，大大提高了施工的效率。

在与其他两个单位同场竞技中，项目部应用的地行驶移动模架连续 8 个季度排名第一，并且工程提前 52 天竣工。中国交建副总裁王建一行到项目现场调研时，对项目部给予了充分认可，该项目还因此受邀参加了中国交建总承包

项目管理经验交流会议。

## 要比以前更加努力，才对得起这份荣誉

目前，孔祥升担任中交铁道总院武汉院副总经理，既要承担重要的设计科研任务，还要对外进行市场拓展。初期，孔祥升往往独自一人背上行囊，来到陌生的城市，就近租一辆车开到业主所在的单位进行对接。长时间的出差中，他往往需要忍受谈判失败的受挫感和身处异地的孤独感。一人一包一车，经常成为孔祥升工作的常态。

“要带着建设家乡的情怀来服务外地业主，不想扎根当地，总想着往家跑，服务肯定就不到位。”孔祥升说。为了给业主提供更好的服务，武汉院在广东河源成立办事处，从此孔祥升大部分的时间都在广东办事处。

“烧不死的才是凤凰！现在，公司正处在‘二次创业’的爬坡期，公司的品牌知名度和美誉度在业内的积累还不够，进行商务洽谈会遇到很多的困难。只要我们肯发挥钉钉子的精神，把每一个项目做好，在业内的品牌知名度肯定会更加响亮。”谈到公司的近况，孔祥升自信地说。

“荣誉就像一面镜子，带来压力的同时也带给我动力。公司给予我这么高的荣誉，对我而言是压力，更是动力。在今后的工作中，我将更加努力，干好本职工作，唯有恪尽职守才能对得起这份荣誉！”孔祥升这句朴实无华的话语，展现了一名劳模踏实奋进的精神风貌。

他与水结缘，拼尽才智，化污水为甘露。20 多项省部级大奖是对他最有力的褒奖；主持设计的亚洲最大的地下式污水厂，成为“一带一路”地标。

# 张学兵

## 我把青春献给党

◎ 张学兵

◎ 中共党员

◎ 四川省工程设计大师

正高级工程师

现任中国城乡西南院副总工程师，他和团队获省部级以上奖项 20 多项，其主持设计的深圳市布吉污水处理厂工程获第十一届中国土木工程“鲁班奖”“詹天佑大奖”和中国市政工程“金杯奖”，并获评住房和城乡建设部“市政公用与建筑工程科技示范工程项目”；亚洲最大的地下式污水厂——马来西亚PANTAI污水处理厂工程荣获马来西亚“绿色建筑奖”和四川省“优秀工程设计一等奖”。

张学兵说，企业就是我的家，我要做到全身心地为企业服务，全心全意地爱这个家。时光荏苒，30多年来，他扎根深圳，凭着一腔热血，在党旗下谱写了一首首忠诚于责任的亮丽诗篇。

## 勇于创新，勤学善思

“只有用热忱从事科研工作，才能创造出无尽的乐趣；只有用奉献谱写人生的乐章，‘优秀共产党员’的称号才能更响亮。”这是张学兵的人生哲学。他严谨的治学态度和求实创新、拼搏奉献的精神影响着身边的每一个人。

深圳市布吉污水处理厂是我国内地第一座全地下式污水处理厂。回忆当年的设计历程，张学兵依然感慨万千。早在建厂之初，我们国家在“全地下式污水处理厂”方面相应的法律、法规、设计规范都是一片空白，尤其是地下市政污水处理厂工程消防规范如何去执行，其参考标准等连资料都没法查找。张学兵毅然决定带领项目团队走出国门，考察学习发达国家成功工程案例、翻译了大量国外资料文献，然后结合我们的国情，经过结合与创新，夜以继日的努力终于得到了回报，最后形成了多项全国率先采用的标准指引，为我国地下式污水处理厂建设趟出了一条新路。深圳市布吉污水处理厂工程的设计建造完成后，先后荣获第十一届中国土木工程“鲁班奖”“詹天佑大奖”和中国市政工程“金杯奖”，并获评住房和城乡建设部“市政公用与建筑工程科技示范工程项目”。对此，张学兵说，他只是做了一个工程师该做的事，不算什么。

他设计的马来西亚 PANTAI 污水处理厂是目前亚洲最大的地下式污水厂。建设时，项目业主方要求完全按照“英标”设计，并且要求采用污泥消化、沼气发电、水源热泵、太阳能利用、光导纤维采光等绿色技术，这些都是行业难题，国内也没有类似工程项目，设计团队首次触碰，压力陡增。张学兵带领团队在压力下学习发达国家先进工程经验及案例，磨砥刻砺、学以致用，不仅完成了业主的建设目标，还最终荣获马来西亚“绿色建筑奖”和四川省“优秀工程设计一等奖”，在东盟各国产生了巨大反响，成为行业的里程碑。

## 悉心教导，言传身教

“让更多的人成长起来，是我最大的心愿。”张学兵始终坚定信念，下定决心发展好设计院及技术团队，树立起一个个行业标杆，不负党的嘱托。

每个工程项目的完成都需要各专业人才的通力合作，设计质量的提高需要从立项、设计、校核到审核等团队的共同努力。张学兵注重对新学生、青年人的培养，与新进大学生签订“导师协议”，结合工程实践悉心教导，言传身教。对于设计校审过程中需修改的内容，他每次都当面耐心说明，对于青年人工作中遇到的困难总是热情相助，对于青年人撰写的论文也尽自己最大的努力给予帮助。他还经常组织国内外技术交流，营造学习氛围，增加技术储备，为加强青年专业技术人员的培养工作、强化人才培养中的传帮带贡献着自己的力量。

“关爱他人，不是恩赐，而是义务；善待他人，就是善待自己。”张学兵时刻牢记共产党员的优良传统，积极参加各种公益活动。入党 10 多年来，始

终吃苦在前、享受在后，时刻维护党员干部的良好形象，并以身作则、率先垂范，用自己的实际行动影响和带动身边的年轻党员。在营造团结奋进、努力拼搏的良好氛围和创造突出业绩的同时，也为中交集团的城市建设和发展做出了自己的贡献。为实现把中交集团建设成为具有全球竞争力的世界一流企业的目标，张学兵始终不忘初心、砥砺前行。

仰望星空，逐梦北斗。他用天眼俯瞰大地，用智慧营造工程，让中交建设者步履坚定，勇往直前，直面深海蔚蓝。

# 崔银秋

## 北斗技术应用的先行者

1993 年 8 月入职中交上航局上海达华测绘有限公司，2014 年 6 月起兼任中国交建北斗办副主任，现任中交星宇科技有限公司总经理助理。获得 2017 年度“国家科学技术发明奖”二等奖 1 项；获 10 余个省部级“科学技术奖”二等奖以上奖项、5 项发明专利。

◎ 崔银秋

◎ 中共党员

◎ 高级工程师

注册一级建造师

注册一级造价师

崔银秋是响当当的技术“大咖”。他热爱测绘事业，技术精湛，负责并参与完成多项北斗科技创新课题、多项国家级重大专项，为公司创造了巨大的经济效益，培养了一大批技术骨干、管理骨干，为行业核心技术积累立下汗马功劳。

## 打造“达华精度”，炼就“疏浚天眼”

在中交上航局达华测绘公司工作期间，崔银秋针对多波束测深、RTK 三维测深（含 RTK、PPK、PPP）、适航水深技术、障碍物探测（包括浅地层探测、磁力探测、侧扫探测等）、ADCP 测流测沙技术、潮汐与潮流预报与分析等海洋测绘前沿技术进行了深入而又具体的研究，并将之应用于长江口深水航道整治二期工程、上海航运中心洋山深水港工程、黄浦江航道测量、射阳大风天近底泥沙观测工程、陈家港航道监测、岱山海域海洋能并网电力系统示范项目海洋调查工程等大型测绘工程。这些工程对测控的要求极高，采用常规测量手段都无法完成，需要应用先进的测量技术和设备，结合工程特点开发专用的测量控制系统。崔银秋率领团队攻坚克难，站在工程项目施工测量技术的最前沿，取得系列工程测量技术的应用成果，在测绘市场树立了“达华精度”品牌。作

为“疏浚的眼睛”，这一系列技术在中交上航局多项施工项目起到了指导作用。

深耕北斗技术研究，推进产业化应用。从2008年开始，崔银秋所在的达华科研团队就着手基于北斗的相关技术研究，形成多项知识产权和科技成果，并致力推进北斗技术的产业化应用。该团队进行的“基于北斗卫星系统的潮位数据传输与控制系统”项目研究成功解决了潮位站北斗发射机无源供电的问题，制定了适宜潮位传输的专用北斗通信协议，研制了船用北斗潮位接收系统，搭建了潮位信息网络发布系统，在长江口深水航道、连云港30万吨航道建设项目中发挥了巨大作用。此外，“基于北斗卫星的疏浚船舶综合信息传输技术研究”项目研究首次研发了基于北斗RDSS的多卡并发疏浚数据传输终端，形成了生产调度、工程信息管理平台，可为海洋工程船舶的信息化管理提供有效的手段。

为了“用好已获得的北斗卫星民用资质，探讨引领建设新产业的可能性”，中交集团为致力北斗、遥感、通信卫星等相关空间信息技术在交通、海洋开发、智慧城市等领域的产业化应用搭建“双创”平台，于2016年8月全资注册成立中交星宇科技有限公司。中交星宇科技有限公司作为中交集团全面深化改革

的试验田，积极践行国家战略，努力起到中交科技驱动发展示范地的作用，打造终端产品、集成应用和运营服务等全产业链一体化服务。自 2017 年崔银秋加入中交星宇以来，他在北斗深入应用的基础上，深入研究，推动产业应用。在 2016 年中央企业熠星创新创意大赛中，崔银秋团队参赛项目喜获 1 个一等奖、1 个三等奖、3 个优秀奖，其中“‘一带一路’商旅及工程人员卫星应用与服务”项目作为 4 个典型交流项目之一进行了路演，展示了中交形象，获得热烈响应。

## 创新铸就“千里眼”“顺风耳”

崔银秋深入研究北斗技术创新应用，主持完成 2013 年和 2014 年国家发展改革委卫星应用产业发展专项 2 项，为国家远海岛礁建设重大工程项目提供科技保障，北斗成为远海岛礁建设的“千里眼”“顺风耳”。作为主要负责人，他积极推进 2016 年国家发展改革委新兴产业重大工程包空间信息技术应用专项 2 项、2018 年国家卫星导航应用军民融合工程专项 1 项，科技部 2017 年和 2018 年国家重点研发计划重点专项 2 项，2017 年青海三江源自然保护区重点研发计划专项 1 项。

作为主要负责人之一，崔银秋参与研究的“远海域定位导航与通信融合关键技术”项目成果荣获 2017 年国家科技奖技术发明二等奖。针对在强电磁、多径等干扰下如何精准定位、在有限卫星资源下如何增强定位以及远海通信安全性等技术难关，历时 8 年取得多项突破：针对卫星受人为干扰多、海域环境恶劣定位难等问题，发明导航卫星定位干扰抑制技术，使北斗 PPP 定位精度达到 0.2 米；针对北斗覆盖不足，发明多星融合增强定位导航技术，实现 GNSS 增强高精度导航；针对北斗通信资源受限与超远程数据实时安全传输难题，发明超窄带集群调度扩容技术，首次将短报文通信提升为语音、图片、数据等实时安全通信；针对海面强多径干扰与通导信号一体化接收难等问题，发明通导多体制信号接收技术及系统测试方法和平台，打破国外技术封锁，性能优于国外产品。最终，崔银秋团队的“总体技术达到了国际先进水平，MDOP

选星模型与智能分包的北斗短报文集群式通信为国际首创”。

崔银秋参与的“中国高精度位置网及其在交通领域的重大应用”项目成果，荣获 2018 年度国家科学技术奖一等奖。项目突破了精准、快速、稳健的北斗位置服务核心关键技术，研制了从北斗芯片、板卡到应用终端的系列装备，建立了基于性能的中国高精度位置网服务系统，形成了面向交通行业应用的从米级到厘米级定位导航服务能力，制定了相关成套技术标准和规范，开展了在交通运输领域的重大应用；发展了厘米级北斗卫星实时定轨方法、亚纳秒级实时钟差确定方法，攻克了北斗三频模糊度固定、北斗误差标定与修正等难题，建立了面向不同应用需求的北斗实时米级、分米级、厘米级和事后毫米级定位技术体系；突破了北斗高精度定位服务系统的核心产品快速处理、辅助北斗高精

度定位 (A- 北斗 ) 、密集网格增强、联动目标自组网快速定位等关键技术，解决了实时服务产品更新快、用户首次定位时间快、高精度定位收敛快、联动目标动态响应快等系列难题；发明了全过程的系统性能监测技术，实现了多系统、多技术融合定位，提高了复杂环境下的用户可用性，提升了对用户的连续服务能力；建立了分布式、多节点的国高精度位置网系统，形成了从米级到毫米级全精度谱的导航定位服务能力。项目研究成果在我国交通运输行业取得一系列重大应用，摆脱了对国外系统和装备的依赖，支撑了我国北斗加入国际海事组织；应用于我国远海重大工程的建设和海洋设施的远程监控，保障了我国海上防灾减灾、海洋环境保护等重大任务的实施。

崔银秋积极参与天通一号 01 星卫星信号覆盖能力测试，跋山涉水，下海南、上高原，不畏高温、不惧严寒，取得第一手测试资料，受到专家组一致好评，保障了高端装备高安全、国产化，为天通一号的市场化应用奠定了基础。天通一号 01 星是我国首颗移动通信卫星，被誉为“中国版的海事卫星”，其成功发射标志着我国进入卫星移动通信的手机时代，填补了国内空白，具有重要的里程碑意义。01 星覆盖区域主要为中国及周边、中东、非洲等相关地区，以及太平洋、印度洋大部分海域。

崔银秋和他的团队一直在前进的路上，永不停歇。

他是雄安新区“千年大计”的开路先锋，带领团队72小时建成简易停车场，9天建成“秀林驿站”，紧要关头体现央企担当，赢得“雄安首先看中交”的赞誉。

# 王岳平

## 为雄安描绘未来

◎ 王岳平

◎ 中共党员

◎ 正高级工程师

1985年7月毕业于东南大学土木工程系。1985年8月于中交公路规划设计院参加工作，历任综合业务处副处长、计划经营处处长、党委委员、副总经理。2017年11月调入中交雄安投资有限公司担任副总经理。另任中国公路学会环境分会副理事长、中国勘察设计协会市政分会常务理事。

2017 年 4 月 1 日，雄安新区设立的消息如一声春雷，从白洋淀畔传遍神州大地。千年大计、国家大事，全世界的目光齐刷刷聚焦雄安，因为它代表了中国的未来，也预示了世界未来城市的发展方向。

伟大出于平凡，任何宏图伟业都要一步一步脚踏实地去实现。如何把一座千年之城、未来之城的崇高定位变成一张张施工蓝图？如何将“世界眼光、国际标准、中国特色、高点定位”的十六字方针贯彻到雄安新区建设工程的每一项规划、每一个方案、每一项工程当中？以王岳平为代表的中交人高标准、高质量、高效率地给出了“中交方案”，推动中交全面融入雄安新区开发建设，中交已成为雄安新区管委会、中国雄安集团最值得信赖、最值得依靠的合作伙伴。

2017 年 11 月 13 日，随着集团的一纸调令，已经步入知天命之年的王岳平，挥别生活 30 多年的北京，离开驾轻就熟的岗位，放弃公规院优厚的待遇，告别相濡以沫的家人与同事，毅然踏上了雄安这片从“零”起步的土地，开始了他的“二次创业”。很多人都不理解他“自找苦吃”的选择，王岳平却说：“作为一名老党员，无论何时何地，我首先要做到的就是服从大局。”

在还有几年就要退休的年纪，面对如此艰巨的挑战，王岳平想到的不是无欲无求、追求闲适安逸的生活，也不是个人经济利益的损失、生活舒适度的下

降、工作强度的剧增，而是面对可能是职业生涯最后一项世界顶级挑战所带来的莫名激动与兴奋，是能够代表企业将中交优势、中交智慧淋漓尽致展现出来的巨大荣誉感与幸福感。

刚刚过去的两年，正是雄安新区制订各种规划的顶层设计阶段。雄安的工作节奏经常是“凌晨开完会，上午就要出方案”，王岳平和他的团队在700多个日日夜夜里经常是通宵达旦、不眠不休，为的是在最紧张的时间里也能拿得出代表中交水平的最完美方案。正是因为他这样坚持不懈、追求极致的敬业、担当和奉献，中交方案的比较优势得到充分展现，不断赢得雄安新区的高度肯定。雄安新区党工委副书记、管委会常务副主任，中国雄安集团党委书记、董事长田金昌说：“中交对雄安的支持、为雄安贡献的智慧，提振了社会各界对雄安新区的信心。央企如何展现大国重器与责任担当，雄安首先看中交。”

## 100余项：创新、创新再创新

“无创新，不雄安。”雄安是一座集萃当代智慧的创新之城，最先进的城市理念、最具创新的改革模式、最前沿的创新发展成果都将在这里得到呈现。

自1985年工作开始，王岳平30多年来在勘察设计岗位上耕耘，可以说是这一领域的一流专家，但是面对雄安“国际标准”的要求，不设边界的宽泛条件，一时间也不知如何下手。在大家陷入茫然的时刻，通过持续的思考和探索，

王岳平觉得从中交最熟悉、最有优势的交通基础建设领域寻求突破是最为可行的方向。他不断地给大家打气："中交编制了国内交通行业建设类70%以上的标准规范，我们就是这个领域最高水平的代表，我们拿出的方案也必然是最先进的。"

创新的火花有时只是那么一瞬间，不努力抓住，便一闪而过，无迹可寻。凭借30多年的从业经验，王岳平从不会让这样的灵光仅仅变成一闪。2017年一次会议间歇，他在跟与会人员的闲聊中碰撞出了"装配式道路"的概念。大胆假设，还需小心论证。回到公司，王岳平连夜组织京津冀周边单位的专家开会论证"装配式道路"的可行性，就是这样一个临时召集的会议开到深夜，让与会专家激动得两眼冒光，因为"装配式道路"的概念凭借高效、无固废、可循环等优点，完美解决了他们之前苦苦思索的雄安城市道路永临结合的难题。经过一天一夜的鏖战，一份"装配式道路"的设计方案呈现在了雄安集团领导的办公桌前，距离这个概念的提出仅仅过去不到24小时。凭借这种先进的创新方案和"拼命三郎"的劲头，王岳平为中交赢得了市民服务中心1.6万平方米装配式道路工程的实施，并指挥施工单位用不到2个月的时间把"装配式道路"从理念变成了现实，现在已成为雄安基础设施建设的名片。

城市交换中心（CEC）、千吨级综合管廊、固废可持续循环处理、智享公交……这一连串王岳平首创的理念在雄安已经被大家所熟知。他常常不是在开会，就是在去开会的路上，背包里经常会放几块饼干或者面包，因为业主经常点名要他发言，内部各个专业会议还在等他审核，他自己也不知道下顿饭什么时候能够吃上。有位雄安集团的领导跟他开玩笑："王总，你会七十二变吗？怎么雄安质量、综合管廊、智慧交通、片区开发、装配式建筑、城市运营……这些不同主题的专业会都有你的份，给出的还都是最专业的创新性意见！"

在王岳平的主导下，中交雄安充分发挥集团的一体化服务和全产业链优势，先后组织20多家单位的400多位专家参与到新区的各项规划和方案中来，实现《雄安新区建设管理规划》《雄安质量管理规划》等"七大参与"，取得千吨级综合管廊设计建造方案、智慧交通方案等"九大成果"以及城市交通管控系统、装配式道路等“九大创新”，为新区提供了100多项创新成果，这让中交创新的超强能力和优势得到了充分的展现。

## 24小时：让工作变得有趣

1天24小时，他每分钟都是随时待命、随时出发的状态；1月30天，他每天都是“早睡早起”的状态——凌晨睡、早晨起。在每一个可以称之为“节”或者“假”的日子，他都是在现场、在一线跟“战友”“工友”们一起度过的。这就是王岳平，一个年过半百的人，在雄安的工作和生活常态。每天都能保持打鸡血的精神头儿，跟他的一大“特长”是密不可分的，这个特长就是“碎片化补觉”，无论是在办公室、会议室、车上，无论是等待开会的10分钟、坐车去北京的2个小时，他随时随地都能迅速进入睡眠状态。

但长时间的高强度作战，还是让王岳平的身体提出了“抗议”。一天晚上，痛风急性发作，他的右脚脚面、脚踝都肿到了正常的两倍大，动一下都是钻心的痛。医生给他开出了一大包药，并再三嘱咐回家静养。几次用药过后，疼痛感减轻了不少，肿还是没有消，但第二天他已经迫不及待地要下地。熟悉他的人都知道，他之所以这么着急，是因为交通运输部在云南组织的一个重要会议要在两天后召开，他被邀请代表中交雄安在会上作重要发言，他不想错过这样难得的推介中交、推介雄安的机遇。第三天，在大家的一片劝阻声中，王岳平

坐着轮椅，登上了飞往昆明的飞机。

王岳平这种忠诚履责的敬业精神深深感染着身边的每一位同事，也同样赢得了雄安新区管委会和雄安集团领导的高度赞誉。2018 年“五一”小长假前，雄安新区市民服务中心即将第一次向社会公众开放，但是通行道路、运行方案都不具备。王岳平带着中交的团队用短短的 72 小时为新区奉献了一座简易停车场，并在极短时间内配备了交通导行、停车场管理、游客换乘管理、道路维护等一整套的方案、人员和设备。他每天坚守在现场，第一时间解决各种突发性问题，使该停车场在 3 天内成功导行车辆 7058 辆，服务游客 5 万多人，圆满解决了新区的燃眉之急。2018 年 12 月，在迎接习近平总书记再次视察雄安的准备过程中，王岳平再次临危受命，带领中交团队顶风冒雪，除了统筹调度各种资源全力支持外，每天 24 小时作业，与工人一道扛木材、砂纸打磨等，吃住在车上，用 9 天时间高质量组织完成了一座全木结构“秀林驿站”的设计、建设，并成为总书记再次视察雄安新区的重要站点之一。

“让枯燥的工作变得有趣”是王岳平常常挂在嘴边的一句话。他带领团队每天面对的都是国内乃至世界前沿的新理念、新技术、新装备，通过不断的创新，将各种传统的课题与新技术、新成果进行接轨，将各种“科幻”变成“科学”。创新引领、方案先行，切切实实推动集团在雄安取得了“大丰收”。截至 2018 年年底，中交雄安参与实施了雄安新区 9 号地块一区造林项目、截洪渠一期工程、唐河污水库污染治理与生态修复一期工程等 9 项已招标工程中的 8 项，并以精益求精的工匠精神，全力将参建项目打造成了“雄安质量”的样板和典范。在工作闲暇，王岳平酷爱摄影，即使工作再繁杂，他都保持着一双发现美的眼睛。清晨散会的那一轮红日、早春的一朵桃花、冒着热气的茶杯……都是他拍摄的对象，也是难得的精神放松的瞬间。

雄安新区的顶层设计已经完成，即将转入“塔吊林立、热火朝天”的大规模建设阶段。以王岳平为代表的中交人一如既往地脚踏实地，一步一个脚印地往前走，稳扎稳打，善作善成，高标准、高质量、高效率地为雄安描绘着未来，书写着属于自己的人生传奇。

# 管理创新型

“我劝天公重抖擞，不拘一格降人才。”在中交，他们是工程的“领头雁”，他们是团队的带头人。他们沉着冷静却不缺细致热情、他们稳扎稳打却不忘开拓创新。他们是中交担当，更是行业脊梁。

他是京沪高铁和港珠澳大桥熔炉里淬炼出的建设功臣，勇敢奔赴深中通道，用“一航速度”征战沙场，为中交立下汗马功劳。

# 周相荣

## 为超级装备“保驾护航”

◎ 周相荣

◎ 中共党员

◎ 高级工程师

现任中交一航局深中通道工程项目部副总工程师。自1999年参加工作以来，先后参建过京沪高铁、港珠澳大桥、深中跨江通道等国家重点工程项目，荣获多项国家实用新型专利，并获得中国交建“港珠澳大桥岛隧项目建设功臣”、一航局“港珠澳大桥建设功臣”等荣誉称号。

过去 21 年，周相荣在京沪高铁、石武高铁、港珠澳大桥、深中通道等国家重点工程留下闪亮的建设足迹，从一名普通的设备管理员，逐步成长为一名外海沉管隧道领域的设备专家。

## 大家嘴里的“老黄牛”

2011 年，周相荣参建港珠澳大桥岛隧项目，与船机设备打交道是他的主要工作。由于超级工程的专用船舶及专项系统具有不可替代性、自动化程度高、故障排除难度大等特点，时常会发生一些出人意料的故障，而周相荣总能凭着那份睿智和坚忍一一化解，为工程进度保驾护航，也为自己赢得了“老黄牛”的赞誉。

“老”在经验老道，技术一流。2016 年 3 月 29 日凌晨，碎石整平船“津平 1”在完成最后一个船位的整平施工后，突发系统故障，抬升系统无动作，技术保障人员紧急检修 11 小时也未找出症结。此时距沉管出坞不足 8 小时，整平船还在基床原位未退场，抢修刻不容缓。周相荣接到指令后，紧急赶赴现场，在详细了解事情经过及故障表象后，迅速找到问题，不到 20 分钟便排除故障。这样高效的表现让在场的技术专家赞叹不已，连连叹服：“真行！真行！！”

“黄牛”说的则是周相荣那份坚忍踏实。2015 年 9 月 13 日，在港珠澳大桥第 E21 沉管整平施工中，“津平 1”突发大车行走轮故障。周相荣闻讯，连夜乘船赶赴现场，排除故障。14 个小时后，刚刚结束通宵鏖战的他又马不停蹄地返回桂山岛，参与管内压载水系统调试工作。仅仅过了 3 天，“津平 1”大车再次发生其他故障，设备溜管钢丝绳也有受损的现象，仅更换 1 条钢丝绳就需要 16 个小时，任务十分棘手。周相荣把检修人员分成两队，自己带队坚守现场，通宵达旦地抢修，吃住在甲板上，一干就是三天两宿，为基床整平争取到了宝贵的窗口。

## 专治疑难杂症的“好大夫”

2018 年，周相荣转战深中通道项目，继续与自己心爱的大船打交道。“砂

桩 3 号”是他分管的船机之一，这艘 26 年船龄的老船让他爱恨交织，用他的话说就是：“设备老化、年久失修、故障率高，而且无规律可循。凡是能想到的毛病，这条船基本都有。”

为了给“砂桩 3 号”根治“病患”，周相荣干脆就在这艘老船上安营扎寨，边施工、边观察、边维修、边总结。经过持续两个多月的“望、闻、问、切”，周相荣逐步找到了“病根”。原来，挤密砂桩运转时，输料管需充斥极高的气压，而输料管的上下挡板存在轻微缝隙，加上砂料冲击，造成压力不足。这样一来，挤密砂桩就无法正常打设，勉强为之的结果就是砂桩合格率无法保证。

有了明确的攻关方向，周相荣开始对症下药，他对挡板、排气阀等关键构件进行改造，这样的改动让挡板的平均寿命周期由原先的 3 天提高至 25 天，大大减少了设备零件维修频率，不仅大幅度降低了维修成本，也提高了生产效率。

2017 年 9 月，“砂桩 3 号”实现当月进场、当月组装调试、当月投产，经检测，砂桩质量满足设计的各项技术指标要求。在周相荣的主持下，“砂桩 3 号”陆续经过大大小小 10 多项创新改造工作，成功地从月施工量不足 7000 立方米跨越式提升为单月施工 2.85 万立方米，创造了现场施工的单月最高纪录，同时也快速推进了挤密砂桩工序的生产进度。

## 不畏技术高峰的“省钱王”

“我们必须在技术上做到独立自主。”这是经历过港珠澳大桥建设的周相荣来到深中通道后说过最多的话。“在港珠澳大桥施工中，我们曾经花费重金从外国供应商手里购买配套设施，这样的问题不应该在深中通道重演。”

研发一套安全可靠的船管水下通信方案，成了周相荣日思夜想的课题。经过对国内外相关资料的深入调查分析，他大胆地提出了“水下电缆穿舱 + 管顶干式水密搭接”的想法。从 2018 年 8 月提出概念性方案，到 2019 年 4 月 16 日最终方案的拍板，周相荣前后组织召开技术讨论会 10 多次，进行专项汇报 4 次，并邀请国内知名水下设施专家召开“外部专家咨询会”。该项方案的实施为工程节约成本数百万元以上。

除此之外，周相荣还参与了世界最大整平船“一航津平 2”“沉管浮运安装一体船”的研发工作。他还采用新材料、新技术、模块化设计等工艺，对管节安装精调系统进行了优化，直接节约资金 400 多万元。

“搞技术没有终点，往前走就会有新的问题，不能怕！要一步一个脚印，才能迈过去，也必须迈过去。”面对继港珠澳大桥之后的又一超级工程——深中通道，周相荣依然保持着一颗平常心，也蕴藏了一颗必胜心。

从上海长江口深水航道整治到温州港，从江西九瑞高速到深圳博深高速，丁德伟走过了很远的路。但无论多远，中交都在他心里。

# 丁德伟

## 拜项目为师　以工地为家

◎ 丁德伟

◎ 中共党员

◎ 高级工程师

现任中交一航局广东玉湛项目部经理，参建了长江口深水航道整治、温州港状元岱港区、广东玉湛高速等重大工程项目，先后荣获“全国建设工程优秀项目管理成果奖”“江西省公路建设先进个人”、中国交建“优秀共产党员”、一航局“优秀青年知识分子”等20多项荣誉。

2003年，大学毕业的丁德伟背上行囊，赶往长江口深水航道整治工程，担任技术员。让他自己也没想到的是，坚守一线的路一走就是17年。从长江口深水航道整治到温州港区建设，从江西的九瑞高速到深圳的博深高速，从天津西外环高速到福清市环城路，再到广东玉湛，拜项目为师，以工地为家，丁德伟一步一个脚印，干好每一项工程。

## 干项目就得讲担当

与年轻同事谈话时，丁德伟总会说“项目是最好的老师”。要问他17年的项目经历到底学会了什么？他会毫不犹豫地告诉你：“最重要的是担当。”

2014年，丁德伟担任一航局总承包分公司福清高速项目负责人。福清高速横穿人口稠密的住宅区，仅别墅就要征拆200余栋，各种管线迁改更是不计其数，征拆难度极大。加上当地政府提出“3个月必须通车”的要求，这让项目施工难上加难。

时间成了丁德伟最稀缺的资源。为了保证工程进度，所有与项目无关的事

情都要往后放。当时，他的背部长了 1 颗脂肪瘤，几个月内就生长到 9 厘米，晚上睡觉只能侧身，大家都劝他去做手术，但他硬是没有离开工地一步。“工程正在紧要关头，我怎么能走？！”

丁德伟以“生产促拆迁”为思路，凡是业主交地的范围，一方面立即组织施工，“见缝插针”，抢抓工期；另一方面主动出击，将拆迁遗留问题，细化到每一排桩位、每一户田地，分清主次轻重，加强与村镇、拆迁户的沟通协调，各个突破。期间，他还主动担任夜间施工的带班领导。在他的带领下，项目最终实现了“当年征拆、当年通车”的艰巨目标，赢得了业主的高度赞誉。

## 干好项目就是做好点滴

2018 年 4 月，丁德伟转战广东玉湛高速，担任项目负责人。玉湛项目下设 6 个工区，由 5 家单位、120 支施工队伍组成。由于各家“打法套路”不同，

工作中拖拖拉拉、虎头蛇尾甚至不了了之的情况时有发生。发挥合力不足、执行力不强，成了项目管理的两大“拦路虎”。

“如果每项工作都有一个一以贯之的流程和标准供大家去遵循，这些问题就不会发生。”夯实基础管理，成了丁德伟这个项目带头人面临的首要问题，因为“统一的思想和目标就是最高的标准化”。经过深思熟虑，他提出“一个项目、一个团队、一个目标”，努力打造“和合”（和谐创效、合力争先）团队的管理理念，通过管控机制和绩效考核评价，采用奖优罚劣、先进带动后进等方式，凝聚合力，共同为项目履约而奋斗。

在大力推动下，广东玉湛项目部逐步用体系化手段解决管理难题，实行“一单两本三表”管理，即全面推行“清单式”管理，做好工作记录本和账本，施行检查记录表、整改通知表和奖罚通知表，重塑管理流程，注重可追溯性，夯实管理基础，工程“点多线长面广”的管理难题迎刃而解。

“干项目没有高大上的东西，就是要踏踏实实开好每一次会，设计好每一方案，开展好每一次检查，做好每一次评价，点滴做好了，落实好了，剩下的自然水到渠成。”丁德伟这样总结道。

2018 年，广东玉湛项目超额完成生产任务，创下一航局线性工程年度完成产值新纪录，并荣获“一航局履约优质奖”。

## 项目在哪，家就在哪

多年来，丁德伟的手机里始终保存着一段音频。点击播放，传来的是小女儿稚嫩的童声：“爸爸，你啥时候回家啊，我好想你啊。”

“有时候太想家了，就拿出来听一听，很神奇的是，听完之后就觉得自己做的这些事都值了。”丁德伟说，这段音频是女儿与他通话时他偷偷录下来的，是他走南闯北的精神力量。“要说心里没愧疚，那是不可能的，这么多年，陪家人的日子真不多。”

2019 年春节，丁德伟和往年一样选择坚守工地。“今年是玉湛高速的关键之年，我必须在，为了生产，也为了安全。”不一样的是，今年他的妻子和孩子到工地陪他一起过年。“结婚这么多年，在一起过年的次数用一只手都能数得过来，但两口子最重要的还是理解。项目在哪儿，我们的家就在哪儿。”丁德伟的妻子这样说道。

由于常年以工地为家，同事们就成了丁德伟的家人。“都是离家在外奋斗，因为干工程聚到一起，相互之间就应该像家人一样，多点关心照应。”工作中的丁德伟很严厉，在生活中他却是大家的知心人，“聚到一起就是一家人，要让大家感受到家的温暖”。

5月的湛江，骄阳似火，广东玉湛全线正开足马力，朝着交工通车的目标前进。“看着项目从无到有，从小到大，自己内心充满激情，做事情只有坚守才有方向，一旦选择了，就要勇往直前。”丁德伟说。

科技作引领，技术作保障，他带领团队把创新作为提升企业核心竞争力的第一要务，披荆斩棘，荣获两项“鲁班奖”，让中交精神熠熠生辉。

# 蒋建荣

## 星光不负赶路人

◎ 蒋建荣
◎ 中共党员
◎ 正高级工程师

现任中交三航局科技部总经理。他始终发扬“奉献精神”“钉子精神”“改革创新精神”，以前瞻性的眼光思考问题，以乐于奉献、勇于担当的精神对待工作，以“工匠精神”实施科技攻关和管理创新；锐意进取、勤于探索、勇于实践，对科技创新和工程质量管控由技进道，取得了骄人成绩；为“科技兴企、质量兴企”，促进公司高质量发展做出了突出贡献。

## 星光下的赶路人

在 2018 年三航局第十六届科技大会上，时任三航局三公司总工程师的蒋建荣被授予“三航局杰出科技工作者”。会议一结束，他就踏上了上海飞往成都的红眼航班，向新的目标进发。

“蒋总，你是不是在航空公司和铁路运输公司有股份啊？”这是近年来经常出差的他常听到大家跟他开玩笑的一句话。的确，仅 2018 年，蒋建荣的飞行里程就达到了 94603 千米，飞行次数 67 次，飞行时间 158 小时，这还不算其他交通工具的路程。“白天忙工作，晚上赶路程”成了他日常的状态。

“我们成都地铁项目部之所以能一路走过来，我要特别感谢蒋总对我们的关心支持。”这是年近六旬的三航局三公司成都地铁项目党支部的潘书记在个人述职会上的开场白。作为项目部的老大哥，他以“直说、敢做”著称，在

项目部很有威望，而能让潘书记说出这样的话，是蒋建荣和项目部一路同行的经历。

成都地铁市场是三航局的新领域、新地域。但是，“蛋糕虽大下刀难”。按照设计，成都地铁 17 号线要采用直径 8.6 米的大直径土压平衡盾构机在布满鹅卵石的成都地下穿行，在这种地质条件下施工，技术难度大，易发生塌坍事故，一直是世界性难题，在国内尚属首次。

万里长征第一步，首先要解决大直径盾构机的组装、投产问题。“之前三公司承建的项目未涉及过盾构施工，大家都是盾构施工方面的新人，我是技术带头人，我必须是那个能解决问题的人，没有退路！”外表温文尔雅的蒋建荣，做起事情来却很果敢。为保证工程安全顺利推进，蒋建荣全身心投入，在关键时刻干脆在现场与员工同吃同住，挑灯夜战是常态。

由于是分公司总工，蒋建荣还要兼顾其他事情，但是成都地铁的这块“硬骨头”一直是他的牵挂。他在手机上安装了现场视频监控 APP，随时关注工地施工进展。“蒋总经常夜里 9 点从外地赶来。从机场到项目部有约 1 个小时的车程，然后到夜里 11 点左右，我们会在施工现场碰面，这是我们的默契。”成都地铁项目经理江红如今已经熟悉了蒋建荣的工作节奏。也正是蒋建荣有这种不懈怠、能攻坚的毅力，他带领着一帮年轻的团队攻克了三航局首台大直径盾构机从组装、下井再到穿越高速、酒厂、地下暗渠的一个个难题。目前，成都地铁 17 号线右线顺利贯通，工程实体质量通过了验收，“奋进号”盾构机也成功升井，完成了自己的“首秀”，为公司开拓广阔的轨交市场奠定了坚实的基础。

## 创新技术，精细施工

如果说“使命必达”的责任心是蒋建荣攻坚克难的利剑，那“追求卓越”的创新力就是他科技强企的法宝。

2016 年，三航局承建川南城际铁路项目，三公司负责建设的沱江特大桥是整个工程的关键控制性节点。沱江是内江人民的“母亲河”，却也“脾气火辣”，常年水流湍急，每逢雨季常常会引发洪涝灾害。而项目最先施工的62号墩位于沱江中心，水深11米，墩身高约35米，既要“涉水”，又要“攀高”，让现场施工人员真实地感受了“蜀道难”的滋味。

蒋建荣先后22次共94天深入施工一线，指导项目部在进场伊始就定期收集沱江水位数据，寻找合适的作业时间。2017年3月，沱江水位没有上涨，反而缓慢下降，蒋建荣敏锐地察觉到这是千载难逢的机会，决定利用枯水期抢出墩身施工“窗口期”。62号墩的墩身浇筑原设计是采取双壁钢围堰施工，虽稳妥但耗时长、成本高。在蒋建荣的带领下，技术人员对现场地质进行了多次勘察，并与业主、设计方、当地市政部门多方沟通，在获得许可后，充分利用枯水期这一绝佳的施工时机，采用筑岛围堰方式施工。施工人员填土筑岛形成作业平台，在“陆上”钻孔灌注桩施工过程中，用旋挖钻机代替原方案中的冲击钻进行桩基础施工，不仅极大地缩短了工期，节约了成本，还避免了水中炸礁作业存在的安全风险。62号墩墩身的优化施工，为川南城际铁路的建设打响了漂亮的“第一炮”。

2018年5月，由蒋建荣牵头实施的“川南铁路项目沱江大桥62号礅改造”

课题，获评上海市职工科技创新大会“职工合理化建议创新奖”。

## 钻研不止，擦亮品牌名片

三公司生产的 55 米整节大直径 PHC 管桩作为世界上单节最长的大直径 PHC 管桩，无疑已经成为三航局的一张靓丽的名片，技术水平被行业人士“叹为观止”。但主持技术工作的蒋建荣并未就此止步，他说：“没有最好的产品，只有更好的产品！我们虽然取得了一些成果，但是我们只要用心去挖掘，还能做得更好、走得更远。”

追求尽善尽美的执着，推动他继续在 PHC 管桩上下功夫。他带领 PHC 管桩生产团队开展了以“PHC 管桩免蒸养工艺研究”为代表的一系列课题研究。这项研究充分利用一年中气温较高的自然条件，通过调整 PHC 管桩的混凝土配合比，调节养护时间，免去蒸养环节，在保证管桩性能的同时，节能降耗。该成果系统解决了 PHC 管桩免蒸养工艺的混凝土配合比设计与生产工艺等方面的技术问题，不仅大幅度降低了 PHC 管桩制桩成本，彻底改变了 PHC 管桩高能耗历史，而且还大幅度提升了 PHC 管桩力学和耐久性等性能，实现了 PHC 管桩制造工艺的新突破，分别获得中国节能协会节能减排“科技进步二等奖”和中国水运建设行业协会“科学技术三等奖”。

在蒋建荣与团队的共同努力下，三航局三公司于 2015 年 10 月被认定为“高新技术企业”，并于 2018 年完成三年一次的重新认定。自 2015 年以来，通过加计抵扣财税优惠和高新技术企业所得税减免，实现科技创效约 1.5 亿元。截至目前，分公司共拥有发明专利 12 项、实用新型专利 36 项、软件著作权 1 项，共拥有省级工法 6 部、中交级工法 1 部，获省部级及以上科技进步奖 11 项；三公司质量综合管理荣获三航局“11 连冠”，自 2011 年来获得中交和省部级及以上优质工程奖 54 项，其中，国家级优质工程奖 6 项、省部级优质工程奖 38 项、中交优质工程奖 10 项。分公司因承建苏州港太仓港区三期工程，时隔 20 年后又一次获得“中国建设工程鲁班奖”，参建的南京长江第四大桥于 2018 年再获“中国建设工程鲁班奖”，实现了“创优质、树品牌”，这些都强有力地保障了公司的持续高质量发展。

心有路桥梦，青山磨风骨，他是耕耘不辍的“拼命三郎”，八年山区施工经历磨炼了他吃苦耐劳、无私奉献的坚忍品质。他用最美的年华铸就最美的工程。

# 李习春

## 幸福是奋斗得来的

◎ 李习春

◎ 中共党员

◎ 高级工程师

现任中交一公局厦门公司副总经理、总经济师、总法律顾问。参加工作以来，他不断成长、屡创佳绩，先后获浙江省“五一劳动奖章”、重庆市交委“优秀青年岗位能手”等称号。在他的大力推动下，厦门公司连续两年获一公局集团内部运营质量评比第一、“红旗机车”评比第一名、“2018年物资设备采购工作先进单位”荣誉。

## 栉风沐雨，玉汝于成

1998 年，长江流域发生特大洪水，湖北省浠水县兰溪镇受灾严重，令原本就一贫如洗的李家雪上加霜，即将升高中的李习春眼看学业难续。为了让李习春继续学业，他的父亲白天在砖瓦厂做黏土砖，晚上则四处收罗废品，就连读小学的妹妹也在渡口向行人兜售凉茶补贴家用，一杯仅售一毛钱……

这一切，年少的李习春都看在眼里，刻在心间。他长在农村，挨过饿，受过穷，生活早早给他上了沉重的一课。但他却从中学会了坚忍和自强。

2006 年 7 月，李习春刚走出校园，便彻底告别城市繁华，来到条件尤为艰苦的贵州镇胜高速项目。从项目部到县城，道路蜿蜒泥泞，一路颠簸两个半小时才能到达。李习春每 3 个月才能进 1 次城，兜里揣着 50 元钱，理个发、吃碗羊肉粉，再买几桶泡面和 1 块香皂，就算是“放风”；项目部边上有个茶厂，厂区里有个破篮球场，工作之余与同事一起蹭别人家的球场挥洒汗水，就算是娱乐。

条件艰苦，生活枯燥，远离亲友，大山留不住年轻的心。镇胜 3 年，流水的同事，铁打的李习春。同龄人带着梦想而来，很快又带着对更好生活的向往而去，只有同样年轻的李习春默默坚守。苦，他早已习惯了，面对这一切，李习春欣然接受、毫无怨言。项目收尾时，他更是独自镇守镇胜 2 年，实现了项

目在收尾期扭亏为盈的目标，完成利润 2000 多万元。

之后的 5 年，李习春继续蛰伏西南山区，陆续参与贵州水盘高速、重庆永江高速公路的建设。在人生最好的时光里，李习春经受住了贫穷与孤寂的考验，也形成了能吃苦、敢拼搏的作风。在重庆施工期间，他参建的永江大桥获评“鲁班奖”“李春奖”，他个人被重庆市交委评为“优秀青年岗位能手”。

那些与幽幽深山、连绵大雨、满身尘泥相伴的日子，给李习春留下了难以复刻的宝贵经历——栉风沐雨、玉汝于成。他的咬牙坚持不仅为公司创造了效益、树立了口碑，也练就了自身单兵作战的本领。“那种满足感和成就感，是今后任何项目都无法比拟的。”李习春感慨地说。

## 临危受命，砥砺歌行

宝剑锋从磨砺出，梅花香自苦寒来。脚踏“坚忍沉稳、不怕苦、能扛事”的基石，往后经历任何项目，在李习春眼里“都是天堂”。

2014 年 8 月，李习春空降福建，临危受命担任龙岩漳永 B2 项目经理。到任第一天，迎接他的只有床上那条褪了色的旧被子。委屈，不能说没有。面对人心涣散、进度严重滞后的不利局面，李习春选择“做自己”。

他到岗后，一面以身作则、以能服人，一面主动融入、聚拢人心，“忍辱负重 3 个月没抬头”，终于扭转被动局面，工作渐见起色。在他的经营下，漳永 B2 项目连续两年获评“福建省路面标准化施工典型示范标段”，被指定为福建省路面施工观摩会、公路房建观摩会现场；实现利润 4000 多万元。

一年后，善打硬仗的李习春再度临危受命，作为“三手经理”接手隶属国家级重点工程的台州湾大桥及接线工程 TS10 标项目。“台州湾项目的问题不在于团队缺少实力，而是缺乏自信和斗志。”如何将“一盘散沙”凝聚成钢铁般的战斗集体墙？李习春对队伍进行了由内而外的改造。

到岗第一天，他就给自己和职工定下作息时间——早 7 点准时开工，晚 12 点前全员到位开会总结。规律的作息一扫过去的懒散低迷，项目团队的工作面貌焕然一新。

整肃问题的同时，李习春带领施工人员奔赴“标准化”建设程度高的工地学习，将先进的管理理念和优良的工艺设备引进项目，形成硬核的战斗力。为了激发团队信心，他重视每一次比赛和检查，精心组织了浙江省标准化施工观摩会。经此一役，台州湾大桥项目一跃成为浙江省标准化建设典范，并获得浙江省“平安工地”“标准化示范工地”等多项荣誉，大大振奋了团队士气。

在李习春的带领下，项目最终实现利润超过1亿元。为此，他荣获“浙江沿海高速优秀项目经理”、台州市“劳动模范”、浙江省“五一劳动奖章”等荣誉。

## 不忘初心，牢记使命

2017年7月，李习春被公司委以重任，回到中交一公局厦门公司总部任副总经理，分管经营、物资设备和法律管理。重压之下，他迅速进入工作状态，下一线、摸情况、补短板，育人才、建团队、增技能，盘资源、建平台、谋创新，优化各模块管理流程，调整各板块人员分工，修订各类管理办法，确定差异化绩效考核引导方案，为公司运营质量提升不懈奋斗。

事虽难做则成，路虽远行则至。在李习春的努力下，厦门公司连续两年获一公局集团运营质量评比第一名、“红旗机车”评比第一名，获评“2018 年物资设备采购工作先进单位”，并多次在企业内部做典型经验交流。另外，在法律事务中，李习春经手的诉讼案件胜诉率保持在 98% 以上。

一年后的夏天，李习春终于抽身将妻子和女儿接至厦门定居，一家人这才结束多地辗转、聚散不定的日子。

提及家人，一贯刚强的李习春变得柔软，10 年来累积的心酸、无奈、内疚在他心中翻腾，五味杂陈。对工作而言，他是时刻待命的“拼命三郎”；在妻子和女儿眼中，他却是只活在电话里的丈夫、父亲。在女儿 3 岁前，李习春陪伴她的时间加起来总共只有 18 天。

奋斗是艰辛的、长期的，也是曲折的。14 载，昼夜轮转、四季更迭，李习春回家的次数寥寥可数，披星戴月的日子却数不胜数；14 载，心有路桥梦，青山磨风骨，李习春始终坚信“人不能一味只追求自己的幸福，还要成就别人的幸福。而要想成就别人，首先要自己足够强大。”

李习春的幸福是奋斗得来的，更是奉献得来的。他是真正的奋斗者和领跑者，也是最懂得幸福的人。

他21年与中交荣辱与共，参与多项“高特难新”项目。他重视科技创新，为企业创造效益，为国家创造辉煌！

# 肖向荣

## 创新路上的急先锋

◎ 肖向荣
◎ 中共党员
◎ 正高级工程师

1998年在交通部公路二局二处参加工作，现任中交路桥华南公司总工程师。先后主持100余项课题的研究工作，其中6项科技成果被鉴定为“国际先进”、1项为“国内领先”、10项成果获省部级奖。获授权30项发明专利和80项实用新型专利，其中4项获“中国专利优秀奖”，获1项国家级工法、5项省部级工法。

1998年，23岁的肖向荣大学毕业，入职“交通部公路二局二处”，成为一名蓝领工人、一名热血“路桥人”。22年，7000多个日夜，100多项课题研究，他的足迹随着项目建设的工地遍布全国。从现场技术员到企业技术负责人，从工程技术研发到主持课题研究，不管是做技术还是抓管理，他始终保持昂扬向上的精神状态，坚持学习新知识、创造新技术，逐渐成长为一名懂设计、会施工、善管理的复合型人才，在平凡的工作岗位上砥砺奋进、热心奉献。

## 11年现场施工，解锁一系列大型桥梁核心技术

1998年，肖向荣毕业后进驻厦门海沧大桥工地之初，一位老技术员指着工地旁的牛头山对他说：“想干一番事业，要和黄牛一样辛苦，你要在心理上和思想上都做好充分准备。”就这样，踌躇满志、满腔热血的他，开始了白天和老技术人员一起上工地，晚上埋头钻研技术难题的生活。一段时间后，他发现，很多老工人虽然文化水平不高，但长期的工作实践让他们拥有一手解决技术问题的“绝活”。于是每当遇到技术问题，他总是虚心求教。除了常规的基桩、承台、墩柱、箱梁等施工工艺的技术积累之外，他对“上行式移动模架逐孔施工技术”有了比较深刻的理解，参与撰写的论文《厦门海沧大桥东引桥10跨连续梁DZ-42m/1000t型造桥机设计与施工》得以发表。他把学校所学的理论知识和社会实践相结合，成为一名可以独当一面的技术主管。

1999年年末，他来到了当时全国最大的提篮式钢管砼拱桥连徐路D2标京杭运河特大桥工地，前期担任主桥主管技术员，奔波于每个墩台之间。为了顺利完成一个结构物，他经常连续工作几十个小时，顺利完成100个I类基桩施工。大桥建设中后期，作为技术部部长的他和几位技术骨干白天上工地，晚上绘图设计，并到福州大学、同济大学请教专家，成功解锁“提篮式钢管拱桥的整套施工技术”“大跨径挂篮式拱桥竖转施工技术”，从而对“同步牵引”“大型吊装”“精确对位”“索系施工”等大型桥梁的核心施工技术有了深刻认知与精准把握。京杭运河特大桥所在的连徐路荣获2004年第四届中国土木工程“詹天佑奖”，参与开展的科研项目“提篮型系杆拱桥竖转技术”成果荣获中国公

路学会科学技术奖二等奖。

2003 年，他任亚洲最大跨径的钢桁开启桥瓯南大桥的总工程师。由于受经济和技术限制，当时单位没有自己的《开启桥设计（施工）规范》。在没有规范可依，没有经验可借鉴的情况下，他带领技术团队，对瓯南大桥开启桥各关键部位的设计要点和施工难点进行深入透彻的研究，完善优化施工技术方案。最终，他独立设计的加强型单壁套箱有效地解决了大潮差深水承台施工技术难题，独立设计主跨支架、桥面拼装支架、牵引系统、行走系统，有效解决桥面拼装技术难题；之后主持“大跨径开启式钢桁梁施工技术”课题研究，力求降低此类桥梁的工程造价，提高此类桥梁的实用性和安全度，为编写我国《开启桥设计施工规范》提供了实践经验。

2007 年，在建设当时国内跨径最大的空间缆自锚式悬索桥杭州江东大桥时，钱塘江强涌潮的施工环境令人紧张，结构复杂别致带来的技术挑战更令人振奋，整个施工过程就像是一个创新的过程，技术难题推动着技

术员“想前人所未敢想，做前人所未敢做”。肖向荣告诫技术团队：在这里，“讲科学、用科学”是关键，“拍脑袋、死板经验”只能误了工程、误了人才。就这样，强涌潮环境下的水中承台套箱施工技术、多段曲线钢箱梁顶推技术、空间索系施工技术等多项核心技术被一一攻克，让大桥完美呈现于世人面前。

## 11年技术攻关，推动专业技术领先国际

经过 11 年的技术积累与沉淀，肖向荣从施工一线走上技术管理岗位，开启技术攻关的新征程，先后主持 100 多项课题研究，30 多项发明专利和 80 多项实用新型专利获得授权，其中 4 项发明专利获中国专利优秀奖、10 项科研成果获省部级奖、6 项科技成果被评价为“国际先进”、1 项为“国内领先”，获评 1 项国家级工法、5 项省部级工法，一项项技术成果为工程建设奠定了坚实的技术基础，同时助力公司顺利通过“高新技术企业”认定。

拥有多年桥梁施工经验的他深知，“深水”“无覆盖层河床”永远是难题。在安徽望东长江公路大桥施工期间，他主持开展的“大倾角裸岩面深水钢围堰施工技术研究”，首次研发出“异形刃脚钢围堰卧式加工拼装、侧卧气囊下水”新技术，首次成功实施“钢围堰高重心侧卧水中浮运”“钢围堰水中 90° 竖转”新技术，并首次在钢围堰异形刃脚处设置自适应性梳形板，成功实现了刃脚有效着床，节约施工成本约 1960 万元，研究成果经过鉴定达到国际先进水平，并荣获 2015 年度中施企协科技奖一等奖。他编制的“大倾角裸岩面深水大型套箱卧拼卧运安装施工工法”获国家级工法。该课题创新性的思路极大地拓展了深水裸岩面围堰的施工技术，具有广阔推广应用前景。

在贵黔高速鸭池河特大桥的建设中，他主持开展的科研项目“索塔节段钢筋整体吊装施工技术研究”，首次研发了索塔柱节段钢筋按竖向动态匹配、地面成型、整体吊装的施工技术，研发的专用钢筋节段拼装胎架、劲性骨架、双向可调节专用吊具和对接装配导向装置，实现了节段钢筋整体空中调整和竖向

钢筋同步精确对接，安全性、质量和进度效益极为显著，节约施工直接成本约1500万元，BOT项目的整体经济效益极为可观。研究成果经过鉴定达到国际先进水平。主持开展的科研项目“大跨缆索吊装技术在斜拉桥施工中的应用研究”，研发了800米跨径、350吨吊重的缆索吊装成套设备，并首次采用缆索吊安装斜拉桥钢桁梁，形成成套施工技术，节约工程直接成本约3300万元。研究成果经鉴定达到国际先进水平，并荣获2017年度中国公路学会“科学技术奖一等奖”。该课题研究成果拓展了斜拉桥钢桁梁安装技术，推广应用前景广阔，社会效益和经济效益显著。

“创新需要胆大心细，创新需要集思广益，创新需要信心和坚定的决心，创新需要敢于担当。”肖向荣认为，在11年的技术创新历程中，除了具体技术成果之外，更为重要的是深扎于心灵深处的信念。正是因为拥有崇高的信念，肖向荣一直走在创新路上，也以崇高信念影响着身边的人。

11年的现场施工练就了他一身过硬的本领，11年的技术探索激励着他勇当创新先锋。22年里，他在发现问题、解决问题时拥有创新的原动力，在面对困难、克服困难时发挥出不倦的创造力。面向未来，他正紧跟中交事业前进步伐，在探索与发现中，朝着更高、更新的目标迈进。

14 年奋战在生产第一线，6 年完成 4 个大型工程，创造亿元利润。在格巧双河特大斜拉桥项目中，他打响了中交品牌。

# 高加亮

## 在云贵高原打响中交桥梁品牌

现任中交三公局第一工程有限公司总经理助理、云南格巧项目经理。自 2005 年参加工作以来一直奋战在中交三公局施工生产的第一线，先后在郑民高速、内蒙古准兴高速、河南机西高速、云南嵩昆高速等项目工作，经历过大草原的风沙洗礼、中原大地的锤炼、彩云之南大山里的磨砺，荣获中交三公局首届“劳动模范”、中交三公局“十大优秀项目经理”等称号。

◎ 高加亮

◎ 中共党员

◎ 高级工程师

## 7天架起钢便桥

一张憨厚的笑脸，一身蓝色的工装，在施工生产一线总能看到他的身影，他的同事们都亲切地叫他“老高”。他十年如一日，在工作中精益求精，坦然面对新挑战、新困难，也欣然接受工程中的“硬骨头”。

“关键时刻，他总能一个人带动一群人。”他所在项目的年轻人是这么评价他的。2016 年，在云南嵩昆项目建设中，面对罗邦特大桥的整桥施工节点，项目方必须利用最短的时间在宽 30 多米、水深流急的牛栏江上架起一座安全可靠的施工“钢便桥”，以保障所有物资、机械的运送。高加亮和他的同事们冒雨施工，从打桩到拼接，7 天时间就完成了原本需要 1 个月工期的钢便桥架设。

该项目的控制性工程小铺立交现浇箱梁共计 50 联 144 跨，施工风险高，从方案制订到施工现场，高加亮跟技术人员一起研究，将现浇箱梁支架搭设采用盘扣支架代替碗扣支架，大大提高了支架稳定性，降低了施工风险。在嵩昆项目最后保通车任务中，他连续 1 个月每天晚上在现浇箱梁施工现场盯到凌晨，第二天早上 7 点在项目会议室准时召开每日生产例会，以前所未有的施工速度

完成工期节点，使承担的标段成为嵩昆高速第一个完成施工任务、具备通车条件的标段。

## 新办法要实用、高效

云南嵩昆项目小铺立交连接嵩待高速、昆曲高速，且要在施工的同时保障道路正常通行。嵩待、昆曲两条高速是云南通往四川和贵州的主干道，车流量大，安全保通压力大，风险极高。在项目建设期间，摆在高加亮眼前的不仅有跨越昆曲高速、嵩待高速拼宽、昆曲高速拼宽、老桥拼宽等施工难点，还有跨线施工中钢箱梁、现浇箱梁等诸多难题。虽然面临着重重困难，但他总是以“争做天堑变通途的缔造者”来鼓舞、激励参与项目建设的兄弟们。一年多来，他注重与路政、交警、业主单位的沟通协调，不断优化施工方案，将先行段路改桥采用“盖挖法”施工，不仅降低了施工难度、施工风险，而且缩短了工期，

既保质保量完成了施工任务，又保障了车辆的正常通行，实现了“零事故、零伤亡”。

## 1毫米的安装精度

格巧项目处于云南大山里，施工点属于喀斯特地貌，地质条件极其复杂。这个项目又是高低塔组合梁斜拉桥，南索塔高 229 米，北索塔高 170 米，主要以钢锚梁为主，温度是影响安装精度的一个关键的因素。温度过高，对钢锚梁的测量就会产生 1~2 厘米误差，尤其是首节钢锚梁安装误差大，势必影响全桥后续的合拢，对桥梁使用寿命也会产生不良影响。那个时候，项目所在地云南巧家县的气温白天能达到 43 度，晚上最低气温也有 35 度。在首节钢锚梁安装期间，为确保钢锚梁安装精度，避免日照温差、风荷载以及多种工况等对钢锚梁安装造成影响，“老高”带领团队选择在夜间对钢锚梁进行精确测量定位。

上百米的距离让高加亮手中的电筒光亮变成了弱小的萤光，测量放样结束后，他还要接着指挥人员和机械有条不紊地推进施工。经过团队人员的共同配合与努力，最终首节钢锚梁的安装仅有 1 毫米偏差。同事们都说：“有老高在这，我们就像吃了定心丸！”

云南格巧高速双河特大斜拉桥作为国家重点工程白鹤滩水电站的配套工程，2018 年被列入中交“桥梁品质工程名录”示范项目。该工程开工以来，连续 19 个月获得全线质量、安全、进度、环保考核第一名，被推荐参评云南省“工人先锋号”。自高加亮担任项目经理以来，他所承接的项目均获项目所在省“AA”级信用评价。2019 年 4 月 25 日，格巧项目的主塔封顶，“老高”激动地说：“这个塔高 200 多米。任何时候，只要迎难而上、脚踏实地，就没有达不到的高度；只要一路向前、披荆斩棘，就没有爬不过去的山梁！”

10 年来，他参与了 13 个重点项目建设，曾用 1 年半时间打通号称“最难干的”430 米的大圆子隧道。他为实现中交愿景在努力、在追赶。

# 李 挺

## 热爱是激情 奉献是使命

◎ 李 挺

◎ 中共党员

◎ 高级工程师

2007 年入职中交四公局，现任一公司总经理助理兼项目经理。作为工程项目管理者，他注重精细化管理，强化技术创新和安全质量管控，注重培育“创新创优”文化，带领团队获评四公局“2018 年优秀项目经理部”“2018 年安全生产标准化工地”等称号。

“困难面前有我们，我们面前无困难。”李挺经常这样说。李挺加入四公局后，凭借不服输的勇气，一步一个脚印，从基层技术员成长为一公司金盛路项目经理。

农民出身的他，有着内蒙古汉子特有的寡言认真。做得多、说得少的性格，让他在前进道路上注定付出更多汗水。面对筑路事业，他的勤奋似天生的，像农民热爱土地，不敢有丝毫松懈。

2003—2009年，李挺历任试验员、试验室主任、工程部长、工区主任职务。6年的基层历练，让他接触了公路、桥梁、隧道、路面等施工，练就了他一身过硬的本事。面对未来，他有足够的信心和能力夺取一个又一个胜利。

2012年，李挺在一公司内蒙古察敖一级公路项目担任项目党支部书记兼生产副经理。“开展批评与自我批评，让自己时刻保持清醒。”这是他自担任项目书记以来一直保持的习惯。他说：“有了坚强的政治工作，项目管理、技

术管理才会做得更好。”

察敖项目位于鄂尔多斯的一片沙漠之中，只有一条狭小的供放牧人通行的小路。征地受阻、材料进场困难、项目通信、水电保障等都是难题。

“我们干工程，要有消灭困难的强烈信心和坚定决心！”李挺在率先进场员工动员大会上说话，似一个火把，点亮了大家的心。

为了做好征地工作，李挺吃透摸准项目规划，再积极联络当地政府，从双方共赢的角度出发，不断与政府沟通，取得有力支持。项目施工难题接踵而至，材料进场和施工成品料运输，不仅面临道路运输的困难，还受到当地材料垄断和牧民的干扰。项目部与之不断周旋，不曾妥协，充分利用政策法规，最终都一一化解。

2014 年，李挺担任一公司呼和浩特市东二环项目党支部书记兼生产副经理。与察敖项目不同，东二环项目位于繁华的市中心，属于标准的市政项目，工期紧，要求高，李挺非常注重企业形象，誓要在呼和浩特市树立起中交四公局品牌的大旗。

白天，他是运筹帷幄的党支部书记兼生产副经理；晚上，他带着管道改迁小队，在全线涉及区域侦探及改迁管线工作，为生产任务扫清障碍。长达数月不分昼夜的勤奋工作，让他的身体状况一度亮起“红灯”。

2015 年，李挺担任一公司云南省蒙文砚高速公路项目经理。这是他第一次担任项目经理。他的责任是整个项目建设、团队建设以及四公局一公司在项目所在区域的市场拓展。尽管蒙文砚项目组建了新班子，且大部分班子成员都是首次担任班子职务，但李挺坚信，只要作风够硬，指挥得当，多取得小节点的胜利，即使是新班子也会取得好成绩。他更严苛地要求自己，树立典范，影响班子，带动队伍。在蒙文砚施工的两年，李挺没有回过家，连大年都是在项目现场与员工一起度过的。

高差悬殊的地势，沟壑纵横的山峦，还有岩溶地质，都意味着蒙文砚项目将是一个挑战极大的工程。在崇山峻岭间开辟一条高速公路，貌似天方夜谭，但李挺和他的团队做到了。

项目施工标段处于两个行政区末端，无网电，项目施工全靠自发电。因文化差异，阻工情况时有发生，李挺就带着班子到村书记家、村组长家，跟当地人一起“抽旱烟”“吃生鸡血”，学当地方言。李挺带着团队努力融入他们，推心置腹地向他们讲述四公局来云南的目的，更向他们讲述大山之外的美好世界。从“拒之门外”到团结合作，这中间，李挺吃了太多的“闭门羹”，但是，他知道，所有的苦口婆心都是值得的。

云南的雨季，漫长而又飘忽不定。李挺率领队伍与“天公”展开“游击战”。不分白天黑夜，只要不下雨，只要雨不大，都是适宜作业的时间。在如此艰苦的施工条件下，李挺和团队边施工边维护，在整个雨季，他负责的标段没有出现过边坡滑塌的现象。他负责的标段尽管进场最晚，却最先完成了施工，在全线交工验收的 13 个土建分部中名列第 3 位。

2018 年至今，李挺担任一公司呼和浩特市金盛路项目经理。从“发展质

效年”到“创新创优年”，李挺紧抓精细化管理，用实际行动贯彻中交四公局的部署和要求。

金盛路项目预制场只有 240 片箱梁的预制任务，李挺便拟定了“与四公局三公司承建的二分部共用预制梁场”的方案，然后根据各自的箱梁混凝土工程量比例分摊临建成本。这一举措给项目节约了很多资金，还让预制质量得到稳步提升。

金盛路是连接呼和浩特市与和林格尔新区的重要通道，也是业主代表每天上下班的必经之路。可以说，这个项目像是建在业主家门口一般， 各方面、各细节都需考虑周全。比如交通导改，在不影响正常通行的情况下，为方便施工，李挺采用半幅封闭导改方案，并邀请呼和浩特市交警总队相关负责人到现场指导，从隔离栅栏到分流的标志，从围挡材料到导改路面的施工， 每个环节都详细计算其经济合理性与实际效果，确保导改段不发生车辆事故和交通堵

塞情况，得到业主及社会的高度认可。

在“创新创优”工作中，李挺组织各部门小会、项目大会，以研讨的形式，将大家的创新点拿出来剖析,尽可能地延伸至可实施方案和具体的工作流程中，形成数十项创新应用成果，为项目生产的积极推进起到了关键性作用。

为做好质量管控，李挺提出，以工区交叉检查的形式开展质量比拼，结合焊接技艺“实名制”，落实质量等级通报奖罚，让一线操作工人提高了质量意识，打造出一支能打硬仗的施工队伍。

在技术研发上，他改变传统护栏吊篮模式，自主研发活动伸缩式踏板二层吊篮，不仅可以减少与护栏直接接触的阻力，移动轻便，不会对护栏外观表面造成损伤，而且节约了大量的人力物力。

在现场标准化管理中，李挺更是不断创新。比如增加智能语音播报，对进入施工区域的人员可以自动检测并进行相应区域的安全提示；项目对每个爬梯自主安装门禁系统，避免无关人员私自上桥；设置流动打卡机、桥面安全通道等。

“干工程一定要勤快，事情没做好之前，不能贪闲。贪闲就隐伏着犯错的根子。”这是李挺对自己的告诫，也是他经常对员工的告诫。就是这份简单的坚持，让他在项目管理中时刻掌握主动性，或奋斗在大山深处，或埋头于城市一角，用最美最好的青春，去丈量天地的宽广，去践行最初的梦想。

他反复调研，明确发展方向；他深入研究，制订发展目标。他组织编制了中交疏浚“十三五”总体规划，引领企业快速发展。

# 王文俊

## 用一言一行诠释劳模精神

◎ 王文俊

◎ 中共党员

◎ 高级经济师

2001年9月参加工作，历任中交疏浚总裁助理、党建/战略中心总经理、董事会办公室主任、战略发展部总经理、人力资源部总经理。多年来，他始终坚持脚踏实地、矢志不渝的工作态度，秉承严谨求实、勤奋刻苦的工作作风，在历任岗位上都取得了较好的工作成绩，得到了领导和同事的一致肯定。他在参与中交疏浚筹备、运营和管理工作期间，见证了企业的成立与成长，在企业战略管理、改革改制、体系建设、投资并购等诸多方面做出了重要贡献。

在疏浚总部，熟悉王文俊的人都知道，他就像一只不知疲倦的老黄牛，兢兢业业地做好每一件事情。不管再累再忙，他总是给人沉稳内敛的形象。在他眼里，每一项工作都意味着一份责任，必须用心为之，将一项项工作精心雕琢成一个个作品，让管理行为转化为企业价值。

工作十几年，从普通的基层项目财务管理人员到二级单位的预算工作者，再到疏浚集团战略管理者，王文俊一步一个脚印，不忘初心，扎实奋斗，用实际行动诠释着劳模精神。

## 立于高，让战略发挥引领作用

有人以为，战略是一门高深的学问。揭开看似玄妙的面纱，用王文俊的话说："战略就是要站在企业长远发展的高度，将企业最高管理者的目标使命与企业最广大员工的发展意愿有机结合，汇聚成一个发展的最大公约数。"就好

比下棋，如果说一个普通管理者只能看到棋后 5 步，而战略管理者就必须要看到棋后的 10 步、20 步，甚至更远。战略眼光离不开管理者日常工作的点滴积累与不懈努力。

中交疏浚集团作为中交集团第一个专业化子集团，整合旗下 3 家航道局，并于 2015 年在上海挂牌成立。战略引领对于新成立的疏浚集团来说显得尤为重要，而摆在王文俊眼前的就是牵头编制好"十三五"战略规划报告。区别于以往他所参与编写的战略规划，这个报告的每一项内容都没有参考的模板，更多的是从无到有，全新思考应如何准确把握 3 家航道局的历史、文化、管理差异并实现有机整合，创造出不同凡响的新天地。

有为者方有位。重责在肩，时任战略部总经理的王文俊背负着集团的期望和疏浚事业的未来，迅速带领部门同事加班加点投入中交疏浚"十三五"战略规划编制工作中。那段岁月，为了快速熟悉每一个基层单位的现状，王文俊放弃休假，一门心思扎在现场调研、查实情、解难题上，一鼓作气干了半个月，工作笔记本上写满了密密麻麻的调研数据。

为了尽快梳理出规划体系，他常常在办公室独自一人加班到深夜，对四大公司的发展战略、市场布局、业务结构、生产情况、企业管理等关键要素进行逐一分析，获取第一手详细材料，为编写战略规划打下坚实基础。他完成的规划报告审议稿前后足足修订不下 200 次。为了打开视野，跳出已有的管理局限，他还积极组织团队与欧洲四大疏浚公司开展系统对标。

功夫不负有心人。经过艰苦努力，2016 年，王文俊带领部门同事完成的中交疏浚"十三五"规划报告在提交总裁办公会及董事会后审议通过，"一三六九"战略规划、"打造世界一流疏浚企业"战略目标从此成为集团使命。2017 年，中交集团被确定为国有资本投资公司试点单位以后，王文俊又出色地组织编制了中交疏浚"双百行动"、企业功能界定分类等国有企业改革申报方案。

## 臻于简，将机制裂变为管理价值

机制的有效运行离不开每一个管理链条严丝合缝的耦合。作为整个疏浚集团总部的中枢神经，要发挥好总部大脑的作用，就必须让管理体系运行顺畅。疏浚集团刚成立，牵扯体制机制的问题较多。摆在王文俊工作案头上的全是一摞摞的机制调整方案。怀揣着对工作的热情，他迅速投入疏浚集团适应性组织建设工作中。不到 1 个月，他就梳理完成了疏浚集团整体管控界面，组织印发了《中交疏浚对所属企业管控事项》，围绕行政办公管理、党群及干部管理、人力资源管理、财务资金管理、战略发展管理、国内市场管理等 12 个方面，梳理出 169 项所属单位需要报批、报告、报备的工作事项，顺利完成疏浚集团 HSEQ 管理体系认证。他还参与完成了中交环保、中交海建等新业务发展平台的组建设立，实施了中交疏浚组建后的全部股权并购事宜，指导上航局、天航局完成水利企业收购事宜，获得中国交建首个水利一级资质。

在他眼里，给企业做加法简单，做减法才真正考验人。2016 年，按照国资委及中国交建有关压减工作要求，疏浚集团要在年内不打折扣地完成全部法人户压减任务。当时疏浚集团刚刚成立，3 家所属基层单位在各个历史发展时期不可避免地开展业务扩张，所设立的法人单位牵扯的历史原因和相关利益盘根错节，矛盾交织，压减任务显得异常繁重。这似乎是无法完成的任务。换作别人，也许早已打了退堂鼓，可王文俊深知压减工作关系到疏浚集团的瘦身健

体，压减不好就不利于疏浚集团未来轻装上阵。他没有因为困难而泄气，而是沉下心，仔细梳理疏浚集团内各基层单位的法人情况。摸清了整个法人户的脉络后，他分门别类制定系统压减任务计划路线图，同时积极与基层单位相关负责人开展座谈沟通，站在对方角度剖析问题，同时也就压减工作意义进行详细沟通，很快赢得了基层单位的支持与理解，也为压减工作争取了宝贵的时间。围绕压减工作方案，王文俊带领部门同事迅速开展工作。经过一番努力，最终在 2016 年底完成 8 户法人单位压减，获得了中交集团主管部门的肯定，也为疏浚集团后续的发展赢得了改革空间。

## 谋于精，促绩效考核有效落地

“干一行就得爱一行！”长期从事预算考核工作的他，深知目标考核对于企业发展的意义。发挥好考核指挥棒的作用，就得从疏浚集团层面制定好绩效考核管理体系。他说：“如果只是简单地沿袭上级单位的考核办法，管理就失去了本质的意义。”

为了充分体现考核的差异性和激励作用，王文俊在工作之余积极开展目标考核等相关管理课程学习，一丝不苟地钻研各项数值匹配挂钩，力求真正凸显

考核的价值导向。一分耕耘，一分收获！历时 2 个月，他带领部门同事编制印发了《中交疏浚所属单位负责人经营业绩考核管理办法》，有效地推进了基层单位的绩效考核工作，因此全面释放了管理活力。

除此之外，他还精心做好疏浚集团内部的各项统计工作，完成了中国交建全面预算管理系统、生产经营数据采集及辅助决策系统的填报，并组织下属各单位完成了国家统计局建筑业统计、房地产开发统计、固定投资统计等外部统计报表工作。在他的带领下，中交疏浚获评“中国交建统计工作先进单位”等荣誉称号。面对获得的荣誉，他总是说：“青春是用来奋斗的，希望不曾辜负每一段人生历程。”

一路芳华一路行。由于业绩突出，王文俊多次被评为中交疏浚“优秀员工”“优秀共产党员”。2019 年，他获评中国交建第一批劳动模范。如今，他正以更大的干劲努力工作，让青春在奋斗中闪光，用实际行动诠释劳模精神。

他沟通协调，整合各方资源；他心细如发，赢得多方信任。“用好每一分钱，做好每一件事”是他的准则。

# 闫 建

## 在平凡中追求卓越

◎ 闫 建

◎ 中共党员

◎ 会计师

2000 年毕业于武汉理工大学，随后入职中国路桥，现任中交（汕头）东海岸新城投资建设有限公司财务总监。他善于整合各方资源，全方位服务企业经营发展，通过积极运作，打破了资金三方监管和资金封闭式管理局面，为资金回流及新项目融资创造了先决条件。曾被授予中交投资 2017 年度“优秀管理者”称号。

他曾到帆船之都青岛架起天堑之桥，也曾为十三朝古都西安修建民生道路，更曾为京沪两地搭建往来的交通大动脉……如今，奋战在南海之滨的汕头东海岸新城，兢兢业业、尽心尽职，为打造“中交城”贡献智慧、挥洒汗水，以专业、坚忍，质朴、厚道，为企业、政府、银行各方的友好合作搭建起共赢之桥。

他，就是中交（汕头）东海岸新城投资建设有限公司财务总监闫建。进入中交19年，闫建始终坚守基层一线，始终不忘“固基修道，履方致远”的初心，并为此奋斗不息。

## “无非是在干本职工作”

2000年8月，毕业于武汉理工大学的闫建意气风发，带着满腔的工作热情，到青岛丹山斜拉桥项目当了一名出纳，开启了他与中交风雨同行的“缘分”。

初出茅庐的他勤奋好学，从填写好一份财务报表学起，再逐步深入到财务管理、资金支付等工作。他一步一个脚印，执着前行，无数的灯光照亮他加班时的夜色。在紧张繁忙工作之余，他还经常进工地、跑现场，跟着工程师学习各种工程管理知识。期间，他还攻读了长沙理工大学的硕士研究生课程，通过不断的自我加压和继续学习，他逐步成长为业务骨干。

在项目上，虽说是以财务工作为主，但为深入了解项目生产经营情况，确保一线财务数据准确、资金使用合理，闫建经常下项目、到现场驻点，与工友们打成一片。工友戏谑他说：“一个干财务的，怎么天天跑工地？晒得一身黝黑！”他总是嘿嘿笑道：“无非是在干本职工作，咱们有什么区别呢？”

那几年，各种审核、协调、财务内业、工地巡视……都有他忙碌的身影。很多时候，他一天跑好几次工地，鞋子都跑烂了好几双。也正因如此，才让闫建了解掌握了项目生产经营管理的各个细节，为日后的资金管理积累了宝贵经验。

多年来，他先后参建了青岛同三高速、胶州南外环、西安至柞水高速、安徽泗宿高速、京沪高铁、沪宁城际铁路、昆山地铁中央通道等项目。从项目出纳到会计再到三级公司部门经理、财务总监，多年的孜孜以求、拼搏奋进，已让闫建成长为一名优秀的中交系统财务管理者。

## 关关难过，关关过

2014 年 6 月，在连续多天高温预警中，时年 38 岁的闫建被中交投资有限公司赋予重任，担任中交（汕头）东海岸新城投资建设有限公司财务总监。

汕头东海岸新城项目总投资额约 250 亿元，规划面积 24 平方千米，点多、线长、面广，施工难度大、海况恶劣、投资风险高，融资难度大。在当时，如此大体量、高资金峰值的投资项目，在中交尚属首例。

接手项目后，闫建迅速研究项目投资合同、贷款合同……分析融资、使用、回款、还款等与资金有关的各个环节。东海岸新城 2012 年与银团签订的长贷合同，融资额为 110 亿元。根据贷款合同，东海岸新城项目资金采取封闭运行，在还清贷款以前，限制资金流出，收回的每笔土地款必须划转 50% 作为偿债保证金，这部分资金既不能提前还款，又不能用于其他渠道，导致大量资金沉淀在偿债专户，影响资金使用效率。出于多年养成的对资金的敏感性，闫建坚持“每一分钱都应花出效益”，在心疼利息支出之余，他决定想方设法盘活资金，最大限度地发挥资金效用。

没有成功的经验可以借鉴，没有既定的先例可以遵循，每一关都是挑战，每一步都是创新。面对眼前的难题，闫建将自己全身心地投入投融资管理的每一个细节，带着一股钉子的钻劲，紧盯投资风险，深入研究政策变化，根据建设计划、利率调整及贷款条件，按照“应收尽收、能收早收”的工作思路，加强与政府部门沟通，瞄准最佳时机，千方百计争取政府及财政部门的支持，缩短回款时间周期……每个细节、每个数字、每个报表，他都力争完美。

于细微处见真章，他的努力得到政府单位和银团合作单位的认可。2015 年，公司成功与政府签订 2 项投资建设合同补充协议，就东海岸新城项目工期节点和建设成本问题达成一致；2017 年，融资银团同意变更原“资金封闭运行”

的贷款合同条款，在降低偿债资金比例的基础上，同意使用偿债专户资金提前还贷，提高了资金的使用效率；2018 年，在挂牌土地未完成交易的情况下，顺利提前回笼资金，资金回收取得新成效……闫建计算过，仅降低政府规费这一项，按照项目今后可获得的土地出让收入来计算，预计整体就可增加 4% 的利润。“很多人心中的财务工作也许都是在幕后，但其实‘管理部门’也可以变成‘创效部门’，”闫建笑道。

关关难过关关过。5 年来，闫建和同事们一路披荆斩棘、乘风破浪，见证了东海岸新城 24 平方千米的“沧海桑田”，为东海岸新城项目创造了良好效益，更为中交集团在粤东区域市场树立了良好的口碑和形象。

## 合作之道贵在真诚

2018 年，中交投资成功中标汕头市中山东路（新津河—莲风路）道路桥梁及配套工程 PPP 项目，总投资约 65 亿元。考虑到由于政策收紧带来的融资难度和管理难度，中交投资委派闫建兼任该项目公司的财务总监。

巧妇难为无米之炊。作为财务总监，一个项目落地后，让人最担忧的无疑是融资问题。项目开工后，征地拆迁、设备人员投入、手续办理等都需要资金。由于金融政策收紧，融资环境并不乐观，但闫建还是义无反顾投身其中。

说到融资，免不了要和各大金融机构打交道。怎么做？“无他，合作之道就在于真诚待人。”闫建说。合作双方的平衡点，就是要站在对方立场考虑问题，积极主动为对方提供“中交方案”，寻求合作共赢的最大公约数。

为落实融资，他主动沟通协调，亲自跑业务，北京、广州、深圳、上海连轴转，挨个到金融机构总部单位拜访，积极协商银团单位，拓宽资本市场融资渠道，为新项目提供融资支持。经过努力，中山东路东延 PPP 项目融资由国家开发银行广东省分行牵头，工行、建行、农行参与，组成银团，51.2 亿元银团贷款协议即将签署。

来汕头 5 年，闫建说，自己已经融入了潮汕这个文化群体。每当有人到访，他就会像当地人一样娴熟而热情地为来客沏“功夫茶”，共品茶香。他的真诚待人之道也赢得了金融机构的支持。他刚来汕头时，对财政局、税务局等相关单位都不太熟悉，就借助当地金融机构的平台，主动与这些单位沟通，为各方合作创造良好环境，奠定良好基础。

不管遇到什么样的困难，闫建脸上总是带着乐观向上的笑容，总是充满着信心。他始终对自己的工作保持着一腔热忱，对社会怀有一份强烈的责任感。知者不惑，他以“交融天下，建者无疆”为精神指引，通过扶贫济困、捐款赈灾等行动，整合社会资源，积极履行中央企业社会责任。

汕头市潮阳区河溪镇南陇村是公司联合华侨试验区管委会定点帮扶的贫困村，在每年的帮扶活动中，总能看到闫建的身影。在他的积极协调动员下，先后筹集资金280万元作为帮扶该村中心路改造工程建设费用，拨付10万元作为环境整治费用，为该村环境整治创造了良好条件。在广东省“扶贫济困日”开展的“共襄善举·献助爱心”定点扶贫地区捐款等活动中，闫建本人也慷慨解囊。他多次表示，汕头东海岸新城项目得到了政府及社会各界的

支持，取得了长足发展，要始终心怀感恩，把回馈社会作为自己的责任，尽情地展现中交大型央企的风采。

## 便只顾风雨兼程

因为他的优秀表现，2018 年 12 月，经党组织批准，闫建光荣地成为一名中共党员。“一颗红心向着党，多年夙愿终实现……”他兴奋地打电话和女儿说道。没想到女儿也跟着激动起来，说她也成为了一名光荣的共青团员，今后也要和老爸一样成为共产党员。

闫建走南闯北，干过多个项目，长年扎根基层一线，一年也回不了几次家，从孩子出生起，就是聚少离多。女儿特别懂事，从来不抱怨，只半开玩笑地说，人家老爸天天上学送、放学接，而自己走读，不用老爸费心，多省事呢！闫建既愧疚又自豪，愧疚的是作为长年漂泊在外的一员，他错过了太多陪伴孩子成长的机会，自豪的是孩子长大了。其实，闫建并不是对孩子爱得不够，只不过他的爱，像绝大多数中国父亲一样，来得深沉、含蓄。多少次，在夜深加班之际，他只能深情凝望着女儿和妻子的照片，家人的微笑是他前进的最大动力。

“既然选择了奋战在中交一线，便只顾风雨兼程。”南来北往奔波多年，当年青涩的小伙子已经变得成熟稳重，依旧不变的，是他对中交的热爱。闫建表示，作为中交人，他始终为中交的发展而骄傲，更为能参与中交的发展而自豪。“今后，我将立足岗位，在平凡中追求卓越，脚踏实地，逐梦前行，为中国交建率先建成具有全球竞争力的世界一流企业而努力奋斗。”

他是粤港澳大湾区灵山岛的“领头雁”，也是多个样板工程的带头人。多年来，他始终高标准、严要求打造“精品团队”“优质工程”。

# 李俊勇

## 打造绿色智慧新城的“领头雁”

◎ 李俊勇

◎ 中共党员

◎ 一级建造师
高级工程师

1992 年 7 月参加工作，现任中交城投安全质量环保监督部总经理。从事工程建设 27 年，他长期奋战和服务在工程建设一线，参与了广州鹤洞大桥主桥等 6 座特大桥梁，以及 10 多条高速公路、高速铁路建设，获得“中国公路建设行业优秀项目经理”“广东省服务明星”“广东省市政行业优秀项目经理”“广州市安全生产先进个人”和四航局第三届“十佳青年”等荣誉。

地处南国之滨的广州南沙，既是国家级新区、广州自贸区，又是广州市唯一的城市副中心，在这片承载着重大发展使命的土地上，一座绿色智慧新城，仅仅 4 年时间就在明珠湾灵山岛尖崛起。这一沧海桑田的快速蝶变，离不开勤劳睿智的中交建设者的汗水浇灌。李俊勇，便是这群中交建设者的“领头雁”。

## 向城市进军，建品质工程

广州南沙新区明珠湾灵山岛尖城市开发与建设项目是广州市首次引进央企合作投资建设的大型基础设施项目，也是中国交建首次在一线城市从事的城市综合开发建设项目，肩负着打造粤港澳大湾区的 CBD、广州唯一城市副中心和高水平国际滨海城市核心区的重任，李俊勇就是这一总承包项目的总经理。

自 2014 年 8 月项目开工以来，李俊勇带领项目团队不断探索城市综合开发建设的管理模式，高起点谋划、高目标引领、高品质打造南沙高水平对外开放的门户枢纽，确立了“创广州市最好的建设工地，建广州市最好的建设工程”

的管理目标，坚持落实“策划先行”“样板引路”“亮点工程”评选，坚持抓好品质提升、优秀建设者评选、劳动竞赛等激励措施的落地。经过广大建设者的辛勤努力，灵山项目已经成为南沙区乃至广州市的工程建设名片，接待了无以计数的国内外考察团。项目的建设成果、品牌形象均获得了各级领导、地方工程行业协会、社会各界的充分肯定和高度认可。项目先后获得“广东省 AA 级安全文明标准化工地”“广东省房屋市政工程安全生产文明施工示范工地”“广州市建筑施工质量安全示范工地”“广州市建设工程优质奖”“广州市建设工程质量五羊杯奖”“广东省市政优良样板工程”等荣誉。

## 急政府群众所急，展中国交建风采

4 年多来，李俊勇带领项目团队积极作为，敢于担当，主动承担社会责任，多次参与南沙区政府的急难险重工程建设和抢险救灾工作。

2015 年初，中国广东自由贸易试验区挂牌定于大年初八在南沙举行，政府方面首先邀请驻南沙央企中铁广州工程局主持自贸区拱门建设，因时间太紧而被回绝。紧要关头，李俊勇代表总承包部临危受命接下这一艰巨任务，带领项目留守团队，统筹几方力量，克服春节期间工人紧张、资源短缺等困难，连续 19 天夜以继日地工作，于 2015 年 2 月 25 日凌晨 4 点圆满完成自贸区拱门建设，彰显了中国交建“站前排、挺身干、打硬仗”的英雄本色，展示了“敢为天下先”的担当精神。

2017 年 8 月，超级台风“天鸽”连同天文大潮袭击广州南沙，李俊勇带领项目团队及早启动应急预案，做好项目防抗台风工作。在接到南沙区三防办的抢险救灾支援请求后，立即组织人员设备，带队赶往南沙大岗镇、龙穴岛增援，经过近 10 个小时的奋战，与其他救援团队一道成功封堵住了防洪堤缺口，护住了人民群众的生命财产安全，履行了央企的社会责任与担当。

## 精益求精，锻造“中交大军团”

在灵山项目建设过程中，管理团队不足 30 人，李俊勇身体力行，率先垂范，全力做好项目管控，人尽其才，物尽其用，大力推进项目管理制度化、标准化、精细化、信息化，不断提升安全、环保、进度、成本等管理效能；在项目建设高峰期，中交管理团队近400人，作业工人2300多人，李俊勇通过科学的管控模式，较好地历练和培养了大团队全方位的管理能力，打造出一支敢于拼搏、团结奋进、战斗力强的“中交大军团”。时任南沙区委书记丁红都对项目团队的“工作效率、工程成果和担当作为”高度认可，在灵山项目现场当众称赞“中交伟大”。

在日常工作中，李俊勇注重开展员工素质提升活动，充分调动全员工作积极性和创造性，增强团队的凝聚力和向心力。通过创建学习型组织，打造“明珠湾讲堂”“质量大讲堂”和安全质量体验教育培训中心等学习平台，编写“工程管理顺口溜”“安全质量管理顺口溜”，为团队成员讲课，同时邀请外部专家为员工进行专业知识培训，营造良好的学习和工作氛围。

一分耕耘，一分收获。几年来，李俊勇所带领的总承包部项目团队陆续为中交城投输送20多位人才，并先后荣获“全国工人先锋号”“广东省五一劳动奖状”“广州榜样奖”“中国交建先进基层党组织”“中交城投突出贡献先进单位奖”“中交城投先进基层党组织”等荣誉。

## 不忘初心再出发，砥砺奋进写人生

2018 年 11 月，李俊勇被调到中交城投总部工作，担任安全质量环保监督部总经理，负责公司的安全质量和环保监督管理工作。变换的是岗位，不变的是追求，不改的是初心。“我要在新的岗位上，继续为‘平安中交、品质中交’建设砥砺奋进，贡献自己的力量！”李俊勇如是说。

他求真务实、技术精湛，带领年轻的运行稽查部，成长为贵都高速道路清障救援“铁军”，让中交速度和中交实力得到充分展现。

# 武新超

## 做“中交高速”坚实的守护者

◎ 武新超

◎ 中共党员

◎ 工程师

2009年9月入职贵州中交贵都高速公路建设有限公司，先后担任中交贵都公司建设期机电工程师、运营期收费管理部副经理、运行稽查部经理职务。2017年获评中交资产管理有限公司“先进个人”。他作为贵都公司从建设到运营的全程参与者，为“中交高速”运营管理做出了突出贡献，是“中交高速”的坚定守护者。

## 立足岗位，履职尽责，敢于担当

“叮铃铃……”一阵急促的电话铃声在深夜响起。“武经理，鸡冠岭隧道往都匀方向发生罐车侧翻事故，事故车辆为三类危化品，将整个隧道堵塞，情况紧急。”接到监控中心的电话后，武新超急忙起床赶赴监控中心，在与现场清障救援人员沟通了解情况后，迅速赶赴事故现场，与交警、路政、消防、安监、应急等部门制订交通疏导方案和事故车辆救援方案。因该车辆装载货物属于三类危化品，在制订救援方案时必须深思熟虑，慎之又慎，在了解到该货车装载的是价值200万元的基酒，若清障救援处置不当，将可能面临巨额索赔。经与各部门现场多次勘察，他当机立断决定采用现场两侧反向吊装、消防冲水的方式进行施救作业，在消防部门的配合下，经过2个多小时的作业，将该事故中的车辆吊正并安全拖离现场，确保将事故损失降到最低。

这惊险的一幕是武新超日常工作中的一个缩影。贵都高速公路是贵州地区典型的山区高速公路，交通事故施救难度大，尤其是隧道内交通事故的救援难度更大。自2016年负责道路清障救援工作以来，他共参与处置各类交通事故1000多起；特别是在处理2016年3月27日陡坡脚隧道危化品车事故、2016年7月16日危化品车辆侧翻事故、2016年12月10日鸡冠岭隧道危化品车辆侧翻事故时，科学决策，勇于担当，高效处置了影响道路安全通行的交通事故，保证了贵都高速的快速通行，获得了行业内主管单位的一致认可和司乘人员的好评。

## 扎实工作，无私奉献，勇于创新

运行稽查部是贵都公司新组建的业务管理部门，管理业务包括机电管理、

监控管理、稽查管理和道路清障救援等。为提高管理效率，充分发挥各业务之间的联动优势，武新超重新定位各业务之间的关系，提出 3 个“服务关联管理”的思路，即机电维护为收费管理、监控管理服务；监控管理为清障救援、收费管理服务；清障救援为道路运营服务。在部门日常管理中，他实行隧道机电管理责任人制度、部门业务交叉检查制度，加强部门业务之间的相互监督。严谨的工作制度结出了胜利的果实，武新超所在部门管辖的业务班组多次获评“先进班组”。

在工作中，武新超刻苦钻研高速公路管理业务，不断提高业务技能水平，充分利用技术优势提升贵都高速的经济效益。贵都高速是贵州省内第一条“多义性”路段，在历次的高速公路通行费联网拆分政策改革中，遇到的通行费清分结算变革最多，为确保贵都高速通行费拆分收益，他带领部门员工，深入研究通行费拆分规则和行业相关政策。在充分了解政策规则和技术方案后，率先在省内路网建设第一套“双识别系统”，开发部署设备在线监测系统，定期进行收费数据分析，不断提高识别系统的准度和精度，确保贵都高速联网通行费拆分收益，成为路网内其他单位学习的典范。

结合贵都高速隧道照明设备运行实际情况，2016 年他组织开展贵都高速隧道照明改造工程，取得良好的节能效果，每年可节约电量 110 万千瓦时，节约电费 93 万元。经过层层评选，该项目入选中国交建第一批节能环保与循环经济示范项目。

2018 年，贵州省交通运输厅计划在全省高速公路收费站上线移动支付系统，得到这消息后，武新超及时向上级单位报告，主动与贵州省行业主管部门精准对接，为中交资管获得贵州区域高速公路移动支付运营方资格贡献了力量。2018 年 12 月，他带领技术团队与设备供应方、软件开发方、工程技术人员，不分昼夜地进行移动支付系统的安装调试、入网检测等工作，在 1 个月内完成中交高速贵州区域移动支付系统的设备安装调试、入网检测、试运行等工作，确保 2019 年 1 月 1 日与全省移动支付系统同步上线，提升了“中交高速”品牌影响力。

2019 年，国务院决定取消高速公路省界收费站。作为中交资管专项工作组的一员，武新超主要负责工程建设实施。接到任务后，面临工期时间紧、建设任务重的情况，他找准工程建设难点、重点，梳理建设任务分解表，为整个项目推进出谋划策。为更好地完成建设任务，节约建设成本， 他和团队加班加点，白天与行业主管单位、路段公司、设计单位、施工单位沟通，优化和调整技术方案；晚上熟读各省市政策文件、技术方案、图纸资料等，短短 1 个月内查阅各类相关资料 3000 多页，为中交资管取消高速公路省界收费站提供了有力保障。2019 年 7 月 30 日，贵州省取消高速公路省界收费站 ETC 门架首套工程在中交资管所辖的贵州贵都高速顺利完成安装，标志着贵州省取消高速公路省界收费站进入实质性建设阶段，这也充分彰显了中国交建服务地方经济和

社会发展的“中交速度”。

作为一名新时代的青年人，他深知肩上的重任；作为一名“中交高速”的坚定守护者，他知道所承担的责任；作为一名光荣的中交人，他明白坚守的意义。“自信人生二百年，会当水击三千里。”武新超表示，他将始终保持一种昂扬向上的精神状态和一往无前的奋斗姿态，面对任务不推诿，面对困难不退却，面对矛盾不回避，面对挫折不放弃，胸怀坚定理想信念，勇做新时代的奋进者、开拓者、奉献者，以更加饱满的热情，发扬成绩、无私奉献，为贵都高速公路的安全畅通保驾护航，为建设具有全球竞争力的世界一流资产管理公司贡献青春和力量。

# 开拓进取型

他们逢山开路，遇水搭桥；他们不忘初心，牢记使命。在中交，有这样一群人，他们攻坚克难，敢打敢拼，为企业、为国家开拓进取，砥砺前行。

他常年驻扎科伦坡，不畏困难，开拓市场。小家在远方，国家在心里。

# 江厚亮

## 科伦坡港口城的“最美中交人”

◎ 江厚亮
◎ 中共党员
◎ 高级工程师

2000 年毕业于中南大学，同年 7 月入职中交四航局，曾在中国、印尼、美国、斯里兰卡等国家和地区工作，先后担任项目经理、区域公司副总经理等职务。现任中国港湾副总工程师，中国港湾科伦坡港口城项目公司总经理、党支部书记。

江厚亮勤于学习、乐于钻研、善于创造、勇于创新，曾获得中国港湾第一届“最美中港人·创新之美”荣誉称号。他始终通过脚踏实地的工作，努力为企业做出贡献。

## 国际机场项目：崭露头角

2010 年，江厚亮担任斯里兰卡汉班托塔国际机场项目总经理。该项目是中国港湾在国外承建的第一个机场总承包项目，不仅包括土建工程，而且包括导航系统、灯光系统、气象系统、通信系统等，而且远远超出工程建设领域，工程非常庞大、复杂。作为项目经理，他深知自己肩上的重任，从设计图纸到技术规范，从施工方案到作业现场，从合同条款到风险管控，每一项工作他都深入细致地了解，对一切都做到心中有数，应对自如。

火车跑得快，全靠车头带。他从班子建设入手，着重抓学习、定计划、促提升。他要求项目总经理部的班子成员和部门经理首先要做好工作计划，包括年度计划、季度计划、月度计划，甚至周计划，并滚动开展各项工作。按照要求，每个人都要站在全局的角度去思考，统筹安排，能干的就多压担子，顶不

住的就及时调整。班子成员都是年轻人，为了增加知识储量、优化知识结构，他带领团队白天抓生产，晚上搞学习。每天同十几家分包单位、业主开完各类会议后，再组织项目部员工研究合同条款、技术规格书、通信导航、英语等，学完之后相互交流，每天都忙到深夜十一二点。项目部每个人虽然被磨掉了一层皮，却也练就了过硬内功，增强了团队精神。

在江厚亮的带领下，这个年轻的团队朝气蓬勃、凝心聚力、攻坚克难、所向披靡。从 2010 年 1 月筹备项目开始到 2013 年 3 月拿到竣工证书，项目部经过 1000 多个日日夜夜的奋战，终于使工程圆满完成，业主 AASL 十分认可中国港湾的专业精神，项目合同额从最初的 2 亿美元增加到 2.5 亿美元，并授意中国港湾开始运作机场二期项目。与此同时，该项目荣获 2015 年中国建筑工程“鲁班奖”，团队也被评为 2011 年度全国交通行业“优秀质量管理小组”和 2012 年中交集团“效能监察先进集体”。该项目的实施，不仅为公司创造了可观利润，也培养了一批机场领域的项目管理人才和专业技术人才，并与业主、合作方建立了良好关系。

## 科伦坡港口城项目：肩负重任

在出色完成机场项目后，江厚亮又马不停蹄地投入科伦坡港口城项目的筹备工作中。这是中国和斯里兰卡在“一带一路”框架下开展合作的旗舰项目，也是斯里兰卡最大的外国直接投资项目，项目一级土地开发投资近 14 亿美元，将带动二级开发超过 130 亿美元，项目建成后将成为南亚世界级都市的靓丽地标。

负责中国港湾首个海外大型填海造地投资项目，一切都是全新的挑战。江厚亮深知肩负的重任，在忙于工作的同时，他加强学习，从投资金融、房地产开发、运营管理等各方面着手，一本本地啃专业书籍，积极向有关专家学习，掌握项目开发运营的每个环节。

实施好项目，人才是关键，江厚亮深知专业人才和资源对项目投资开发的重要性。他拓宽视野，创新思维，不拘泥于现有资源，通过整合国际优质资源，

同时挖掘本土资源，服务项目开发建设。在他的多方协调和争取下，全球最大的市场传播机构 Ogilvy，当地最具有权威的房建设计公司 CECB，国际知名咨询公司 AECOM、ATKINS 等，都成为项目的重要合作伙伴。在人才聚集方面，充分吸收国际专业人才，同时聘请当地高级顾问和高素质员工，带动管理团队整体水平的提升，实现中方员工、国际员工、当地员工 1+1+1>3 的管理目标。

为顺利推进项目，落实相关政府配套政策，江厚亮积极与斯里兰卡政府及各方沟通协调，表达共赢发展的意愿。同时，为广泛传播推介项目，提升项目影响力，江厚亮经常奔波在世界各地的论坛和展会，会见客户和合作伙伴，积累各类资源，建立项目营销渠道，为项目土地销售和开发做准备。

## 停工期间的艰难岁月：力争共赢

正当港口城项目顺利推进时，一场突如其来的变故，改变了项目原有的轨迹。2015 年 3 月，一道来自斯里兰卡政府的停工令，让如火如荼在建中的项目戛然而止。因为政治因素，这一备受关注的重大项目被迫停工。项目持续投入的人员、设备、资源，都在产生巨大的消耗，每天损失高达 38 万美元！

项目停工后，江厚亮带领项目公司始终坚持“积极配合、主动沟通、多方努力、依法维权、力争共赢”的工作方针，积极与斯里兰卡政府和社会各界沟通协调，努力实现合作共赢。项目公司聘请众多高素质、社会资源丰富的当地人才参与政府谈判，用大量的事实表明项目的合法合规性，定期向斯政府提交停工损失索赔报告，维护自身的合法权益。

在艰难的日子里，江厚亮表现出超乎常人的意志力和责任担当，虽然承受着巨大的心理压力，但他从未将压力带来的情绪传导给同事，始终给团队以信心和希望，为大家加油鼓劲，一起共同担当，研究解决办法。离港口城不到 2 千米的项目公司办公室，经常到午夜仍灯火通明，江厚亮与同事一起挑灯夜战，统计损失，准备材料，部署工作，精益求精，以便更好地协调推动后续工作。

经过 1 年多的反复谈判，2016 年 9 月，项目得以复工，斯里兰卡方也充

分考虑了项目停工期间遭受的损失，给予足额的补偿。复工后，江厚亮又带领大家加紧施工，尽力抢回耽误的工期。2019 年 1 月 16 日，项目填海造地任务顺利完成，比原计划提前了 2 个月，为港口城基础设施建设和土地销售与开发奠定了坚实基础。

同时，江厚亮带领项目公司团队克服斯政府的政局波动、政府部门行政工作缓慢等影响，积极与斯政府、中国驻斯大使馆及各方沟通协调，全力推进关系港口城项目招商引资的土地地契、CIFC 法案及相关优惠政策等各项工作。同时，通过港口城项目积累的资源和信誉，得到了各方认可，项目公司目前在密切跟进滨海城市、沿海隧道项目的经营工作。

作为项目公司的党支部书记，江厚亮坚持以身作则，带领党员发挥先锋模范作用，面对急、难、险、重的任务，冲锋在前，敢于担当，永葆共产党员的先进本色。

舟山桃天门大桥、九江长江公路大桥、武汉沌口长江公路大桥、福建泉州湾跨海大桥，这 4 个特大型桥梁项目成就了一个品牌建桥专家，他就是筑桥、爱桥的“金牌总工”。

# 张延河

## 江海筑梦　桥谱春秋

◎ 张延河

◎ 中共党员

◎ 高级工程师

2001 年进入二航局五分公司工作，现任副总工。经过多个大型项目磨炼，其技术及管理成果丰硕，现已成长为二航局桥梁建设精英，曾获二航局“海星奖”十大标兵、“优秀管理者”等称号；参与建设的九江长江公路大桥等工程荣获“鲁班奖”“詹天佑奖”“国家优质工程奖”等。

中交二航局福厦高铁项目总工张延河手下的技术员给他起了个“张妈”的外号，因为他的技术管理严谨、细致到近乎啰嗦的地步，对技术人员的关心近乎到家长的地步。

“从你们手中出去的文件，不是代表个人，也不是代表部门，而是代表着这个项目。”对于单位所有的文件，张延河有着近乎严苛的要求，大到完整性、严谨性、规范性，小到一个标点，都逃不出张延河的眼睛。一份份方案，就是在张延河的“啰嗦”中，不断趋于完美。“写方案，切记不能急，先定好一个方向，打好草稿，再一步一个脚印地往下走。你看，这次可以先这样来……”编写方案的过程中，难免会遇到没有思路的情况，看着抓耳挠腮的技术员，张延河会搬着一把椅子坐在他旁边，用他的经验，给出一个思路并加以指导。

但在2006年年初的浙江舟山群岛上，同时分配到桃夭门大桥项目的4名

2001 届毕业的新员工，只剩下张延河一人进行项目收尾工作，他想唠叨两句都没有人响应。

那是他进入二航局的第 5 个年份，他将这 5 年的青春年华全部献给了桃夭门大桥。刚到舟山项目部时，张延河对桥梁只有一个初步的认知，工作基本上是“按图索骥”，按部就班。建造桥梁是一个复杂的过程，作为一名大学刚毕业的技术人员，他在参与大桥建设的全过程中，无数次在夏天顶着烈日盯着工人绑扎钢筋，在寒冷的夜晚一边跺着脚一边注视着混凝土的浇筑。他钻过了不计其数的脚手架，也尝试过给模板上螺栓。在桃夭门大桥项目最后的收尾阶段，大部分人或离场或辞职，项目部寥寥几人，外界有几次机会向他抛出了橄榄枝，他动过心，却始终坚持把每一份竣工资料做得整齐完备。

5 年的坚守并不是出于无奈。张延河回忆说：“当时对新员工完成培训后，分公司安排我去武汉市区的轻轨项目工作，但我没有接受，主动要求去桃夭门大桥项目。”张延河未尝不知道留在武汉市区项目工作的好处。这个洛阳小伙子也想离家近一点，享受大城市的繁华气息。但他眼前始终忘不了的一幕是新员工集训时，他们一起来到即将完工的军山长江大桥，脚下江水奔流不息，以众人之力跨天堑，这座桥仿佛不朽一般。“那个时候我就想，我要去建大桥，这就是我想干的。”张延河说。

人年轻的时候，总会有一些自己也说不清、道不明的执着。换在今时今日，或许会在千思万虑中踟蹰不前，但大把的年华在手时，只要一个念头，便一往无前。彼时的张延河选择了桥，桃夭门大桥是第一座，九江长江公路大桥（九江长江二桥）是第二座。

桃夭门大桥完工后，张延河凭其严谨的工作风格、扎实的技术基础，被调入市场开发部，参与项目招标工作。从高速公路到客运专线铁路，从特大型桥梁到码头，张延河的工作涉及面非常广、工作效率非常高，部门同事都称他为“标王”。

2009 年，张延河接到任务，参与九江长江公路大桥投标。他针对每一项措施、每一个工艺认真组织调研并进行充分讨论，使技术标达到最优，并为商务报价奠定了坚实的基础。在投标过程中，他心里逐渐产生了一个念头：我能不能参与到这座大桥的建设中去，把图纸上的桥变成现实中的桥，把这座桥做圆满？

当年10月，九江长江公路大桥中标，张延河主动请缨参与项目建设。此时，他已被提拔为分公司市场开发部副经理。如今再看九江长江公路大桥的投标文件，技术标的依然毫无漏洞，既着眼全局又缜密细致，这正是出自张延河的手笔。但这样的谋划是否能够在建设过程中得以保持、提升，对张延河来说，是一次对自我的挑战。

时隔3年，再次近距离接触特大桥的建设，尤其是面对长江深水基础，本就严谨的张延河，更是丝毫不敢掉以轻心，他与技术团队搜集了很多类似项目

的成熟工艺与方案，取长补短，优化项目方案。

纸上得来终觉浅，绝知此事要躬行。在九江长江公路大桥，只要是首件工程，张延河都要参与进去。大桥的第一个钢箱梁悬臂拼装节段安装定位时，参与现场操作的管理人员及操作工人对现场工序不太熟悉，大伙熬了一宿，调试了成千上万次，直到天光透亮，仍然不能满足定位精度要求。

第二次拼装只能等到夜晚。张延河心里多少也有些焦虑，但他还是沉住了气。等到下午，大伙休息好了，他把人都召集起来，逐一分析影响精度的因素，梳理定位的流程，指定专人负责每个关键环节。这样一通下来，第二次拼装很快就达到了标准。

其后的每一节钢梁吊装、调位，张延河都全程参与，通过不断总结，单节

钢梁安装进度优化了近一半时间。类似的工艺优化与精细管理在九江长江公路大桥如井喷般涌出，最终大桥获得了代表国内建筑行业最高荣誉的“鲁班奖”“詹天佑奖”“国家优质工程奖”。

张延河在这个项目中，也收获了很多。当时，时任二航局副局长的杨志德挂帅九江项目。杨局工作繁忙，却时刻关注九江长江公路大桥项目的建设情况，他来到九江，跟大家说的第一句话就是：“我们二航局建桥，不仅是要把事情做成，把事情做好、做精才是我们应该考虑的问题。”这句话是二航局多年来“桥文化”“桥品牌”的高度凝练，也在张延河的心里种下了“匠心”的种子。张延河常对年轻的技术员们说：“建特大桥当是如临深渊、如履薄冰。”

2012 年 12 月，九江长江公路大桥成功合拢后，张延河调任武汉沌口长江公路大桥总工。这是中交集团第一座以“BOT+EPC”模式建设的长江大桥，是二航局的“家门口”工程，也是他作为项目总工程师负责的第一个项目。

这一次，是桥选择了张延河。

2015 年 6 月，长江水位上涨迅速，沌口大桥刚刚度过了主墩超复杂地质情况下钻孔桩施工的困难期，又要面对洪水期高达 20 米水头下主墩承台施工的考验。他站在交通船上，长江水流湍急，望着似乎将要被洪水淹没的钢围堰，他表情凝重而坚毅。在整个 6 月上旬，他奔走于项目部与局技术中心、局总工办，组织多次方案讨论会，建立有限元模型复核围堰结构安全，制订了一系列的围堰度洪保障措施，增加防浪板、内支撑、应急连通器等，同时进行内支撑加固、抽水、桩头破除、围堰清理、体系转换、钢筋绑扎、承台浇筑。6月下旬，长江水位开始回落，经过张延河进行的技术准备后，项目部做出了一项看似信手拈来实则无比沉重的决定——4号主墩围堰抽水，进行高水位下承台施工。经过项目部的合理抢工，南岸4号墩承台从钢筋绑扎至完成浇筑仅用时17天，其中承台钢筋重达608吨、混凝土达7863立方米。沌口大桥高水位下主墩承台的顺利完成，创造了二航局高水位下深水基础施工的奇迹。

在沌口大桥项目部，张延河的角色转换使他有了更广阔的视野，对工作也有了更深刻的体会，他开始关注将技术优势转化为成本优势，把技术价值转换为管理价值。在他的案头上，往往是多项工作交杂并进，管好项目土建施工质量、安全、进度，组织好钢箱梁制造、斜拉索制造、路面工程、机电交安工程等专业分包的招标与管理工作，关注专项材料及桥墩防撞结构、塔梁阻尼器、斜拉索减震器等专用设备的采购及安装工作等，一一填满了他的时间表。在主桥重载交通下钢桥面疲劳破坏这个问题上，经过项目团队充分调研、论证、试验，沌口大桥在国际上首创应用U肋内焊成套技术，将U肋内焊成套装备实现了产业化，开发了U肋内焊成套技术，并且制定了U肋双面焊接技术规程，这是对桥梁建设领域的重大贡献。

沌口大桥仅用39个月就成功通车，也造就了他在公司“金牌总工”之名，可他来不及亲身感受通车的喜悦，随着一纸调令，他又奔赴福建沿海，参与国内首座跨海高速铁路桥——泉州湾跨海大桥的建设。这是他首次担任铁路项目的总工，从公路桥到铁路桥，技术、管理和外部压力都在变化，唯一不变的，是他18年来的造桥梦。

在新时代的大潮中，他披荆斩棘，成功树立了“三航混凝土”标杆，让“放心砼”成为业主首选！

# 唐建明

## 重技术创新　树商混标杆

◎ 唐建明
◎ 中共党员
◎ 工程师

“努力工作，认真生活”是唐建明的座右铭。自 1989 年参加工作以来，他一直在中交三航局厦门分公司工作。通过兢兢业业的努力，他在混凝土机械、机械施工、企业管理等方面的钻研取得了非凡业绩。打响了“三航混凝土”“三航管片”等一系列品牌，取得了“精工三航”注册商标。并在厦门混凝土行业协会担任副会长，是厦门市专家库机械设备方面的评标与技术咨询专家。

POLO衫、牛仔裤，工作中的唐建明常年都身着这样利落的服装。目光锐利，语言简洁，走路带风，他的工作风格也和他的外表一样：睿智、果断。

唐建明自工作以来，在塑造“三航混凝土”“三航管片”品牌上付出了很大的努力。在他的带领下，2013年场本部商品混凝土年产量首次突破百万立方米；2014年商品混凝土年产量再创新高，达到140万立方米，约占厦门岛内40%的市场份额，商品砼年产值达5.2亿元，稳居厦门市商混企业前列，并且成为业主和施工单位首选的“放心砼”。在内部市场，预制场连续多年获评三航局和中交优质混凝土。“建设品质工程已经成为我厂全员的共识和方向。”唐建明自豪地说。

在取得骄人成绩的同时，唐建明也不忘思考未来的发展方向。他认为，必须充分发挥三航混凝土的品牌优势，主动放弃打价格战，以质量、服务赢市场，重点跟踪供应长期合作、信誉良好的大客户，保证混凝土公司有质量地生存并发展。正因为他的果决，2018年在国家去产能、抓超载等政策纷纷落地时，原材料价格飞涨、供应紧张、运费攀升，在大多数混凝土搅拌站大面积滞供甚

至停供的情况下，三航预制场仍然保证了混凝土的正常供应，再次打响“三航混凝土”这一央企品牌。

在此期间，他组建信息化中心，自主研发 ERP 系统及多项信息化管理模块，现混凝土公司的 ERP 系统具有生产、设备、经营结算、应收账款、材料、试验等 10 个功能菜单项、115 个功能模块。该系统融合了 GPS 车辆监控、中联及韶关搅拌站操作、车辆排位及 LED 显示、短信通知、微信考勤等系统，现混凝土已形成了以 ERP 系统为核心的全方位数字化生产管理系统，并取得软件自主版权。混凝土公司是目前混凝土行业内唯一一家拥有该项核心竞争力的企业。

随后，他按照“五商中交”的要求，依托预制场在主导产品上具有相当强的竞争优势与积累的资源和资本，预制场开启了多元化发展的征程。

在唐建明看来，只有通过多元化的发展，并重视产品质量和服务，企业才能具有较强的竞争优势。他和团队利用原有的品牌信誉、生产技术和生产能力，整合内部资源，拓展新的领域，开始试水地铁管片预制。2014 年 3 月，预制场担纲起建造三航局首个管片厂的重任，仅用了 3 个月时间，就把三航

管片厂建成投产，并生产出达到行业一流水准的管片，从追赶者变成领跑者，后发先至，成为福建省住建厅示范管片厂，并将产品打入福州管片市场。之后，他又根据厦门市轨道交通发展规划及对市场的准确判断，及时提前组织建设 2 号管片厂，对流水线、管片、质量管理系统等进行升级完善。管片厂的及时增容，保证了福州地铁 2 号线、厦门地铁 2 号线的管片供应。在管片供应期间，定期回访客户，征求客户的意见和建议，及时改进不足之处，得到社会多方赞扬。

依托厦门地铁盾构轨道建设工程，他将焊接机器人、传感技术、无线通信技术、射频技术、节能降噪环保技术、计算机管理等技术应用于管片生产的各个环节。带领研发小组研发“盾构管片预制智能生产管理系统”。现已完成“基于 RFID 盾构管片过程质量控制管理方法”“钢筋骨架制作工序管理系统”“管片生产工序管理系统”“管片物流检测工序管理系统”发明专利的受理，主持的“盾构管片智能化生产工法”通过“三航局工法”，并申报了“中交工法”。

2017 年年底，预制场成功举办全国轨道交通质量安全标准化样板工程观摩会，得到了国内专家和同行的高度评价，被称为“行业标杆”。

随着管片市场的扩大，在对福州地铁 2 号线管片供应做成本分析后，唐建明团队发现，厦门预制管片陆上运输抵达福州现场存在租赁场地存放、运输费用高、易受气候等因素影响延误送达等问题，造成管片综合成本较高。于是，唐建明从多方面考虑，考察福州多个地区，以极小的成本拿下了闽侯县鸿尾乡牛头山工业区内原省二建管片厂的场地作为福州管片厂生产基地。

2018 年，在他的主持下，仅用 3 个月的时间就把一个旧厂房改造成一座现代化、信息化的福州管片新厂。技术团队对原有的搅拌楼系统、生产流水线系统、蒸养房、车间内外墙体等区域进行改造提升，能实时监控管片混凝土浇筑时的环境温度、混凝土温度、浇筑流量及阀门开度，同时新增信息化主控生产的智能控制中心、管片预制管理系统、钢筋自动化加工设备、温湿度自动控制系统、质量追溯系统、“互联网 +”服务模式、车间“6S”管理等模块，将原本老旧的厂房改造提升为一个可持续发展的智能化管片厂。目前，福州管片厂已经通过百环验收，管片质量得到监理单位和项目部的高度评价。

在 PC（混凝土预制件）方面，唐建明紧紧抓住当前国家对住宅产业化的推广机遇及厦门市 PC 进展情况，积极与建设局等部门跟踪协调，结合生产基地建设情况，将该基地建设成为新型建筑工业化生产基地，被厦门市政府纳入厦门市建筑产业现代化生产基地范畴，为公司争取到 EPC 总承包资格。

在 PC 生产基地的建设过程中，唐建明积极推动互联网 + 生产，组建 BIM 研发小组及 PC 构件质量信息化管理小组，在管片质量管理系统的基础上升级 PC 质量管理系统，建造成国内信息化水平最高的生产线，把该基地定位为国家级示范生产基地，目前人员培训、技术储备工作基本就绪。

在此期间，他主持编写了《预制场设备管理实施细则》，建立起设备综合管理的约束和激励机制，设备综合管理水平受到兄弟单位、公司、三航局等主管部门的充分肯定，并被中国建筑业协会建筑机械设备管理分会评为“全国施工企业设备管理优秀机务干部”。

2018 年，他继续为企业转型升级奔走于厦门市建设局、福州地铁、中交海西等单位。功夫不负有心人。他主导的“精工三航”商标注册也获得国家知

识产权局的批准，标志着预制场立足传统产业、传统模式基础，在商业化运营方面的转型升级向“由工到商，工商相融”的品牌化经营战略迈出了重要一步。

作为一名党员，他始终坚持实干报国，时刻将党和人民的利益放在首位，努力创造企业利润，提高职工收入水平，为一线劳动工人谋福利，积极倡导开展党建带工建等活动，通过采取一系列措施培养了一大批技能型、知识型、创造型的劳动者，大大地激发了广大劳动者的工作热情。他因表现优异，获得许多表彰：2014 年被评为“上海市立功竞赛先进个人”，2015 年获得厦门市五一劳动奖章，2013—2015 年被评为三航局“优秀技术人才”，2016 年被评为中交“优秀共产党员”，2017 年被评为厦门市建设系统“优秀共产党员”，2018 年被评为中交三航局“十大标兵”。

砥砺前行，初心不改。从新疆到青海，再到巴基斯坦，李玉生 15 年累计为中交集团创造利润 1.2 亿多元。

# 李玉生

## 用心筑路　无愧标杆

◎ 李玉生

◎ 中共党员

◎ 高级工程师

2004 年 7 月参加工作，参建了江苏连盐高速、新疆赛果高速及巴基斯坦 KKH 二期 3 标等项目，现任中交二公局第四工程有限公司副总经理兼巴基斯坦 KKH 二期 3 标项目经理。先后获评新疆交通建设管理局系统 2011 年度“筑路先锋杯”劳动竞赛先进个人及中国交建“优秀共产党员”“十大优秀青年”等。

2004 年夏天，25 岁的李玉生刚参加工作，来到二公局四公司江苏省连盐高速公路 3 标报到。这个江苏小伙子初出茅庐，身上有一种别样的精神，很快完成了从大学生到现场工程师的华丽转身。项目部领导和同事对他的工作给予充分肯定。项目紧张的工期不断给这个小伙子压下重重的担子，但是这个年轻人始终顶着压力圆满地完成了各项任务。

## 鏖战新疆，不忘初心铸匠心

2007 年年初，他来到了新疆赛果高速公路路基四标。面对 270 米小半径山区展线特大桥，技术、施工难度超乎想象，作为现场技术员的李玉生却毫无畏惧，不声不响地反复踏勘工地。一个星期之后，李玉生的笔记本密密麻麻地写满了数字，在项目论证施工方案的时候，李玉生果断地提出了自己的见解，让经验丰富的总工程师和年长的同事刮目相看。2007 年年中，李玉生开始担任项目工程技术部部长。因工作业绩突出，次年 7 月，仅工作 4 年的他被任命为项目生产副经理。随后，李玉生凭借突出的工作业绩被任命为项目常务副经

理，全面主持项目工作。

赛果项目地处果子沟风景区，施工任务为 2 座全长 2.4 千米的山坡展线桥，安全风险大，环保要求高，天气极端恶劣，每年有效施工期不到 5 个月，项目最高墩达 122.73 米，为当时新疆第一高墩，施工难度极大。为顺利完成建设任务，李玉生从不放过任何疑难问题，各种专业书籍码在案头，逐渐补齐了山坡展线桥的技术难点空白，以扎实的管理刷新了二公局四公司桥梁建设纪录，并培养出一大批优秀的技术管理人才。

在李玉生的带领下，赛果项目团队攻坚克难，最终实现扭亏为盈，为公司创造超额利润 2544 万元，李玉生本人被新疆交通建设管理局评为 2010 年度“优秀项目管理人员”、2011 年度“筑路先锋杯”劳动竞赛先进个人。李玉生牵头完成的“果子沟高寒复杂地质区域高速公路建设成套技术及工程应用”项目荣获新疆自治区 2013 年度科技进步一等奖。

6 年鏖战西天山，大西北的风沙把他从一个奶油小生蜕变为一个铮铮铁骨的汉子。李玉生勇于进取、敢于担当、乐于奉献，出色地完成了一项又一项艰

巨的施工任务，从一名普通员工迅速成长为公司优秀的中层干部。他说："我们每个人都要把自己当成大国工匠去工作，没有什么干不了的！因为'青年'之字典，无'困难'二字；青年之口头，无'障碍'之语。"正是凭着这样的信念，李玉生带领团队克服了一个又一个的难关。干一行，爱一行。李玉生以一种谦虚学习、踏实工作的态度，认真对待每一次挑战，在工作岗位上不断突破自己。

一分耕耘，一分收获。2011—2014 年，李玉生在新疆先后担任尼勒克三标、新疆克拉玛依市准噶尔桥改造项目、吐鲁番市过境公路改造工程一标项目经理。在担任项目经理期间，李玉生带领项目团队克服当地施工中的不利因素，深入挖潜利润空间，累计完成超额利润 2000 多万元。

## 转战青海，市场开拓见恒心

2014 年 10 月，李玉生接任青海花久高速公路 HD-10 标项目经理。面对项目艰难的生产经营形势，他带领全体员工利用 14 个月的时间克服重重困难、奋起直追，迅速扭转被动局面。在全线 40 家施工单位中从排名倒数扭转为全线综合评比第一名，重塑了二公局四公司在青海公路市场的良好形象。2015—2016 年，项目多次受到业主通报表扬，累计获得奖金 230 万元。青海省交通投资发展公司把李玉生负责的项目树立为品牌工地，在全线通报表扬。2014 年，李玉生负责的项目获评青海省交通运输厅桥梁施工信誉等级评价"AA"级。2015 年，公司因项目的突出表现获青海省交通运输厅公路施工企业"AA"级信誉评价。

## 走出国门，科学施工显信心

走出国门，积极开拓海外市场。李玉生凭着年轻人特有的冲劲儿和闯劲儿投身于"一带一路"建设的旗舰项目——中巴经济走廊。2016 年 3 月，公司党委会一致决定让李玉生担任中交二公局巴基斯坦 KKH 二期 3 标项目经理。同年 7 月，李玉生被提拔为中交二公局四公司副总经理。

巴基斯坦 KKH 二期 3 标因前期图纸未下来、施工用地迟迟不能交付使用等原因，直到 2016 年年底才正式进入项目施工阶段。在开工日期严重滞后的情况下，李玉生科学组织，认真筹划，按照“有序投入，均衡生产”的施工组织原则，最大潜力地挖掘人员及设备工效。项目施工期间，李玉生结合以往施工经验，以梁板安装为关键线路，重点攻破 2 个营地之间的施工主线。除此之外，加强人力资源管理，提高施工效率，强化物资设备管理，通过种种精准化管控，李玉生盘活了项目的施工全局，超额完成了公司下达的生产任务。该项目获中国路桥巴基斯坦办事处 2017 年度“先进施工部”，2018 年度累计获业主奖金 330 万美元。

生命不息，奋斗不止。勤劳勇敢是他的精神，诚实守信是他的品格。14 年来，李玉生用汗水诠释着劳动精神和工匠精神的真谛，践行着筑路人的使命，不论是在国内项目还是在海外项目中，他始终把自己当作企业的一颗螺丝钉，用坚实的足迹践行劳动者对企业、对国家的热爱。

留英归来的高材生，助力企业勇闯地下管廊和海绵城市项目。在四公局转模式、调结构、树品牌的道路上，他写下了浓墨重彩的一笔。

# 张 强

## 四公局投资业务的“探路者”

◎ 张 强
◎ 中共党员
◎ 高级经济师

英国杜伦大学金融与投资专业硕士研究生毕业，现任中交四公局投资事业部董事长、党委书记。历任中交四公局投资事业部开发部经理、投资事业部副总经理、总经理等职，熟悉 PPP 项目的运作和全过程实施，引领四公局成功投资中国交建第一个地下综合管廊项目、第一个海绵城市项目以及四公局首个合同额超过百亿元的项目等。

6月的北京，天气流火般炎热，好在一场雷阵雨过后，有了些凉意。刚下飞机的他给妻子发了条报平安的信息，就拖着疲惫的身体来到办公室。这似乎已经成为一种习惯，因为有谈判的细节需要再敲定、有目标区域的情况需要再了解、有项目实施过程需要再跟进；还要考虑政策是不是允许、投标方案是不是最优、项目进展是不是顺利、融资需求是不是都能满足……一系列的疑问需要确认。他时而沉思，时而奋笔疾书，时而面露喜色，又时而踌躇满面。

他是一个朴素的“开荒”人，一个执着的西北汉子，也是一个专业的投资管理者。他把整颗心都放在了四公局投资板块上，让自己有限的生命沿着四公局“创新创优”的道路奔跑出精彩……他就是中交四公局投资事业部董事长、党委书记张强，四公局投资板块响当当的核心骨干。

## 锻造匠心

如果说投资是对专业精神的冶炼，张强就在这冶炼过程中锻造了最美的“匠心”。毕业于英国杜伦大学金融与投资专业的张强，在投资领域拥有异于常人的敏锐嗅觉。“态度决定一切，责任成就一切”是他始终坚持的信念。自参加工作以来，张强凭借着一股执着的精神以及透彻的政策把握能力、精准的形势

分析能力和出色的管理能力，从一名部员逐渐成长为四公局投资领域的骨干。

张强负责投资业务初期，国内基建市场业务模式已经由现汇招标模式为主转为以 PPP 项目为主。他紧紧把握这一发展趋势，抢占市场机遇，在加快熟悉 PPP 操作流程、跟踪重点领域重大项目、创新 PPP 实施模式的基础上，进一步明确了四公局投资业务的三个导向（即：传统领域以拉动主业为核心、新兴领域以风险控制为前提、开拓领域以补齐短板为导向）、三个目标（即：拉动主业增长、赚取投资回报、调整资产结构），使企业投资业务朝着结构合理、布局科学的方向稳步发展。

如今的张强，已不再是当年那个初出茅庐的小伙子了。经过 10 年的风雨历练，他在四公局已是响当当的模范人物，在投资板块已是声名鹊起的专家能手，这源于他对投资事业的热爱。2016 年以来，张强负责策划并组织实施四公局投资项目达 31 个，签订合同总额达 1464 亿元（其中归属四公局合同额 482 亿元），投资项目创造利润与上交四公局投资价差近 14 亿元。

近年来，根据投资业务转型升级的需要，张强又带领着事业部开拓新领域，取得多项新突破。他成功投资了中国交建第一个地下综合管廊项目——四平地下综合管廊项目、中国交建第一个海绵城市项目——贵安新区海绵城

市项目、四公局首个合同额超过百亿元的项目——贵州江玉高速公路项目，以及赤峰地下综合管廊项目、汉中地下综合管廊项目等多个地下综合管廊、海绵城市项目，奠定了四公局在中国交建管廊业务、海绵城市业务的领军地位。

作为投资创新型人才，他勇于创新，见解独到。通过创新投资模式，主动匹配政府需求，策划了多种灵活的投资模式，使得四公局投资能力稳步提升，有效地降低了投资风险，提高了投资收益。

他坚持学习，不断提升自身理论知识水平。2015 年参加新常态下工程投融资 PPP 项目实战运作的学习；2016 年参加中共中央党校的企业领导干部短期培训班；2018 年参加中国交建中青年骨干管理人才高级研修班。为了提高投资融资管理理论应用能力，他结合工作中遇到的实际情况，在专业学术期刊上发表了《物有所值视角下 PPP 项目招投标机制分析》《基于经济新常态下对 PPP 融资模式的理解》等文章。

他凝心聚力，开展高端对接，深化战略合作。牵头四公局投资业务以来，策动“高访团”走出去，对接“来访团”迎进来 60 多次。与集团各分 / 子公司、区域总部通力合作，为做强做优做大四公局投资业务营造了良好氛围，为投资业务的快速有序发展奠定了坚实基础。

他苦练内功，不断夯实投资业务基础。依据投资市场形势和集团投资要求，研究制定《中交四公局项目投资管理办法》《2016 年投资工作指导性文件》等多个指导性办法，指导投资实践；强化战略引领，牵头编制中交四公局“十三五”投资业务规划；强化自身业务提升，多次参加外部 PPP、投融资业务专项研讨和培训，组织开展四公局投资业务培训班，吸收四公局各单位开发人员学习，稳步提升四公局整体投资业务水平。2016 年 6 月，中交四公局受邀参加由《施工企业管理》杂志社主办的地下综合管廊 PPP 项目典型案例操作实务研讨会，他作为会议首席授课嘉宾代表四公局出席会议并授课。2016 年 12 月参与创作的“大型施工企业地下综合管廊项目的市场开拓”项目获得“第十五届部级一等全国交通企业管理现代化创新成果”荣誉。

## 全周期管控

如果说企业管理是一门艺术，张强在这门艺术修行中找到了最有力的工具——全生命周期管控意识。作为部门带头人，他称得上务实高效、精于管理。不断强化投资项目全生命周期管控意识，保障管理衔接顺畅，责任明确，管理界面清晰。在项目前期设计，他倡导投资项目建设期通过项目公司和总承包项目部合署办公，专业化公司负责工程施工，成立独立核算的总承包项目部。两层机构相互独立、各司其职，明确项目管理界面和管理责任，解决了上下指令不通和安全质量管理相互推诿的通病。项目中期，每年进行中间评价，评价投资指标动态变化和风险等级情况，预防投资风险；建设期结束后进行后评价，对投资项目进行阶段性总结，总结投资项目的得失。提前进行运营策划，科学设置运营机构，确保建设期和运营期管理机构的顺利衔接与平稳过度；编制运营手册，合理安排运营培训计划，制定项目绩效付费应对措施，通过运营期收益目标管理和内部绩效考核，确保投资回报顺利实现和回收。在张强的带领下，投资事业部荣获四公局2017年度“优秀企业”、2018年度“最佳经济效益企业”、2018年度“财务资金先进集体”等荣誉。

## 他是一名旗手

如果说党委是联系班子成员和员工、客户的纽带，张强就是扬起这纽带的旗手。作为一名优秀的共产党员，他恪尽职守，勤勉奉公；作为投资事业部党委书记，他深刻地认识到，如何充分发挥党委的领导作用，引导各党支部充分发挥战斗堡垒作用，引导各党员不怕苦、不畏难，在工作和生活中起到先锋模范作用，是至关重要的大事，也是他作为党委书记义不容辞的责任。他带领事业部将党建工作渗透到项目生产经营各个环节，不断强化党组织的凝聚力和战斗力。投资事业部党委荣获中国交建 2016—2018 年度“先进基层党组织”以及中交四公局 2016—2017 年度“基层示范党组织”“先进基层党组织”荣誉。

如果说每一个领域都有不得不探究的神秘引力，每一条路都有不得不跋涉的理由，张强的理由就是把理想放飞海角天涯，把青春交给大美中华。

在张强的内心深处，投资并不是一个简单的职业、谋生的饭碗，而是实现理想、抱负的一种方式。

在 10 年的职业生涯中，他从来没有停滞不前，从来没有沾沾自喜、骄傲自满，他在每一个投资项目中总结经验、获取知识，在每一次历练中汲取营养。

2018 年 5 月 9 日，泰兴经济开发区产业创新中心及配套设施 PPP 项目中标；

2018 年 12 月 27 日，汉中市中心地下综合管廊 PPP 项目银团贷款成功签约；

2019 年 1 月 14 日，蓬莱市创发新区 PPP 项目中标；

2019 年 4 月 10 日，事业部“节地型大悬臂混凝土梁桥设计分析理论及建造方法研究”项目获中国公路学会国际先进评价；

2019 年 4 月 19 日，六安市“六出 2019–6 号”地块高台小区安置房项目中标；

……

一个又一个喜报，在四公局转模式、调结构、树品牌的道路上留下了一笔笔浓墨重彩的记录。

十年磨一剑。无论是做投资还是搞企业管理，张强始终以求真务实的态度、踏石留印的作风严格要求自己，用10年的坚毅与拼搏，使自己由一名普通员工成长为投资核心骨干、优秀企业管理者。10年，变的是投资模式、变的是经营方式、变的是竞争对手、变的是合作伙伴，唯一不变的是一颗为企业发展鞠躬尽瘁的赤子之心。道路漫漫，他正带领投资事业部同仁一道，坚定不移地走下去，创造四公局投资板块的一个又一个辉煌。

从事港口航道码头设计30年，他事必躬亲，身体力行。由他负责的黄骅港项目名扬中外，他经手的工程无不体现着中交人的担当。

# 张志平

## 把不可能变可能

◎ 张志平

◎ 正高级工程师
注册港航工程师

现任中交水规院副总工程师、上海中交水运设计公司总经理。曾主持设计神骅大通道黄骅港一期水域工程，上海国际航运中心外高桥港区、罗泾港区、洋山港物流园区规划，洋山港四期工程设计审图等工作。被评为上海市“2003年度重点工程立功个人”，所在的中交水规院上海分院获评上海市2003和2004年度“市重大工程先进集体”。

## 拼搏奋斗，经风雨见彩虹

1989 年，年轻的张志平到交通部水规院工作，以极高的工作热情投身国家大型战略港口选址工作。20 世纪 90 年代是我国改革开放的黄金年代，经济发展急需以大型港口为依托，而淤泥质海岸建港一直是国际上港口建设的难题，而我国经济发展带黄金位置的海岸线存在大量河口淤泥质海岸。张志平与同事一起埋头扎进渤海湾中部海岸线自然条件研究，结合国内第二条西煤东运大通道的港址选择，对自天津、王滩（曹妃甸）、黄骅、滨州、龙口至东营数百千米海岸线做了大量的水流、泥沙观测实验，进行了 80 多个专题研究，一举选出了黄骅、曹妃甸 2 个大型港口建设岸线。黄骅港的建设解决了国内第二条西煤东运大通道的出口港问题，曹妃甸港口建设则解决了首钢搬迁及华北地区能源供给水上运输问题，打破了黄骅港岸线是深水港建设禁区的传统认知。

黄骅港地域偏僻、交通不便，比《水浒传》中林冲的发配地还偏远 40 千米。那里只有白花花的一片盐碱地，没有一棵树。由于水资源匮乏，20 世纪 90 年代初，在当地打千米深井取饮用水，但水质高盐、高氟，大肠杆菌超标 10 多倍，设计人员纷纷得了肠胃炎。但是，张志平打着点滴，依然坚持在现场工作，顽强地适应了恶劣的自然环境，在黄骅港现场连续工作 8 年。最终，张志平出色地完成了黄骅港一期工程从前期方案研究到项目建议书、工程可行性研究报告、初步设计、施工图的全部工作，与国家级设计大师牛恩宗合著了《黄骅港选址及主要水工结构设计特点》一文，并数次作为贾建新高工的助手，先后向邹家华副总理、朱镕基总理等中央领导做现场工作汇报，最终将一片滩涂建成黄骅大港。黄骅港一期工程荣获国家级设计铜奖及交通部水运工程优秀设计一等奖。

## 争分夺秒，军令状变军功章

张志平自 1999 年主持中交水规院上海港相关设计工作，作为上海国际航运中心的主要设计者之一，主持了上海港外高桥三期、四期、五期、六期，以及海通汽车码头工程、罗泾港区二期工程、洋山港物流园区规划及洋山港四期工程设计审图工作；作为上海国际化大都市的建设者，指导设计了上海市“一环十射”多个内河航道升级改造工程及黄浦江公务码头、游船码头、商务区游艇港池工程及黄浦江 45 千米滨江贯通项目，见证了上海港从黄浦江走进长江、迈向外海的发展历程，参与了上海市由工商业城市转型向经济中心城市转化，成为集国际经济、金融、贸易、航运中心为一体的国际化大都市的建设工作。

上海以高效著称，以浦东开发开放为龙头的建设发展是一个只争朝夕的历

史里程碑。张志平在上海建港黄金10年的工作中殚精竭虑、废寝忘食。上海市筹备办2010年世博会时，决定对黄浦江两岸的老码头进行搬迁，总体规划方案工作量大，时间极其紧迫。为此，上海国际港务集团在上海市政府立下军令状。张志平作为中交水规院的代表承接这一艰巨任务后，在现场连续奋战，期间由于高强度的紧张工作，导致老胃病发作，在粒米不进的情况下，胃部敷上滚烫的热水袋，一刻不停地持续工作，叫响"优化一点儿也是成绩，提前一天也是贡献"的工作口号，最后出色完成了上海港黄浦江公用码头调整规划方案，把"军令状"变成了"军功章"，获评上海市"重点工程立功个人"，自己主持工作的中交水规院上海分院连续两年荣获上海市"重大工程先进集体"。

## 锲而不舍，金石可镂

张志平工作的前20年是默默耕耘、积累沉淀的阶段，2008年以后的10年则是发枝散叶、开花结果的时期。港口设计在很长一段时期中使用"87规范"，而在2000年后，其深度、广度均已不适应新时代港口发展建设的要求，尤其对港口总体设计只有寥寥数页的内容，更无法满足建港需求。张志平多年来设计了大量国际一流的散货港区、集装箱港区和滚装汽车码头港区，积累了大量

宝贵的港口总平面设计经验，其间发表了数篇学术性文章，同时参编了现行《海港总体规范》、上海市《岸基式船舶液化天然气加注站设计规程》《上海市内河水上服务区设置技术导则》，获得“老码头升级加固方法”“综合利用地下空间的滨水景观建筑”等发明专利的授权。

张志平一直奋斗在港口建设一线，所撰写的学术文章、规范编制、发明专利均是在 8 小时工作时间之外完成的，大家戏谑地说他是“周六保证不休息，周日不保证休息”的工作狂。

## 整合资源，提升合力

上海港务局港口设计院一直处于亏损状态，2003 年中交水规院对其进行重组，张志平参与其中，先后任新成立的上海中交水运设计公司董事、总工程师、总经理，全面负责公司的技术、经营、管理工作。公司重组完成后，扭亏为盈，实现了从年亏损 150 万元到年盈利 1000 万元的华丽转身。

近几年，全球经济形势下滑，一些行业每况愈下、举步维艰。张志平作为上海中交水运设计公司总经理不忘初心、牢记使命，对内加强管理、对外加大经营，提出“向管理要效益，向经营要市场”。公司业务范围从港口航道设计向建筑、水利、市政等多领域发展，并大力开展工程设计施工总承包业务，实现了公司的多元化发展，业务区域也从上海地区拓展至全国范围，并实现了海外承揽工程零的突破。

张志平脚踏实地，真诚对待每一个同事，认真对待每一项工程。历经 30 载，与他共同工作奋斗过的同事数不胜数。黄骅港一期工程获国家级设计铜奖，外四期工程获交通运输部优秀设计一等奖、“鲁班奖”，“集装箱码头建设集成创新技术研究”获国家科技进步二等奖，外六期工程获“詹天佑大奖”，罗泾二期工程获“詹天佑大奖”、国家优质工程金奖。在一个个重大工程竣工的同时，一批又一批优秀设计人员脱颖而出，中交水规院上海分院连续两年获得上海市“重大工程先进集体”，多人获评上海市“建设功臣”、上海市“重点工程立功个人”。作为中交水规院品牌标兵的张志平在设计集体中起到了“领头雁”的作用。

在印尼爪哇，他勇于担当，狠抓项目质量；他力争优质高效，让中交的旗帜在“一带一路”上高高飘扬。

# 沈启亮

## “一带一路”建丰碑

◎ 沈启亮

◎ 中共党员

◎ 高级工程师

现任中交四航院工程管理事业部副总经理、项目经理，先后参与国内外多个大型工程项目的 EPC 管理工作，参与了广东石化原油码头改扩建、西气东输、中化泉州港及印尼爪哇 7 号电厂码头等国家级和世界级重点工程建设。多次荣获中交四航院总经理嘉奖、被评为“优秀共产党员”。

选择建筑工程行业的男儿，注定漂泊无度、浪迹天涯。对他们来说，人生的多数时光，便是与钢筋水泥为伴。对中交四航院工程管理事业部副总经理沈启亮来说，陪伴，便是对自己所热爱的建筑设计行业最为长情的告白。

从跨越了东西 9 个省区、全长 4000 多千米的西气东输项目，到非洲苏丹大漠黄沙的塞纳城；从千年古港泉州的“炸礁突击队战场”，到远在印尼的“一带一路”关键项目，这些散落在世界各地的支点，共同描绘出了沈启亮的人生轨迹。在这一趟又一趟漫长而又艰辛的“旅程”里，沈启亮是一个游子，从山的这头，到海的彼岸，时间记住了他的脚步。他也是一名优秀的工程项目经理，时光档案珍藏着他奋斗过的作品，在光阴稍纵的当下与未来，历久弥新；他更是一名优秀的共产党员，从沿海到内陆，从他乡到异国，他谨记祖国的需要，并随时准备奔赴各地，奉献自身，矢志不渝。

## 黄沙不坠青云志，海礁难泯攻坚心

当故地重游时，迎接他们的不是热烈高歌的仪仗队，更不是鲜花和掌声，而是狂风乱舞的沙尘暴。在 4 月的苏丹塞纳城，当地“独特”的沙尘暴给了沈启亮和他的团队一个措手不及的“惊喜”。

沙粒拍打在营地的门窗上，犹如魔鬼的咆哮，你若微微张开嘴，都会被沙尘暴喂上满口的“沙粒盛宴”。对于工程人员来说，熬得住没有床铺和生活用品的苦，却耐不住项目因沙尘暴而造成工期缓慢的愁。

“项目经理首先要具备的能力，就是能够在关键时刻把同事凝聚起来。”沈启亮的心中，久久回荡着自己的这一信条。在连续 3 天的沙尘暴后，沈启亮让项目组的所有人都穿戴严实，用打湿的毛巾围住口鼻，当作自制简易防毒面具。他带领同事顶着沙尘暴进行踏勘现场、埋设控制点……在第 10 天沙尘暴消退时，所有的相关准备工作均已完成，能见度恢复正常。为了珍惜沙暴过后的这难得的作业窗口期，沈启亮带领项目组起早贪黑，饿了啃干粮，连续突击作业，最终凭着共产党人的坚强意志和创业者攻坚克难的精神，抢在青尼罗河的洪水期来临前，将原本需要一个半月完成的工作，在不到一个月的时间里就全部完成了。

这样“带头冲锋”的身影，在沈启亮的工作轨迹中比比皆是。在 2014 年的中化泉州港项目上，沈启亮带领团队成员组成“礁石突击队”连轴运转48小时，一举抓起埋在港区水域中150吨的礁石，扫除了所有浅点隐患，成功让Cosgreat Lake油轮如期靠泊中化泉州30万吨码头，避免了因油轮无法入港产生的巨额滞港费，也避免了给中交四航院造成的巨额资金损失和品牌影响。而任务完成后，突击队的成员们早已瘫软在作业船上，疲惫到睡了一整天才从船上下来。

除了带头“冲锋陷阵”，沈启亮还在工作中毫无保留地展现自己扎实的业务素质。在中化泉州港项目中，他陆续提出了“预制靠船构件套箱安装方案”“季风期双打桩船分区域穿插打桩方案”等行之有效的创新举措，解决了靠船构件现浇作业、5—8号泊位项目沉桩任务等工程中的重点难点工作。

## 多少豪情寄遥远，南赴爪哇已三年

站立在近赤道的爪哇岛边上，夏日的海风带着闷热吹打在脸上，美丽的一线天美景近在咫尺，但对沈启亮来说，这里只能是在日常忙碌中的小憩，在这里，他有着更重要的任务与使命——建设印尼爪哇7号电厂码头工程项目。

“项目经理要具备扎实的专业基础，每一个项目都不是简单的拷贝。”面对这个中印两国合作重点项目，同时也是“一带一路”重点工程，担任项目经理的沈启亮除了依旧保持着“冲锋一线”的身姿外，也拿出了自己精湛和独特的专业能力。

在引桥T梁安装分项上，由于当地海上施工起重船舶匮乏，工期会面临延期。奇迹是奋斗绽放的鲜花，是智慧结出的硕果。沈启亮带领团队对当地进行驳船改造，安放2台250吨履带吊，结合智能船舶存放T梁，有效节约成本2000万元人民币，且效率超过传统T梁安装速度，目前该举措也在有序申请工法及专利。

采用BIM技术对设计成果、项目进度及资金控制进行管理，做好事前控制，使业主及设计人员的意图得到有效贯彻，宏观地展现出每个阶段进度、投资资金及进度偏差。在此基础上，更把视频监控及门禁系统融入BIM中，有效地加强了对现场进度及安全的管控。鉴于当地的复杂关系，沈启亮入乡随俗，调研当地法律法规，积极有效地处理了与政府监管部门、社会组织、渔民协会的外部关系，被业主评为标杆。

身处异国他乡日久，沈启亮也逐渐发现项目的难度其实不单单是工程项目本身。

2016 年项目建设伊始，施工现场就遭到了当地部分民众的阻挠与围堵。这也让他开始思考如何在复杂的海外环境下建设好爪哇 7 号项目。

为此，沈启亮带领党员骨干提前与周边村镇进行沟通，开展广泛的本地市场调研，提前防范当地民众对项目施工的影响，最终确立了“立足本地化、最大限度使用当地资源”的项目建设指导方针。沈启亮通过大量雇用当地劳工、推广先进技术、传授先进管理理念等措施来缓解当地民众对于外来工程人员的不信任和质疑，3 年下来给当地直接创造约 1000 个就业岗位，也给印尼政府缴纳了约 2000 万美元税收。在当地重大节日期间，他走访项目周边村落，给困难渔民提供部分生活帮助。在用项目为企业创造经济效益的同时，也为当地社会带来了属于中交四航院、属于中国的温暖，用工程与“大爱”，为当地社

会经济的发展贡献力量。

## 既已许身工程路，余生便只风雨途

一片泥巴墙，一块滩涂地，便是沈启亮到来时的模样；一个重要基础设施，一处繁华地带，便是沈启亮离开时的成果。多年以后被问起自己从业的初衷，沈启亮也许会回答，是因为建筑工程人员化腐朽为神奇的力量、因为工程项目推动人类文明发展的情怀、因为那份闯荡多年一如少年时心情炽热的初心，让世界变了模样。

“要时刻提醒自己，我们代表的是国家，是国家队！要为公司、为国家争气！”从苏丹塞纳城下在沙尘暴口中抢夺工期，再到爪哇7号电厂码头开始用更具深度的人文思考去履行自身使命，沈启亮以“新时代、新担当、新作为”的新行动，生动诠释着中国共产党人的初心和使命。

如今，已然成长为业界“大拿”的沈启亮，依然奔波在海外项目的第一线，以一名优秀工程项目经理和优秀共产党员的良好品质，让世界看到中交四航院的成就，更看到中国的力量。

从基层测量工做起，22 年坚守，练就了“勘测、设计、投资”的十八般武艺，靠得住，能干事，他是职工依赖的党支部书记。

# 刘鹏飞

## 做一位勤学善思的工程人

◎ 刘鹏飞

◎ 中共党员

◎ 正高级工程师

现任中交二公院投资事业部经理兼党支部书记，现为湖北省 PPP 专家库专家。自参加工作以来，所主持项目多次获省部级、国家级奖项。2009 年主持设计港珠澳大桥珠海连接线项目。2014 年开始负责公司投资业务，主要经营生产指标占公司总额 35% 以上，助推公司进入多个新业务领域。

## 能干事：他是踏实认真、敢为人先的“急先锋”

1998 年大学毕业入职后，刘鹏飞从基层测量工做起，通过 22 年的执着坚守和创新实干，练就了基建领域的十八般武艺。他主持设计的项目多次获得省部级和国家级奖项，他个人先后荣获湖北“优秀工程设计”三等奖、“国家工程建设质量奖”三等奖。由于突出的专业技术能力，2009 年他参与编撰公路桥涵设计手册《墩台与基础》，负责桩基础计算与设计部分的编撰，该手册于 2013 年 9 月出版。

刘鹏飞作为主要成员参与向武汉市提案建设四环线，并促成中交集团投资沌口长江大桥。他和团队发挥规划、设计的综合策划优势，已累计评估项目超 500 个，涉及投资额超 2 万亿元，其中成功为集团推介优质项目投资总额超 4000 亿元。他们的团队先后被中交集团、交通运输部授予“品牌团队”称号。

2014 年，他开始负责二公院投资业务，5 年累计实现新增投资项目 18 个、拉动合同额 65 亿元，贡献利润 20 亿元，形成经营性资产 22 亿元，实现现金净流入 2.9 亿元，历年主要指标对公司贡献度均在 35% 以上，助推公司进入多个新业务领域，为创增量、稳主业发挥了引擎和支撑作用。

## 状态佳：他是勤学善思、敢打敢拼的“火车头”

9 年勘察设计、6 年实践设计与施工结合、4 年项目公司管理、6 年基建项目投资管理，刘鹏飞从多个维度实现了全方位的能力提升。

2006 年，他主动申请担任武英高速设计代表，与施工单位、业主单位共同工作 3 年，从管理的角度探索设计与施工的深度结合，迈出了从单一设计转型到设计与施工相结合的第一步，实现了公路勘察设计全专业的拓展。2011 年，刘鹏飞被聘为二公院工程管理事业部副经理，被派驻到铜合高速投资公司任副总经理、总工程师，分管技术、安全和质量。他坚持推行设计与施工的联动，开展精细化、全过程、定制式、创新型设计，运用路桥与水工的技术融合实现金九大桥桥面标高低于洪水位的设计创新，于 2012 年获得重庆“优秀工程咨询”三等奖。他全力支持监理工作，重视交底培训、推行标准化施工和“首件认可制”等管理措施，重庆市交委多次组织其他业主公司到铜合公司参观学习，使“中交投资”声名大振，项目获得 2017 年度重庆市交通“路港杯优质工程”一等奖。

刘鹏飞勇于担当干事业，主动作为促转型，自主持二公院投资业务以来，准确研判优质公路项目锐减、市政及综合开发类项目蓄势待发的市场形势，果断抢抓进军城市机遇，以“传统项目看价值”“城建项目看经济和信誉”为准绳，创新“以小博大、长短平衡”的投资原则，进行投资结构优化。2018 年，他主动适应新形势，积极组建投资事业部，涵盖项目开发、建设管理、运营管理、转让移交等一体化全过程，充分发挥了投融资业务对公司转型升级和高质量发展的支撑作用。

## 善合作：他是胸怀大局、身先士卒的“领头雁”

无论身处哪个岗位，他始终秉持“合作共赢”的理念，与人为善，发挥整体合力，实现价值最大化。他注重团队成长，鼓励员工多渠道学习，做到一专多能，同时以身作则，攻读重庆大学 MBA，并顺利完成课程学习和毕业考试。2015 年，他参加中国交建第十期中青班，还被评为优秀学员。他善于培养和

发展优秀人才，建立公平公正的绩效考核机制，实现员工发展与企业发展的同频共振；带领团队探索投资业务模式创新，加班加点，打造了一支团结协作、学习上进、风清气正的投资铁军。

刘鹏飞始终坚持“紧密协同工程局、热情服务大股东”主导理念，与集团内外 30 多家单位实现长期友好合作，通过梳理区域事业部、生产单位的关系，集中优势资源，发挥合力效应，贯穿投资战略始终，实现投资项目全周期效益最大化。

## 靠得住：他是政治过硬、心系员工的“好书记”

作为党支部书记，刘鹏飞始终把学习放在首要位置，带头坚持学习习近平新时代中国特色社会主义思想，每天早上起床第一件事就是登陆“学习强国”平台学习和阅读《人民日报》。不管是在忙碌工作结束的午后，还是出差的路上，随时随地学习已是他改不掉的习惯。

刘鹏飞立足二公院投资战略发展，以高度的政治责任感和使命感，创造性地组织党员开展“党建 + 生产”相结合的“一人一课”活动。他带头讲课，身体力行践行党建与业务深度融合。通过开展形式多样的党性教育活动，牢固树立了员工与企业、与投资业务的命运共同体。

他心系员工，是大家的贴心人。无论工作还是生活，对待每一个人、每一件事都怀着深厚感情，围绕员工所需所想开展关心关爱活动，深受大家的喜欢和拥护。他先后被中国交建评为“优秀共产党员”1次，被二公院评为“优秀共产党员”3次、“先进党务工作者”1次、“文明职工”2次。在“固基修道、履方致远”的鞭策下，刘鹏飞为实现“让世界更畅通，让城市更宜居，让生活更美好”的企业愿景，源源不断地贡献着自己的力量和智慧。

他以创建中交地铁品牌为己任，把“创誉地铁市场、培养地铁人才”作为两大任务，并在福州地铁项目中予以高起点实现。

# 谭发茂

## 镌刻璀璨的中交地铁里程碑

现任中交总承包公司副总经理、总工程师，2015 年 1 月起任中交海峡执行董事、总经理，主要负责福州地铁 2 号线的工程建设。在福州，他带领团队以“中交方案”彰显“中交力量”，以“中交速度”赢得社会赞誉，在地铁建设领域树立了中交的品牌和形象，打响了中交地铁的品牌。

◎ 谭发茂

◎ 中共党员

◎ 博士学位

◎ 正高级工程师

肩负信念与期望，他无畏险阻！

承载决定与使命，他刚毅执着！

几年来，谭发茂发扬精益求精的工匠精神，攻克了一个又一个难关。在他的带领下，福州地铁 2 号线团队众志成城，开展全周期劳动竞赛，顺利攻克了 2 次穿江（乌龙江和闽江）、7 次穿越桥桩、9 次穿越建筑物、6 次下穿既有铁路、1 处亚洲最长的特长联络通道、3 处江底联络通道；基坑与建筑物桩基最近距离仅 2.3 米，与 1 号线交叉最近距离 1.98 米；上软下硬、基岩突起、断面硬岩、孤石处理、强透水砂卵石地层、地下水位高等一系列技术难题，在周边环境复杂、工程难度大的情况下，投入 31 台盾构机，用 3 年 10 个月的时间实现了通车。

## 扎根服务一线，让奉献成为自觉

福州地铁 2 号线 BT 项目是中国交建第一条整线获取的地铁项目，是集团进军轨道交通市场的战略工程。

项目开工以后，谭发茂举家从北京迁往福州，自此以工地为家，把全部的精力放在了工地。在工程建设中，他高标准要求自己，坚持“以身作则、率先

垂范”，长期高强度工作，带领团队爬坡过坎，以实实在在的工程业绩，获得了社会各界的一致好评和广泛认可。福州地铁项目采取集团大兵团作战，充分发挥集团全产业链优势的模式，创新提出“专注地铁、不断超越”的发展理念，开展“让奉献成为自觉，让标准成为习惯”等一系列劳动竞赛活动，以“福州人民对地铁 2 号线早日通车的期盼，就是中国交建全体参建人员的奋斗目标”为口号，以“引领、督导、协调、服务”为总的管理思路，“抓管理、提质效，抓党建、聚合力”，精心谋划，创新工作， 扎实有效地做好管理提升工作，不辱使命，安全、文明、优质、高效地完成了福州地铁 2 号线的各项建设任务。

## 创造中交速度，不辱使命提前竣工

为了保证工程顺利推进，谭发茂带领团队精心制订项目实施方案，通过设置关键节点目标，层层分解目标责任，分级签订产值任务及生产目标，充分有效组织和利用集团各参建单位的优势资源，以“中交速度”“中交力量”彰显“中交品牌”。

通过精心布局，多管齐下，狠抓落实，福州地铁各项节点目标均得以顺利实施和提前实现。2018 年 3 月 14 日，2 号线鼓山车辆段提前具备接车条件，顺利实现首列机车接车；4 月 30 日，实现除受第三方影响外的区间双线洞通，取得关键节点阶段性突破；5 月 15 日，地处市中心、交通疏解次数最多、施工难度最大的南门兜站安全顺利封顶；7 月 25 日，开工最晚的洋里站顺利封顶；9 月 10 日最后一个区间——祥宁区间洞通，完成全线双线洞通的关键性里程碑节点；11 月 19 日，最后一条联络通道——上鼓区间 1 号联络通道顺利完成，标志着区间的施工风险降到最低。

2018 年 8 月 1 日，福州地铁项目组织开展“攻坚克难五个月、力争提前试通车”劳动竞赛，并结合地铁公司“大干 150 天保开通”活动，组建突击队，重点从附属工程、风水电安装、装饰装修 3 个方向上寻求突破。在项目公司和各项目经理部的全力配合下，实现年前 21 个车站临管移交运营单位，确保 2019 年 1 月 20 日通车试运行。

在地铁的建设过程中，谭发茂带领团队不畏艰险，不惧挑战，奋勇直前，取得一个又一个“攻坚战”的胜利。福建东南电视台、福州电视台和《海峡都市报》《福州日报》《福州晚报》等媒体纷纷报道，赞誉不绝。

## 集团统一作战，攻坚克难创造奇迹

地铁施工点多线长面广，为了实现攻坚目标，谭发茂带领项目团队严格按照节点要求倒排工期，抓现场促落实，加强资源调配，加大人机料投入，引入新设备，采用新工艺，实行工序无缝对接，很快形成施工大干的新格局。全线布置31台单价4000万~7000万元的盾构机，这在地铁建设史上是绝无仅有的；在鼓山车辆段，为了争抢被耽误的14个月工期，11标段当时把福建省内95%的3.6规格的碗扣式钢管脚手架一扫而空，不仅抢回了被耽误的工期，而且提前1个月完成节点工期，创造了奇迹！

面对盾构机过两江掘进过程中存在的江底穿透、江水倒灌隧道及盾构被淹等风险，谭发茂始终如履薄冰、如临深渊，组织专班24小时巡守在江底隧道内，严密做好安全风险防范。最终，他们创造了“单线单班掘进10环、单日掘进

16环、单月掘进337环”的好成绩，圆满结束了福州地铁2号线穿江之旅。

在大家的共同努力下，历时87天实现“五一”前区间单线洞通；13个月完成沙堤站主体封顶；38天完成南门兜站装修；短短21个月，完成BT范围内全线洞通。在盾构掘进过程中，更是创造了单月最高掘进456环，平均掘进速度高达8.2环的纪录。

谭发茂带领团队攻克一个又一个的艰难险阻，不断刷新中交速度，完成一个又一个看似不可能完成的任务，将“不可能”变成“可能”，这不仅彰显了央企力量，更使中交品牌深入人心。

## 展示中交风采，擦亮中交地铁品牌

福州地铁2号线项目因“态度坚决、克难攻坚，多个节点提前完工”，受到福州市委市政府和当地媒体的广泛好评，安全质量也得到了福建省住建厅和地铁公司的充分肯定。该团队先后获得“全国建筑业文化建设示范项目部”“全国‘安康杯’竞赛优胜班组”“福建省五一劳动奖章”“福建省工人先锋号”“福建省优秀青年突击队”“福州市第六届青年五四奖章集体标兵”等荣誉，

6次获评“福州市优秀青年突击队”，并被中国交建评为“先进基层党组织”“青年安全生产示范岗”等。

哪里有险情，哪里就有中交集团和谭发茂项目团队的身影。在“苏迪罗”“尼伯特”等抗击台风的行动中，谭发茂带领项目团队积极履行社会责任，组织人员机具参与抢险救灾，地方媒体纷纷报道，让福州市民深受感动。注重加强和周边社区的沟通与联系，努力将地铁施工对市民出行、生活的影响降到最低。主动与社区和相关单位开展丰富多彩的互动活动，开展“爱心地铁、助力高考”“四季送花”等活动，践行“和谐周边”的绿色施工理念，增进沿线居民对地铁建设的理解和支持，让社会各界对中国交建有了广泛认同。

福州地铁2号线项目的顺利实施，使“中国交建”的蓝色大旗在海西大地高高飘扬，中交地铁的品牌得到当地社会各界的一致好评和广泛赞誉，这对于推动市场开发、区域深耕开花结果起到了极为关键的作用。2018年，福州市委市政府将地铁4号线的施工任务又交给中交建设者。谭发茂着力践行中国交建及总承包分公司的管理要求，凝聚多年的项目管理成果，在结合福州地铁2号线管理经验的基础上，按照现汇项目管理模式，建立健全项目管理体系，完善项目制度建设，共形成合约与物资管理、安全环保管理、工程管理、技术质量管理、财务管理和行政后勤管理等6大部分制度、36个管理办法。

目前，福州地铁项目已有一大批业务优秀、实绩突出的技术和管理干部被提拔任用到新的岗位，为集团其他项目输送了各类骨干人员40多名，因此被誉为中交地铁的“黄埔军校”。

谭发茂以对党和事业极端负责的工作态度，不忘初心，牢记使命，以党建为引领，不断强化提升自己的专业管理能力，兢兢业业，克己奉公，顽强拼搏，不舍昼夜，带领项目团队在八闽大地上镌刻出了璀璨的中交地铁品碑。

从业 20 年，他用钻研和学习积累成长经验，用誓言和行动践行时代要求，带领中交海建在逆境中成就一片天地。

# 刘凤松

## 绘亮那一片广袤的“深蓝”

现任中交疏浚所属中交海洋建设开发有限公司党委副书记、执行总经理（主持工作）、总工程师。他从一名技术骨干成长为新时代港航疏浚事业的领军代表，从一名项目管理者转变为承载中交疏浚转型发展的优秀企业带头人。

◎ 刘凤松

◎ 中共党员

◎ 正高级工程师

实干铸就忠诚，创新彰显担当。刘凤松参加工作 20 多年来，长期扎根施工一线，带头攻克关键性技术难题，取得显著的社会效益和经济效益。进入新时代，站在新的历史起点上，他高举习近平新时代中国特色社会主义思想伟大旗帜，在两级集团的领导下，以咬定青山不放松的决心和韧劲，开拓创新，攻坚克难，驰而不息，一步一个脚印，一年一个台阶，带领中交海建承载中交疏浚转型发展使命，助力中国交建建设成为具有全球竞争力的世界一流企业。

## 勇挑重担，不辱使命

刘凤松在担任中交海建总工程师期间，指导完成了香港机场第三跑道 3204 标段项目施工任务，这是他调入中交海建后指导并参与实施的首个大型境外项目。项目施工所使用的 DCM 船是由中交疏浚与国内设计单位联合研发设计、由中交海建组织建造的绿色环保型国际先进装备。该船集深层土体切削搅拌、水泥浆精准注入、智能化施工管理等多项高端技术于一体，一举打破日韩等国的技术垄断，达到国际先进水平。刘凤松本人也因此获得中国水运建设行业协会科学技术奖三等奖。

“DCM 的建造及投入使用，推动了中国交建在海工领域的转型升级，提升了中国交建在国际上的品牌影响力，更成为中国装备制造‘走出去’参与国际竞争的有力体现，我们一年来的艰辛付出都是值得的！”刘凤松在接受媒体采访时自豪地说。

中交海建是中交疏浚旗下新增的专门从事海洋资源开发等海洋经济产业的专业化公司。在刘凤松的带领下，中交海建海洋业务团队科学筹划、精心布局，实现海洋工程项目零的突破，成功中标“深蓝 1 号”海洋牧场等项目，进一步优化了海洋业务发展布局，并进入法国道达尔合格承包商名录，为两级集团在境外成立实体公司、开展自主经营提供了有力支撑。

“中交海建将继续聚焦蓝色海洋经济，践行‘海洋强国’战略，在中国交建‘五商中交’、中交疏浚‘一三六九’战略指引下，牢记代表中交疏浚开拓新兴业务、做增量、向海洋产业进军的历史使命，团结带领广大干部员工不忘初心、坚定信心、攻坚克难！”刘凤松郑重说道。

## 转型发展，不忘初心

1998 年，刘凤松带着对祖国港航建设的美好憧憬，加入当时的中港一航局一公司，20 多年来在中交系统从事港航和疏浚工程建设的技术管理工作。他始终注重提升自身的思想境界和理想追求，特别是进入新时代以来，他带头增强“四个意识”，坚定“四个自信”，坚决做到“两个维护”，从一名技术骨干成长为新时代港航疏浚事业的领军代表，从一名项目管理者转变为承载中交疏浚转型发展的优秀企业带头人。

无论是施工生产的前沿阵地，还是困难重重的内外部经营市场；无论是船机装备的星级化管理，还是现代化企业的综合管控，他总是兢兢业业，任劳任怨，不畏艰难，勇挑重担，时时处处都起到很好的模范和榜样作用。

在担任中交海建执行总经理（主持工作）后，他坚定地说：“大道至简，实干为要。向海洋产业进军的冲锋号已经吹响，中交海建将在两级集团的正确领导下，脚踏实地、苦干实干。”

在代表中交疏浚转型业务的海洋产业开发和海洋工程方面，他与业务团队科学筹划、精心布局，把握细分市场。他说：“我们要提高政治站位，不忘组建初心，坚持把海洋产业作为‘主业’，推动各项业务协同发展。要通过丰富‘海洋资源’内涵，通过提供技术服务、合资参股等方式，加强与能源公司、海洋产品开发公司、海洋科技企业的合作，找准结合点，寻求海洋产业开发的浓厚商机。”

在他的参与和指导下，中交海建成功中标并实施尼日利亚丹格特石油管道设施项目、“深蓝 1 号”海洋牧场项目，正在进行“深蓝 2 号”海洋牧场设计项目。同时，对接国内外海工企业，成功实施了如国内首艘独立设计建造的浅水铺管船“海洋石油 202”的海工重大件装备的海上运输。

刘凤松已经明确了下一步目标，那就是加快研发新型海工装备，为海洋工程运维、海上平台拆除提供装备支撑。抓住航运市场回暖机遇，继续巩固海上重大件拖带、大型船舶拖航、海洋石油化工产品运输等传统类航运业务优势，通过与全球海工企业、能源公司直接接触，获取更多市场信息，参与两级集团“多业态、强耦合”产业联盟的打造。

## 硕果累累，不负昭华

20多年来，他吃苦在前、享受在后，把企业当成自己的家。

刘凤松说："技能和实践的积累不是一朝一夕的，我最大的心愿就是通过自身的努力，将祖国的海洋、港口、航道变成生态宜人、业务繁忙、川流不息的现代化综合港。"

"那个时候，我们业务不多，没有太多事干，更多的时间是看看小说、看看电视、打打牌。"曾与刘凤松在一起共事的同事回忆着过往，说："好几回想找刘凤松闲聊，却发现他还在灯光昏暗的办公室里查看技术资料。"

留下来的不一定是最优秀的，但肯定是最执着的。自参加工作以来，刘凤松所参与的近20项工程建设项目均能科学合理整合利用资源，实现竣工验收一次通过率100%，单项工程合格率100%，无安全事故。

某海上风电一期示范工程采用超大直径钢管桩新型风机基础,其中针对"潮间带泥面较高、水深较小"的特征，该示范工程使用了17根4.5 ~ 5.0米变直径的钢管桩，桩长43 ~ 58米，桩重310 ~ 420吨。刘凤松说："这是我经历的首个海上风电项目，由于竞争较为激烈，所有的技术工艺都是摸索着进行。"

他潜心钻研，研发了国内外第一艘潮间带超大直径钢管桩施工专用船，开发了一套海上潮间带超大直径钢管桩沉桩施工工艺，通过起重船驻位坐滩、运桩船甲板面的滑动小车辅助立桩、设置吊耳以实现自动脱钩、设置抱桩器对钢管桩进行导向限位等一系列创新措施，保证了该项目的施工质量。最终该工艺经专家鉴定达到国际先进水平，并被评为2012年度水运工程一级工法，获2012年度中国水运协会科技进步三等奖、2013年度中国施工企业管理协会优秀成果二等奖。

20年来，他参与了包括DCM施工工艺、大直径钢圆筒振动下沉工艺在内的多项科技攻关项目，已取得授权发明专利2项，授权实用新型专利14项，获批国家一级工法1项、交通运输部水运工程一级工法2项；参与了2018年3月交通运输部发布的《码头结构施工规范》的编制工作。

在自身钻研进步的同时，他不忘为企业培养后蓄力量。他说："我所积累的实践经验和技术知识来源于工作实践，我要带动更多和我有共同梦想的年轻人前赴后继地传承下去。”

正是在这种无私奉献精神的指引下，他利用业余时间创办了“总工夜校”“网络课堂”“职工讲台”“带头人课堂”等学习平台，为职工群众、技术骨干、管理人员等义务授课近 800 小时。

多年来，刘凤松把自身的精力和热情都放在了项目安全和高效施工生产、提升企业综合管理水平和可持续高质量发展上。他用钻研和学习积累成长经验，用誓言和行动践行新时代工匠精神，用理想和信念诠释社会主义核心价值观，为中国交建建设具有全球竞争力的世界一流企业，为中华民族伟大复兴的中国梦做出贡献。

她时刻谨记初心与责任，在深耕海南棚改项目中披肝沥胆，强势占领新市场，为企业赢得先机。

# 于　静

## 挺身海南　筑梦海投

◎ 于　静

◎ 中共党员

◎ 正高级经济师

2013 年入职中交投资有限公司，2016 年入职中交海洋投资控股有限公司，现担任中交海投副总经理。先后获评中交海投“2016 年度优秀管理者”“2018 年度优秀管理者”，以及中国交建“2016—2017 年度优秀共产党员”。

## 投身海南，开拓进取

如她的名字一般，于静娟好静秀，温润如玉。但她工作起来，麻利干脆，果敢坚忍，巾帼不乏英雄气。

2015 年，有着 12 年投资经验的于静做出了一个重要抉择：投身海南，参与中国交建在海南市场的投资建设。当时，中交海投刚改革重组，投资团队只能靠自己培养，项目资源也只能靠自己开拓。她想在白纸上书写无限可能，可又不知如何下笔。尽管眼前的路异常艰难，倔强的她直面挑战。

面对中国交建在海南市场调控的被动局面，她顶住压力，带领团队拓展项目 150 个，完成初评报告 106 个，完成初步投资测算项目 72 个，涉及投资额 287 亿元。近百份投资测算表和可研报告书，在深夜模糊了她的双眼。虽然数据烦琐细碎，但她深知自己肩负着为公司把关投资风险的责任，没有丝毫懈怠。

在项目获取的关键时刻，她更是彻夜难眠，思索沟通方法、寻找突破路径。跟进不同类型的投资项目时，曾数次陷入投资模式、土地竞买条件的僵局，她坚持“一定要拿下项目”的信念，频繁与省、市、县政府对接，经常赶最早的一班高铁到海口，坐最晚的一班高铁回三亚。在巧妙的沟通中抓机会，在锲而不舍中闯出路，最终争取到了政府层面的支持，锁定了意向地块。在土地获取

环节，她主动作为，连夜与竞买者谈判，专业分析、灵活应对，为公司争取到了利益最大化。在土地竞买最后，一锤定音，宣布成功获取项目的那一刻，她脸上露出了久违的笑容。那是发自内心的释然，她终于给自己、给公司交上了一份满意的答卷。

## 敏锐专业，抢抓机遇

风雨兼程四载春秋，她兢兢业业、勤勤恳恳，为地产项目投资落地而辛劳付出。千淘万漉虽辛苦，吹尽狂沙始到金。敏锐的市场判断，深厚的专业功底，让她迅速找到方向。

在同行还没有明白海南棚改项目运作模式的时候，她就捕捉到了海口棚改项目的机会，立足中交集团“三者”定位，提前谋划了深耕棚改项目的拓展思路。经过 1 年多的努力，中交海投成为了海口市第一批回迁房项目投资建设者，为公司在棚改市场中赢得了竞争先机。2019 年，她抓住海口棚改项目集中放量的机遇，连续斩获 9 宗棚改地块，全年获取项目规模达到 110 万平方米，达到海口市年度入市棚改地块 60% 的份额。在她的有效布局下，中交海投累计获取棚改项目超过 130 万平方米，总投资达到 65 亿元，实现了快速占领市场、扩大投资、拉动主业的良好效应，同时打造了“顺民意、惠民生”的安居地产品牌。

在海南迎来建设自贸区（港）国家战略之时，她抢抓政策机遇，第一时间对海南的总部经济政策进行深入研究，完成了总部经济认定，让中交海投顺利进入海南省第一批被认定的总部企业行列，享受相关扶持政策，并获取了三亚总部经济中央商务区的首宗地块，率先进驻三亚中央商圈。此外， 她敏锐地判断海口作为省会城市将优先吸纳到自贸区（港）战略的政策红利，紧跟海口的商办土地市场。通过 1 年的谋定后动、缜密布局，在海口市中心地标建筑群核心区域，成功竞得了仅剩的 1 宗超高层办公用地，抢占了海南自贸区（港）战略下的海口江东 CBD 桥头堡位置。

## 步履不停，勇毅担当

2019 年，中交海投接下了中国交建开拓文旅康养板块的新使命。当所有人还没有清晰的发展思路时，公司将转型文旅康养产业的挑战交到她手中。这一次，她面临的是再一次的开拓，是再一次的攻坚，而且是在她刚刚把地产板块带入发展快车道，成绩斐然之时。雄关漫道真如铁，而今迈步从头越。她没有犹豫，越是难干越要干，越是难成越要成。她义无反顾地担当起了新板块坚强勇毅的领路者、脚踏实地的行动者。

虽然文旅康养产业前景可期，但现在进入文旅康养市场已经算是起步较晚，比较好的资源早被众多房地产商抢占。她要迈出第一步必定相当艰难，而且众多先行先试者也是屡屡受挫，产业板块的盈利模式仍旧是困扰行业发展的难点。各种相关书籍、资料都成了她的床头书、口袋书，繁忙工作之余她必定是翻阅资料，学习、思考如何才能做出中交特色的文旅康养。此时的她，显得更加疲累了。然而每到深夜，她还要在案前推演文旅康养的发展思路和模式，因为只有忙到这时才是她最安静、最不被日常事务打扰的时刻，她才能专心致志理清思绪。

她通过梳理中交海投近几年的产业发展经验，整合中交内外部资源，确定了发展中交特色文旅康养的产业定位，清晰了投资模式和运营思路，完成品牌宣传资料的制作。她四处奔波，用半年的时间走遍全国一二线城市，寻找具有发展文旅康养潜力的区域，用脚步丈量大半个中国，锁定五大经济圈的战略布局，推动项目落地。在困难挑战面前、在怀疑否定面前，她秉持初心，勇担使命，将大家眼中的“不可能”变成“可能”，用自己的脚步走出了“行者无疆”的神话。

## 无私奉献，爱岗敬业

在专业团队培养方面，于静可谓倾尽所能、不遗余力。从事投资工作的员工不是科班出身，缺少投资研判和经济测算的经验，她就从投资项目实操入手，手把手指导，带着投资条线团队经过上千次的测算推演、上百次的研讨分析，极大地提高了部门人员投资专业的能力和水平。她处处以身作则，注重实干，努力构建积极向上、凝聚和谐的部门氛围，潜移默化地影响着部门里的每一个人，大家都喜欢亲切地叫她“静姐”。一分耕耘一分收获，经过她的点滴指导和培养，这一支新组建的投资团队已经成长为驰骋市场的铁军。

悠悠敬业情，拳拳赤子心。多年来，于静为了事业在海南坚守岗位，与家人聚少离多。每次丈夫提到儿子伸着小脑袋向窗外张望，期盼她回家的场景，她都忍不住掉眼泪。她是一位母亲，却不能陪伴守护孩子成长；她是一位妻子，却不能和丈夫温馨团聚；她是为人子女，却不能在身边照顾年迈父母。她对家庭有着深深的亏欠，这也是她心底最软最痛的地方。每次在与家人短暂相聚又要分别的时刻，看着孩子不舍的目光、丈夫眷念的眼神，还有父母不忍离别的

躲避，她的脚步万分沉重。但她依然无怨无悔，恪尽职守，用行动续写出舍小家、顾大家的家国情怀和无私奉献、爱岗敬业的尽职诗篇。

她没有惊天动地的壮举，只是事无巨细，认真做好每一件事；她没有十分耀眼的光环，只是披肝沥胆，执着于公司的利益与目标；她没有气壮山河的豪言，只是默默奉献，践行对党的铮铮誓言。

迎着朝阳、踏着余晖，于静在新上任的中交海投副总经理岗位上依然忙碌着。士不可不弘毅，任重而道远。在她的身上，人们能感受到爱岗敬业、无私奉献的企业情怀，精益求精、执着专注的工匠精神，开拓创新、锐意进取的使命担当。她在中交海投广大职工心中是优秀管理者，是最美的劳动模范。

从翻译到项目经理，他完成了人生中最华丽的一次转身。然而，无论从事哪种职业，他都没有过一分一秒的懈怠，中交人坚忍向上的品格在他的身上散发着光芒。

# 林　立

## 彼岸前行弄潮儿

◎ 林　立

◎ 中共党员

◎ 大学本科

1996 年大学毕业后入职中国交建上海航道局，现为中国交建南部美洲区域公司常务副总经理。从业 20 多年，他一直投身海外一线，奋斗在条件艰苦的异国他乡，深耕墨西哥、委内瑞拉、阿根廷、巴西等美洲国家基建市场，把自己最美好的青春年华无私奉献给了中交海外事业。

他是远洋航行的瞭望员，为中国交建的远航不停地寻找新的登陆点；他是万顷碧海中的水手，护卫登陆的舰艇击破汹涌巨浪；他是顶风冒雨的战士，在危急关头挺身保护员工和企业财产。他就是中交南部美洲区域公司常务副总经理林立。

从墨西哥、委内瑞拉、阿根廷到巴西，24年间，林立的身影不停地穿梭在拉丁美洲地区，虽行经万里，历尽千艰，却仍保持着一颗诚挚的初心，肩扛责任使命，披肝沥胆，阔步前行。

## 志不求易者成，事不避难者进

现在人们提起拉丁美洲，第一印象就是遥远的距离，再者便是物产富饶的土地，热情奔放的民风，多姿多彩的生活。但在21世纪初，拉丁美洲对于青年林立而言，这片土地不仅大得空旷陌生，而且还隐藏着与故土的和平安稳截

然不同的危机。他带着责任与使命出发，要在这异国他乡为中国疏浚事业打通语言难关，同时完成人生最困难且华丽的蜕变。

1997 年，毕业仅 1 年的林立来到墨西哥，开启了他与拉丁美洲的半生缘。西班牙语专业出身，让林立在翻译工作方面得心应手，迅速成长为中国港湾及上航局墨西哥办事处对外沟通的“桥梁”。

彼时，上航局疏浚业务出海虽然有一些年头，但进入这片离祖国本土最遥远的陆地后，却面临着海外业务人才难求的尴尬局面。年轻奋斗的激情和不怕艰难困苦的精神，碰上海外业务人才紧缺的需要，让林立催生出从一名普通员工向疏浚业务管理人员转变学习的决心。

2001 年，林立放弃了安逸舒适的室内办公环境，带着疏浚理论知识准备申请常驻委内瑞拉挖泥船航浚 5001 轮担任翻译，开启长期漂泊大海的生涯。他一边协助当地领航员和施工监理沟通，一边把书本理论带到工作中去学习。不论白天黑夜，只要一有空闲，林立就扎进学习的“王国”。

从水文气象到了解挖泥区各种动力因素与泥沙运动、减淤措施、挖槽定线、断面尺寸、挖泥船的选择、弃土处理方法、船舶设备管理等，林立一项一项地学习疏浚工程技术。“三人行，必有我师焉”，这句古训被林立践行得淋漓尽致，船上几乎所有的工作人员都被林立多次请教过。

船上的大副很是为林立刻苦专研的狠劲儿感到不解：“你的翻译工作干得有声有色，干嘛来学这个日晒风吹雨淋的专业？公司又不会给你多发 1 分钱的工资！”面对大家的疑问，林立不为所动，年轻的他坚定地朝着公司需要的方向努力。

## 疾风知劲草，危难显身手

凭着刻苦好学肯干，林立迅速成长为一名合格的疏浚项目经理。在第一次独立负责疏浚项目时，林立就冷静沉着地完美应对了一次重大危机。

因为海外工作需要，林立平时就积极关注国际政治经济局势，海外风险预判和防范意识极强。2002 年，正在委内瑞拉负责马拉开波湖航道疏浚的林立，遭遇了委内瑞拉政变和动乱。生长在和平国家的林立何曾遇到过这种国家政变大事，但他并没有惊慌失措，反而冷静分析，项目所在港口的战略地理位置十分关键，几乎是兵家必争之地。

在不可预见的情况下，林立迅速调整施工计划，并在反对派占据港监等港务监督机关的情况下，沉着应对，妥善办理好所有离境手续，带着航浚 5001 轮、航浚 4003 轮和全体工作人员安全撤出，完整保存了公司财产，有效避免了后续动乱风险对人员设备带来的不利影响。

随着职责角色的转变和工作复杂性的增加，林立不断深入挖掘专业深度。因为拉美地区本身缺乏疏浚船舶，专业工程船舶的维护和修理在拉美地区一直是个老大难问题。为此，林立带领团队从设备管理方面刻苦钻研船舶知识，积极学习参与疏浚船舶修理，很快就积累了丰富的经验。

在巴西和阿根廷工作期间，林立独立完成了多条挖泥船设备的紧急修理和常规维护厂修，为项目节约了不少的成本开销。为了保证船舶可持续施工万无一失，林立采取“自行修理、与当地船坞合作、回国跨洋调遣”三管齐下的方

案，顺利处理了航浚 3001 轮尾轴船体紧急修理、航浚 5002 轮从巴拿马回国跨洋调遣修理、航浚 4011 轮紧急坞修、航浚 4003 轮维护厂修等高难度调遣维修任务。

## 历尽天华成此景，人间万事出艰辛

2007 年，林立成为上航局巴西海事服务公司主要管理人员，负责阿根廷和乌拉圭市场开发和当地公司管理，保障公司在当地的业务可持续发展。林立再一次走在职业转向的分叉路口：搞经营会比抓生产面临更加复杂的情况。这一次，他的管理对象不再仅是船机设备和疏浚专业技术。

心有疑虑的林立不敢辜负组织信任，想尽一切办法快速适应了新的岗位，9 年间在当地连续配合或独立中标多个项目：在阿根廷配合集团推动政府间合作协议下的贷款项目；中标阿根廷科尔多瓦省天然气管道项目；协助集团开拓周边市场，在秘鲁、智利、巴拉圭、玻利维亚等周边国家积极开展商务活动。与此同时，协助集团设立中交秘鲁分公司等。

2016 年 7 月，林立凭借出色的业务能力和对南美市场情况的全面了解，正式调入中交南部美洲区域公司，致力于集团对南美市场业务的重新规划。这一次，年过不惑之年的林立必须抛弃以往从业务下游思考市场的方式，改由从上往下的投资人角度重新审视南美市场。面对全新的工作环境和业务内容，林立虚心向领导和同事请教，并利用休息时间孜孜不倦地自学相关知识。

在筹建中交南部美洲区域公司期间，林立与区域公司克服重重困难，在己方资源配置不足的情况下，积极整合集团在当地的资源，不到 3 年的时间完成了南部美洲区域公司的注册开业，以及进而对巴西最大工程设计公司 Concremat 的收购及并后整合，引导 Concreamt 公司战略转型升级，对巴西圣路易斯港项目股权收购，打造区域母公司、属地化公司和投资公司 3 个平台，初步完成集团全球化战略在南美地区的规划。

林立和区域公司的同事一起参与主导了圣路易斯港、TBG 港、FIOL 铁路等多个巴西投资项目的开发，在项目投资业务方面初步做出了亮眼成绩。2006

年，林立被评为中国交建“走出去杰出青年”、中国交建“2016—2018 年度优秀共产党员”。

从业 23 年，林立踏遍拉美地区绝大部分国家，参与超过 20 个疏浚项目施工，先后获得了包括多个国家港务局、各港口港务局、阿根廷石油公司、壳牌石油公司等业主的赞誉。

海外工作经历带给林立的有常年离乡背井的心酸，但更多的是成长为复合型海外业务管理人才的收获喜悦，还有为中国交建这个光荣的大家庭做出贡献的自豪感。

知责任者，大丈夫之始；行责任者，大丈夫之终。数次艰难的职业转型的背后，无不显示着林立对企业诚挚的忠诚和担当。

随着“一带一路”倡议得到南美区域的响应并落地，作为中国交建全球化战略实施的先锋，这一次，林立的工作目标又有了更深层次的变化。他明白，自己的责任和使命不再局限于中国交建，还担负着加强中巴政府和企业深化合作的国家使命，让“一带一路”倡议在拉美地区不断生根开花，在经济全球化的大背景下，与祖国和集团一起在风口浪尖上不断搏击，赢得一场又一场的胜利。

# 大国工匠型

千淘万漉虽辛苦，吹尽狂沙始到金。在中交，他们爱岗敬业、精益求精，他们追求卓越、协作共进。他们是行业发展的中流砥柱，他们是中国交建的“最美工匠”。

8 年里打造世界最长桥梁——港珠澳大桥，半小时跨越伶仃洋，天堑变通途。在荒岛上坚守数年的铁娘子张宝兰，为中交、为国家成功研制不开裂的混凝土“超级配方”。

# 张宝兰

## “超级配方”筑就百年工程

◎ 张宝兰

◎ 中共党员

◎ 正高级工程师

1987 年入职中交四航研究院，现任中交四航工程研究院南沙试验室党支部书记兼检测中心主任、广州港湾工程质量检测有限公司副总经理，2011 年 5 月至 2018 年 3 月担任港珠澳大桥岛隧工程沉管预制厂试验室主任。一直从事海工混凝土耐久性应用研究、检测、经营、管理等工作，荣获省部级科学技术进步特等奖 1 项、一等奖 4 项、二等奖 4 项；发明专利 5 项。

张宝兰是中交四航局第一位女性正高级工程师，也是7年来一直坚守在港珠澳大桥建设一线的高级知识分子中唯一的女性。她在担任港珠澳大桥岛隧项目沉管预制厂试验室主任期间，依据科研经验带领团队配制出“不裂混凝土配方”，并带领检测试验团队扎根外海牛头岛，长期坚守在生产第一线，为超级工程沉管预制做出了巨大贡献。2018年10月23日，她作为港珠澳大桥建设者代表，受到习近平总书记的亲切接见。

1984年，张宝兰在大学加入中国共产党，在举起拳头宣誓的时候，她就牢记着要“对党忠诚，积极工作，为实现共产主义奋斗终身”的誓言。在新形势下，她自觉践行“两学一做”，坚持学习党章、党规和习近平总书记系列重要讲话，不断提高政治觉悟，增强“四个意识”、坚定“四个自信”、做到“两个维护”。入职四航局研究院以后，她长期默默无闻地从事着最基础的科研工作。科研来不得半点虚假，为了得到真实的数据，她不怕苦不怕累，从“大掺量粉煤灰高性能混凝土的应用与研究”“抗盐污染高性能混凝土配制成套技术研究”到“水下混凝土材料及耐久性研究”等课题，她带领课题组成员打试大批量的混凝土配比，获得宝贵的经验积累。研究院引以为傲的20多年湛江暴露试验站对海工高性能混凝土耐久性研究数据，大部分是在她手里完成的，特别是大掺量粉煤灰、矿渣粉的混凝土配合比设计及暴露试验数据为港珠澳大桥沉管预制“不开裂”混凝土配合比提供了强有力的支撑。

业界有“大体积的混凝土开裂是正常的，不开裂几乎是不可能的”这一说法，要保证港珠澳大桥 120 年寿命，海底沉管隧道必须要经受住时间和海水压力的挑战，为此，张宝兰必须挑战世界级难题，研究出不开裂的混凝土配方。混凝土配合比是指混凝土中各组成材料之间的比例关系，看似简单的水泥、砂子、石子、水这几种组成材料的用量比例，实质上是要尽可能降低水泥水化放热量和延缓温峰峰值出现的时间，提高混凝土的抗裂性能，还要确保混凝土的可施工性能且性能稳定可靠。这其中，最重要的是确定水胶比、胶凝材料用量及胶材比例、单位用水量和砂率以及混凝土的可施工性能。张宝兰在多年科研经验的基础上确定了水胶比、胶凝材料用量，提高粉煤灰比例，降低了矿渣粉的比例。经过充分的验证，在近一年里进行了海量的现场

试验，累走了4个壮劳力，用坏了5个混凝土搅拌机，基础配方终于出炉；然后，再经历小尺寸模型、足尺模型试验后，最终确定新的水胶比和胶材用量，使混凝土开裂风险降到极致的“不开裂混凝土配方”。中交港珠澳大桥岛隧项目副总经理罗冬说：“张宝兰带领团队反复配比了100多吨混凝土，终于研究出提高混凝土抗裂性能的‘超级配方’。”

2012年8月4日，港珠澳大桥沉管预制浇筑开始的前夜，整个牛头岛气氛沉闷紧张、严肃，那是大战来临前的夜晚，张宝兰没有获得沉管浇筑施工所需的确切时间，没有任何人告诉她需要多少时间完成，因为这样巨大的沉管施工一次性浇筑，没有人经历过。外加剂中需要添加缓凝剂，到底加多少需要根据施工需要的时间来确定，正式预制浇筑的成功与否直接关系岛隧工程的成败，如果出了问题，本次混凝土浇筑耗费的1000多万元就泡汤了，她所承受的压力可以说是前所未有。她多方求证，也没有获得确切的所需时间。直到晚上9点钟，这已经是“添加的”最后期限了，因为缓凝剂需要充分溶解。此时，她只有自己来做决定：“李超，你带人去按比例添加，充分搅匀，让搅拌站人员把泵开启，晚上不要停，有什么问题我来承担！”为了确保预制成功，张宝兰带领试验室团队全程跟踪，全天候24小时监控着混凝土质量，指导搅拌站同事进行调整、指导工人浇筑振捣，最终实现了首节管节预制完好无开裂的奇迹。

沉管预制持续5年多时间，一年四季中，气温在变化、材料性能在波动、人员也在变动，在时间长且变化多的因素下，要确保每一次生产出的混凝土与研发出的配比性能保持一致是相当困难的。

超级沉管的22.5米小节段光混凝土就重达8000吨，一次浇筑需要耗费30多个小时。时间最长的一次，他们50多个小时没合眼。252个节段、33节沉管，每次浇筑都要盯在现场，周末基本也待在岛上，没有时间回家。在中央电视台端午节的特别节目里，林鸣特别提到张宝兰，说感谢她多年的付出，称她是响当当的“建设功臣”。

所有事情都是由人来完成，管理好团队，建立好制度，才能让所有人员严格按规定执行。张宝兰建立了三岗位质量监督反馈制度、三级巡检制度、“三会二齐”制度，建立了混凝土工作性与搅拌机电流之间、不同季节混凝土浇筑温度与加冰量之间、混凝土工作性与泵机压力之间、环境温度与混凝土凝结时间之间的“四套有效控制关系”，提炼出“到达搅拌站首先要做三件事”“过程控制时刻不忘三看一测”等质量控制小口诀，再通过内部反复培训、不厌其烦的提醒，把这些管控手段深入贯彻到沉管混凝土生产质量调控班组的每一个人头脑中。超级沉管预制施工的 5 年时间里，张宝兰带领试验室团队始终保持着精益求精的工匠精神，以“每一个节段都是第一个节段”的工作状态，坚守在牛头岛上，对不合格的材料说“NO”，在混凝土生产过程中认真调控混凝土状态，生产了近 100 万立方米优质混凝土，筑造了“滴水不漏”的世界奇迹。

在阳光灿烂的青春年华里，他却忙碌在见不到阳光的地下工程中。一辆盾构机在手中，一片明媚在心中。他是盾构操作领域的全国冠军。

# 徐文礼

## 地下“钢铁巨龙”的掌舵者

◎ 徐文礼

◎ 中共党员

◎ 工程师

现任中交隧道局盾构公司南京和燕路过江通道项目副总经理、机电总工程师。10多年的工作生涯，他专注于地下工程建设，深入研究盾构机操作与维修，攻克了盾构机方面的诸多难题，在上海地铁13号线108标项目建设期间，带领团队实现了全球范围内盾构机首次“穿越”运行中的磁悬浮，成为行业典范。在2019年中国技能大赛——第四届中交集团职业技能竞赛盾构机操作工决赛中荣获第一名。

随着科技和社会的发展进步，地下空间技术不断升级，屡创奇迹。盾构机作为地下隧道施工的一种先进方法，设备不断改良，技术不断提升，这一高科技对普通民众来说一直是神秘的存在。而盾构操作工是驾驭这些地下“钢铁巨龙”的掌舵者，他们长期在隧道内不分昼夜，在1.5平方米的小空间里一米一米地探索未知……

## 初识盾构机

徐文礼这位机械专业高材生，继承了西北人勤劳质朴的品质，与人交往的过程中还略带羞涩。可是，与盾构机打交道时，他却有着常人所不解的热情。

2008年7月，徐文礼来到上海地铁12号线东延伸工程，成为了一名专业的盾构机操作工。此后的他像着迷了一样，白天与同事们一起走进隧道，学习盾构掘进、拼装技术，晚上翻阅盾构操作说明、施工图纸，并且不厌其烦地向同事和工人请教，整个人都沉浸于盾构机的世界。徐文礼说：“自从开始了盾构生涯，有时候做梦都会梦见它，我感觉它已经是我生命的一部分。”

## 在困难中磨砺

2010年，上海地铁12号线3标项目全面启动，盾构机进场组装调试，如何解决信号干扰问题成为了大家头上的一片乌云，久久不能散去。徐文礼带着几名刚毕业的新学员不断钻研琢磨，“摸着石头过河”。3个昼夜，徐文礼的团队几乎不眠不休，实现了各项拆装、组装和调试，完成了隧道局首次盾构机拆装作业，最终解决了施工难题。上海地铁12号线3标项目盾构区间施工结束后，徐文礼又带着团队转战到盾构机的维修和保养领域，解决了很多项目的施工难题。

在南昌地铁1号线7标项目，他带队克服了盾构推进推力大、扭矩大、底层沉降难控制，以及卡螺机、刀盘磨损、姿态控制难等难题；在北京地铁14号线项目，他在无施工先例的情况下，完成了盾构常压开仓验刀、竖井开挖换刀，避免了盾构无法穿越凉水河的风险；在南宁地铁项目盾构施工面临喷涌、推进速度慢、换刀困难时，他坚守井下，与维修工在土仓内钻研解决螺旋机轴

修复问题，顺利完成 5 台盾构的拆装机，并成功组建了可以全链条完成盾构机进场组装调试、退场拆除，以及场地内动静态保养的队伍。

多做事情，就会多长才干。长期在困难中摸爬滚打，让他积累了丰富的盾构施工经验。对于那段时间，徐文礼深有体会，他说：“做工程的过程，也是成长的过程。”操作巨无霸般的盾构机，对他来说就是一系列的熟练动作的组合。

## 创世界奇迹

在徐文礼的职业生涯里，给他留下最深印象的是上海地铁 13 号线项目——那个极为复杂的、创造了世界首例的“华中区间”。

上海地铁 13 号线华夏中路站至中科路站区间，一段看似普通的地铁区间，却足足花了徐文礼和团队 1 年多的时间，因为在这条区间的上方是全球速度最高的城市公共交通——设计时速 500 千米的上海磁悬浮。

“这条线路的建设，我们面对的是世界性难题，要实现全球首例地铁隧道盾构“贴身”穿越磁悬浮桩基，不仅要保证严格掌控超级沉降标准，还要先后 3 次叠加穿越。”时任盾构公司总经理的张洪锋这样评价这个项目：“这次穿越可能只有徐文礼才能行。”

直径 6.7 米的盾构机要从磁悬浮的桩基础下穿越，而造成的沉降不能高于 5 毫米，这对盾构机来说简直就是天方夜谭。“专家评审会开了 4 次，每 1 次我们都充分准备，接受各种质询。”徐文礼介绍说：“在穿越前期，技术团队预先设置了试验段，累计穿越 3600 毫米合流污水主干管道、中环路高架、罗山路高架、16 号线高架、13 号线相邻标段等施工任务 10 余次，成功将墩柱沉降控制在 2 毫米以内。磁悬浮列车通常会在轨道上自动悬浮 8~12 毫米，其最高时速可达 490 千米，一旦因施工造成墩柱产生超过警戒值的沉降，高智能化的制动控制系统就会紧急关停磁悬浮列车，很容易造成停顿、停机乃至倾覆，酿成重大事故。”

徐文礼带领着团队在全无经验可循的情况下，从施工方案优化、技术保护方案制定、现场监测及放行等方面着手，克服重重技术难关，实现 3 次穿越零失误、零错误、零警报。

日积月累的“盾构”生涯让徐文礼习惯了生活中有这个大机器陪伴，研究它、摸索它也成了徐文礼日常生活的一部分。他与盾构机已经亲密无间。

## 盾构夫妻档

同样的盾构缘分还发生在另外一个人的身上，她就是于林柏，徐文礼的妻子。2010 年，经人介绍，徐文礼结识了当时的“测量女神”于林柏。因为都对工程有着无限热爱，两个人很快走到了一起，开启了“一个掘进、一个测量”的盾构美谈，被人誉为“盾构夫妻档”。

“记得有一次，老徐下洞的时候我正在隧道里的测量架上干活，工人们就打趣地问他：‘你媳妇呢？’他用手指了指测量架说：‘在头上呢！’”回忆起这段经历，于林柏还是忍不住笑。

随着时间的推移，他们俩有了“贴心的小棉袄”。两个人都面临着家庭和事业的选择，一个是“盾构精英”，一个是“测量女神”，谁去谁留成为夫妻间的一道难题。“她是一个事业心很强的人，但是为了我，也为了我的盾构梦，她主动选择了放弃，专心做我的贤内助。我亏欠她很多，但是她从不抱怨，因为她知道盾构是我的梦。”徐文礼感慨地说。

## 拥抱大盾构

2019 年年初，盾构公司中标了南京和燕路过江通道项目，这是中国交建继南京扬子江隧道后承建的另一个超大直径盾构隧道项目，为全国首座超大直径盾构穿越断层、岩溶地层的过江隧道。这意味着中国交建第二次大盾构穿越长江即将开启。

和燕路过江通道隧道短距离内穿越地层跨越度大、地质软硬不均，需在短短 3000 米内先后穿越软土层、上软下硬地层、硬岩层和岩溶地层，同时还需穿越多条断裂带，对盾构机刀盘刀具的设计和施工技术要求提出了严峻考验。

隧道在江底的最大水深达 79 米，为全国江底隧道中水压最高的隧道，这对盾构掘进、管片拼装的技术提出了极高要求。徐文礼作为南京和燕路过江通道项目的机电总工程师，根据项目实际，不断调研地形状况，查阅资料，为日后盾构顺利推进做足准备。

2019 年 3 月，在中国技能大赛——中交集团职业技能竞赛盾构机操作工决赛中，徐文礼获得第一名的好成绩。经过申报，他被授予“全国技术能手”称号。面对成绩，他并没有沾沾自喜，比赛结束后迅速回到项目，继续投入紧张的项目施工中。他说：“把成绩‘归零’，才能不断设定新目标，实现新超越！”

作为长期在生产一线工作的女性，她将港口自动化装卸工艺设计工作做到了极致，让洋山港码头成为国家的闪亮名片。

# 何继红

## 敬业模范　行业标兵

◎ 何继红

◎ 正高级工程师
注册咨询工程师

1992 年 7 月入职中交三航院，现任港航院副总工程师兼工艺机械室主任工程师。长期从事港口装卸工艺设计工作，主持和参与了包括洋山四期工程在内的一系列专业化集装箱码头、散货码头等项目的设计，设计成果获得 10 多项省部级优秀咨询和优秀设计一等奖、二等奖。作为课题组主要成员完成省部级科研课题 1 项，并获中国港口协会科技进步一等奖；作为副组长主持交通运输部行业标准《自动化集装箱码头设计规范》的编制，填补了我国相关领域技术标准的空白。

何继红是从事港口装卸工艺设计的女强人。她爱岗敬业、甘于奉献、任劳任怨，技术上刻苦钻研、精益求精、勇于创新，连续多年在三航院年终综合考评中被评为优秀，先后获得三航院“先进生产工作者”、三航院“十大科技精英”、上海市“重点工程实事立功竞赛建设功臣”等荣誉。

## 爱岗敬业，甘于奉献

自担任工艺机械室的主任工程师以来，何继红始终心怀敬畏、一丝不苟地履行着岗位职责。在每个港口工程项目的设计过程中，装卸工艺专业往往是“龙头”。通常，工程设计的进度普遍较紧，工艺专业接到设计任务后需要快速确定设计方案，然后向相关专业提供工艺设计要求，以此作为各专业开展工作的基础。如何把好技术质量关、提升整个专业团队的技术水平，成为何继红工作的重中之重。

针对团队里年轻人多、工作经验欠缺的现状，她采取全过程参与项目的技

术管理方式，注重事先指导，与设计人员一起分析工程条件和业主需求，整理需收集的资料清单，确定设计原则和设计方案，认真审核过程中的互提资料、图纸和最终的设计文件，保质保量按时完成各项工作。

工作中，除了做好技术指导、技术把关外，她还注重本专业的技术标准建设，注意统一同类项目的技术标准、技术文件编制的规范性和对项目的针对性。团队里的年轻人对节能、安全设计以及装卸设备选型普遍感到较难把握，文本质量也存在参差不齐的问题，何继红就利用休息时间，按工可和初设文件编制要求，编制了节能、安全、装卸工艺等共 12 项内部模板文件，供设计人员参考使用，努力提高整个专业室从设计到校审的工作效率和技术文件质量。

她始终以集体利益为重，工作时间不够就用休息时间补，任劳任怨。在大丰港粮食库区工程施工图设计过程中，原专业负责人因病需休息一段时间，室里人手又紧张，一时抽调不出其他人员，何继红主动承担后续设计工作，以顽强的毅力和吃苦耐劳的精神连续几周加班加点，按时完成了该项目的施工图设计。在繁重的技术管理工作之余，她还完成了台塑河静钢厂码头工程工艺机械施工图设计和洋山四期工程整个设计过程技术文件的编制，参加项目的设计例会，及时处理工程现场施工中出现的各种问题。此外，她还积极参与《洋山深水港区工程建设实录》《水运工程建设创新（2009—2019 年）》等著作和《超级港口建成了》科普绘本的编写工作。

## 刻苦钻研，勇于创新

参加工作以来，何继红担任了百余项国家级、省市级重点港口工程及境外工程的项目负责人、装卸工艺专业负责人或项目技术分管主任工程师，完成了包括洋山深水港区四期工程、台塑河静钢厂码头工程、深圳港湾海星码头改造工程、大丰港粮食库区等在内的一系列专业化集装箱码头、散货码头、通用码头等项目的咨询和设计，涉及集装箱、煤炭、矿石、散粮、木片、钢材等各种

类型，设计成果获得10多项省部级“优秀咨询”和优秀设计的一等奖、二等奖，在国家核心期刊发表论文7篇。

洋山深水港区四期工程是全球规模最大的自动化集装箱码头，对于上海港建设智慧港口、绿色港口和平安港口，引领国内港口转型升级、推动港口技术进步具有十分重要的示范意义。在该项目中，何继红担任自动化装卸工艺方案及总平面布置专题研究阶段和初步设计阶段的项目负责人、施工图设计阶段装卸工艺专业的主任工程师，参与了从前期方案论证到施工图的整个设计、建设过程。

在国内尚无自动化集装箱码头设计和建设经验的情况下，她率领的工艺设计团队刻苦钻研，在深入分析国外现有自动化码头工艺系统的基础上，结合洋山四期的工程条件和建设目标，提出了有针对性的设计方案，即工艺系统采用目前最先进的“双小车岸桥 + 自动导引运输车 + 自动化轨道吊”的全自动化装卸工艺方案，并针对洋山港区的集疏运特点，自动化堆场首次采用以无悬臂轨道吊为主，无悬臂、单悬臂和双悬臂3种型式自动化轨道吊组合的混合布置方案，解决了堆场海陆侧轨道吊作业量不平衡、船舶大型化趋势下海侧装卸系统效率要求高、港区间互拖箱装卸成本高和交通组织复杂等诸多难题，提高了全自动化集装箱码头的适应性。洋山四期工程已顺利建成投入运营，自动化装卸系统运行正常，达到了预期的设计目标。

何继红在工作中依托工程项目大力开展自动化集装箱码头相关技术的研究和创新，作为课题组主要成员参与完成了《自动化集装箱码头总体布局模式研究》课题论文编写。该课题重点围绕自动化集装箱码头平面布局模式、自动化堆场装卸工艺、智能闸口布置、自动化堆场内冷藏箱箱区布置、自动导引运输车电池更换站以及自动化码头机修区布置等关键技术开展研究，取得了多项科技创新成果，荣获中国港口协会“2016年度科学技术进步一等奖”。同时，她还担任三航院主编交通运输部行业标准《自动化集装箱码头设计规范》编写组副组长，组织并参与了该规范的编写。该规范将填补我国在自动化集装箱码头设计领域技术标准的空白。

此外，何继红还作为课题负责人承担了上海市交委“上海港20万吨级集装箱船舶减载靠泊管理规程”和江苏省交通运输科技项目“太仓港区四期工程堆场自动化科技示范工程”等课题的研究工作。

每个工程项目的设计都是各专业相互合作的成果，设计质量的提高需要从设计、校核到审核整个团队的共同努力。“授人以鱼不如授人以渔”，何继红注重对青年人的培养，结合工程实践悉心教导，言传身教，对于校审过程中需修改的内容，她每次都当面进行耐心说明，对于年轻人工作中遇到的困难总是热情相助，对于年轻人撰写的论文也尽自己最大的努力给予帮助。结合工程项目，组织年轻设计人员进行“已建码头工程散货装船工艺系统升级改造技术研究”“同一泊位多货种散货装卸工艺研究”等多个院内课题的研究，共同分析研究和应用，提高设计团队解决问题的能力；组织技术交流，营造学习氛围，增加技术储备，为加强青年专业技术人员的培养贡献自己的力量。

他是扎进高原的一根钢钉。3 年来，每天 2 万步，用双脚反复丈量了大循项目的总里程。大循公路上的每一寸土地，都留下了他的脚印、汗水和心血。

# 连晓飞

## 雪域高原上的实干家

现任中交养护集团青海大循高速公路总承包项目部总工程师。常年扎根生产一线，不怕吃苦，甘于奉献。自青海大循项目建设以来，他带领团队努力工作，迎难而上，克服种种困难，屡创佳绩，为养护集团在青海区域市场树立了良好的口碑和形象。

◎ 连晓飞

◎ 中共党员

◎ 高级工程师

“大头儿子的爸爸是工程师，我的爸爸也是工程师！”面对幼儿园阿姨的提问，4 岁女儿稚嫩的声音中充满着骄傲和自豪！在高原经历了多年的风吹雨打，日晒雨淋，脸上都没出现“高原红”的连晓飞，此时却脸红了。女儿呱呱落地不久，他就依依不舍地上了高原。作为青海大循总承包项目的总工程师，37 岁的连晓飞就是这样一根默默奉献、扎根高原的“钢钉”。

在青海、甘肃两省之间，海拔 4636 米的达力加山横亘其中，成了一道屏障。走出大山看世界，一直是循化各族人民长久以来的共同心愿。

从 2014 年 5 月到 2018 年 11 月，在 G310 青海省达力加山至循化高速公路的建设中，凝聚着无数中交建设者的艰苦奋斗、辛勤付出。他们扎根在高原上，经受住了高原上风雪的洗礼，创造了一项项傲人的纪录。

连晓飞 2005 年大学毕业入职中国交建，从中原大地到塞北大漠，从江浙沿海到青藏高原，工作上兢兢业业，业务上刻苦钻研，哪里需要就到哪里。他靠着这股子认真、坚持与钻研劲儿，从技术员成长为技术骨干、工程部长、技术负责人，一步一个脚印。2016 年 3 月，他走上领导岗位，在大循总承包项目担任了总工程师。

大循总承包项目地处青藏高原东部，穿越太子山国家级自然保护区，高寒、高海拔、高要求，点多、线长、面广，工程涉及路基、桥梁、隧道、路面、房建、机电、交安、绿化等高速公路建设的所有专业，没有现成的经验可以借鉴，

只能边施工、边摸索，不断地发现问题、解决问题。这对作为总承包项目总工程师的连晓飞来说，无疑是一个巨大的挑战和考验。

黄沙百战穿金甲， 不通此路终不还。面对恶劣的自然环境和多变的高原气候，连晓飞和许多常年奋斗在施工一线的中交人一样，就像钉子一样扎进施工现场，任凭酷暑严寒，狂风暴雪，始终坚守在现场，毫不松懈。57.287 千米是大循项目的总里程，连晓飞在 3 年多的时间里，用脚步反复丈量了无数次。“施工期间每天步行 2 万多步，这几年走了近 4000 千米，这样算下来，我应该把大循项目从头到尾走过七八十次……可以说，大循公路的每一寸土地上，都留下过我的脚印和汗水。”谈起刚通车不久的大循公路，连晓飞激动的言语中充满着自豪，而眼神中忽然闪过的一丝泪光，也许只有和他共同坚守一线的中交人才能体会得到他的感受。

磨砺刻厉开此道，研精覃思保通车。连晓飞说：“任何工作从开始到结束，都要像钉钉子一样，用好劲、用巧劲，实干巧干缺一不可，以锲而不舍的毅力咬住目标持续发力，完成任务的过程也是促使自己不断进步的过程。”面对一

个又一个困难，连晓飞真的就像钉子一样，凭着一股子韧劲儿，事无巨细，亲力亲为，翻越了一座又一座技术高峰。从施工方案的确定到施工工艺的选择，从保护区的生态恢复到隧道施工中的废水处理，每个环节，每个细节，他都力求做到最好；现场哪里有问题，哪里有困难，哪里就有他的身影；每一张图纸，每一个方案，他都要求做到完美。对每件事，他都抱着十分认真、十二分负责的态度，于细微处见真章。他的努力得到了业主单位和交通主管部门的认可。

自 2016 年以来，大循项目四项工程被青海省交通运输厅命名为“样板实体工程”“先进工艺工法路段”；“隧道施工废水多级沉淀系统”被评为“2018 年度公路样板（标杆）工程”；“螺旋隧道照明工程”被青海省公路建设管理局评为“样板实体工程”；“隧道复合材料电缆沟轻型盖板”被青海省公路建设管理局认定为“微创新”成果。

达力加山，藏语意为“神山”，海拔 4636 米，被中交人称为“神奇的达力加”。这里只有两个季节，一个是冬季，一个是大约在冬季。大循高速穿山而过，作为富水隧道的达力加山隧道和卧龙沟隧道施工难度极大。施工地点处

于高寒地区，有着裂隙带来的7000立方米/秒的涌水量；现场地质十分复杂，施工过程要穿越卵砾石堆积体，犹如砂子堆里挖洞；施工团队要进行螺旋隧道施工作业，整个项目存在极高的安全风险和极大的施工难度。

面对一个个难题，连晓飞带着一股子“挤劲”“钻劲”，带着团队经常在隧道里一干就是一整天，从隧道开挖、初喷、支护、防水板挂设、二衬浇筑等施工细节入手，细致研究控制措施；根据地质情况、富水情况完善设计方案；针对出现的病害落实处治措施并跟踪治理效果。隧道最终顺利成功贯通，得益于他和团队近乎偏执的执着追求，得益于他和团队一心一意的专心投入，更得益于他和他的团队肯吃苦、肯钻研的“钉子精神”。做任何事情都需要投入，要想成就大事就需要锲而不舍地投入。

中交人始终坚守着一份责任、一份坚持、一个信念和一种精神！《劝学》云：“锲而舍之，朽木不折；锲而不舍，金石可镂。”纵观古今成大事者，大抵都具有这种执着精神。连晓飞正是有了这种锲而不舍的劲头，一心一意专注于自己的工作，排除外界因素的干扰，从而取得了骄人的成绩。

他说：“‘钉子精神’会永远伴随着我，激励自己用心做好每一项工程。”

他身先士卒，二十年如一日，实现祖国岛礁吹填重大突破；他把心放在船上，把船放在心上，将个人理想融入“一带一路”建设。他就是新海凤轮船长杨春雷。

# 杨春雷

## “战场”上彰显责任与担当

◎ 杨春雷

◎ 中共党员

◎ 特级船长

现任中交上海航道局特级船长。20多年工作生涯，从事船舶管理工作，深入研究、刻苦钻研围海造地的核心技术，在诸多国内外施工项目中积累了丰富的经验。所在的耙吸挖泥船新海凤轮被中交疏浚集团评为“五星船舶”，他本人在2018年被授予上海市“五一劳动奖章”。

## 用心

在新海凤轮上问任何一名船员，让他们评价一下杨春雷船长，几乎都会提到一个词：用心。同时，船员们会提到一个细节：杨春雷每次休假回家之前，总会在船上默默地转一圈。一周后，休假回船的杨船长做的第一件事也是到船上转一圈。这时隔一周的“转两圈”，在普通人看来无非是例行的检查，但是在船长的脑海里呈现出的却是两幅船容船貌的“对比图”。这两次转一圈，小到一个零件的更换、一块油漆的补刷，他都能一清二楚，并以此推断出在他休假这一周里船舶管理的情况。船员们也因此打趣道：每次杨船长转一圈的时候，就是水手长最紧张的时候。

作为一船之长，他十分清楚自己的责任。他重视自身的言行，对待工作严肃认真，一丝不苟；对待同志却是充满热情，平易近人，经常关心新员工的生活和工作情况，及时了解大家的思想动态，并且尽最大可能帮助解决现实问题。对于年轻船员，除了加强业务能力的培训外，更是积极地为他们提供锻炼才

能的空间和机会，加快他们的成长步伐。

他一直认为，船长是直接影响整个船舶风气的关键，作为一船之长就应该以身作则，认真工作，严于律己，宽以待人。也正是通过他对事认真、对人热情、坚持公平公正的管理方式，从而使得部门之间、班组之间协调顺畅，工作效能得到有效激发。

## 责任

在远海施工期间，挖区表层主要是珊瑚岩和珊瑚砂，而且土质中细碎的贝壳等尖锐物较多，对舱面管线上的橡胶软管磨损很大，有可能使橡胶软管出现爆管现象，所以抢修工作无时不在。由于船上没有备件，而且抢修难度大，对船舶正常施工影响严重。为了尽快解决故障，杨春雷组织人手参与软管的抢修工作，在不分昼夜的抢修过程中，虽然衣服被海水打湿、被汗水浸湿，但大家没时间去抱怨，几乎一步不离地坚守在现场。

烈日下，杨春雷的面颊被晒得黝黑发红，坚毅的眼神彰显了他经历大风大浪的沉稳与坚定。身为船长，他的身影遍布全船的每个地方，不论是起耙后的设备检查，还是船舶艏吹时的接管和看舱，他都会在现场指导；身为船长，他和船员们打成一片，关心倾听船员心声；身为船长，他全力以赴，带领全体船员支撑起战胜各种困难的精神力量。

这个坚强的汉子，内心最感愧疚的是家人。远在上海的妻子毫无怨言地独自照顾身患乳腺癌晚期的母亲。杨夫人边带母亲做化疗，边照顾家中幼子，她咬紧牙关，每天往返于医院与家里，全力支持杨船长的工作，将艰辛的泪水化为无形的力量，为杨春雷驰骋海疆、许党报国提供坚强保障。

## 专业

在远海施工伊始，由于对土质了解程度不够，船舶施工近 8 个小时，吹填土方却仅有 2000 多立方米，效率极低。正当大家一筹莫展的时候，他一马当先，指导开展耙头和消能箱格栅改造割除工作，调整施工工艺。经过一系列的设备改造和工艺调整，施工效率由原来的 1000 多立方米 / 小时，上升到 5000 多立方米 / 小时。这果敢的行动和质的飞跃，是对他的最高赞美。

杨春雷组建工艺改革小组，通过对挖掘机具的小改小革保障施工顺利推进。例如新开挖区原状珊瑚石较大，在挖掘的过程中会出现外格栅堵塞，造成泥泵真空变大、流速降低，杨春雷带来团队采取施工中间起耙清理珊瑚石，再通过“停泵 + 起泵”来应对。经过一周左右的清理，这种现象消失不见，施工效率显著提升。

## 守护

对于船舶的安全管理，杨春雷非常注重船员的工作责任心、操作技能和设备的正常率。他定期带领船员进行设备保养及维修，努力摸索各种设备的规律，制订吹填期间的船舶设备检查、保养周期表。根据公司制定的 SMS 程序，规范管理，严格要求，制订吹填工程的各项操作规程和应急预案，确保船舶能在工程中发挥出最大的效率。

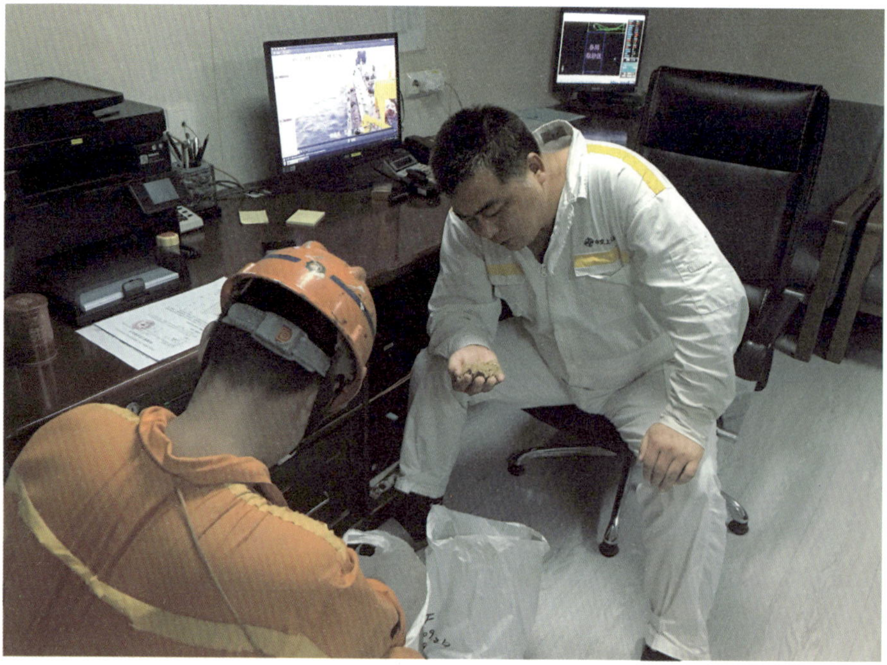

每次船舶安全演习，杨船长总会亲自把关，盯在现场，全方位、全过程地观察、指导船员进行救生艇启动、消防设备使用、救生装备穿着等内容的演练。每次演习过后的讲评，又是大家最紧张的时候，因为杨船长要“树典型”。杨船长总能找出几个细节不到位的船员，谁在消防演习时没带毛巾、谁没穿工作鞋、谁对警报反应时间太长等，都会被拉出来“点名”。在杨船长心里，安全大过天！而他的细心则正是对全船安全的保证！

参加工作这些年来，杨春雷驾驶着巨轮驰骋在多个“战场”，从南美洲的乌拉圭、巴西、委内瑞拉到国内的长江口、厦门、连云港……他说：“能驾驶巨轮参加这么多重点工程，是荣耀，更是责任与担当。”有人问杨春雷，什么事才是有意义的事？他说：“找准自己的定位，做自己应该做的事，就是最有意义的事情。”

桥吊、浮吊、轨道吊，样样精通；科研、创效、治顽疾，行家里手。他是工艺创新的一个标杆，他是振华重工的一面旗帜！

# 徐建中

## 创新发展的领路人

现任职上海振华重工长兴分公司工艺技术部部门经理。入职至今，长期奋战在生产一线，负责过多个种类、多个项目的工艺技术工作，积极带领技术团队克服众多技术难点，为生产提供技术支持，获得公司和业主的一致认可。

◎ 徐建中
◎ 中共党员
◎ 高级工程师

从长兴基地的 0 号码头到 6 号码头，从科技楼到基地生活区，从党建工作到团建工作，再从车间到总装场地，到处都能看到徐建中忙碌的身影在一趟又一趟漫长而又艰辛的“旅程”里。徐建中是一名奋斗者，他用脚丈量着长兴基地的每一寸土地，黢黑的面庞记录了他奋斗的光辉岁月；他是一名优秀的工程师，全世界各地的港口都有他的杰出作品，在光阴稍纵的当下与未来，历久弥新；他更是一名优秀的共产党员，吃苦在前，享乐在后，为了工艺部，为了长兴基地，更为了大国重器的梦想，无怨无悔地付出着自己的青春与热血。

## 敢为人先，知难而进

路虽远行则必至，事虽难做则必成。在徐建中的“人生词典”中，只有“迎难而上”，从来没有“知难而退”。

在 2006 年，他负责振华首次采用链板爬升系统进行提升的新泽西项目。该项目包含桥吊和链板系统，涉及的制作工艺复杂，桥吊结构形式和链板爬升系统，均为振华重工全新设计的。能否成功，直接关系到后续升降大梁项目的结构设计转型方向。为了更好地研究该项目，他独立完成了该项目的三维立体建模，通过立体视图，研究制作工艺和装配工艺，完善制作和尺寸控制工艺，为产品质量提供保障，使项目得以顺利发运，也保证了链板爬升系统在今后的工作中得以成功推广。

2012 年 3 月，由他主导设计的大型低姿态岸桥获得振华重工“科技进步奖特等奖”，公司以此为基础，先后制作完成了意大利和悉尼两个项目。该种类型桥吊有别于一般桥吊，大梁可作伸缩运行，结构为桁架，两个项目外形类似，但大梁结构细节区别较大，其中以悉尼大梁弦杆箱型体制作工艺更为复杂，涉及焊接方法、装配顺序等多方面技术难题，大梁的制作质量更是直接关系到后期大梁运行的安全。

徐建中在前期多次组织研究讨论及对现场制作方法进行指导，使得项目大梁结构得以顺利完成。在该项目的总装过程中，他发明了多项新的操作方法，例如轨道内树脂充填技术。该项目要求轨道接触面内间隙要填充树脂，焊接后，轨道整体长度非常长，如何保证树脂的连续性是关键，通过多次试验，创新的研究顺序充填法，使树脂填充问题得到圆满解决。

2012 年 4 月，徐建中参与韩国连续卸船机吊装方案的制定，并现场指导整机吊装。在国际上，该类型卸船机吊装上的成功和失败先例都曾经出现过。这次起重吨位大，国外吊装方法又过于复杂，横向吊装中心开档小、稳性差，安全风险

较大，且施工周期长。徐建中在制订该项目的起重方案时，结合先前大型吊装经验，制订相应的吊装方案，成功克服了国外吊装方法稳性差的问题，增强了安全性，顺利完成吊装。此吊装方案为世界上首次运用，获得用户高度评价。

## 精益求精，严谨细致

徐建中深知“纸上得来终觉浅，绝知此事要躬行”的道理，从参加工作以来，他就本着严谨扎实的工作作风、勤勉负责的工作态度，不断在实践中提升自身的业务水平。2004 年入职以来，他不畏冬日里刺骨的寒风和夏日里炙烤的阳光，总是拿着蓝图深入烟云缭绕的生产一线，仔细比对每一个关键尺寸，逐步在脑海当中对于岸桥构建起最基础的模型。对于每一个工艺方案，他都会站在不同的角度去思考、论证工艺方案的合理性与可行性，并结合图纸的信息，分析构件特征，尽可能地缩小构件误差。正是因为这种责任心与纪律性，他所拍板敲定的工艺方案从未发生安全问题。

正是基于这种精益求精、求真务实的工作作风，徐建中在工作中积累了丰富的经验，工作业绩硕果累累，先后获得国家专利 34 项、上海振华重工二十大“优秀技术标兵”荣誉称号；“大型低姿态岸桥及其制造技术研究”获得上海市“优秀发明选拔赛优秀发明金奖”；“岸边集装箱起重机加高装置及方法”获得上海市“优秀发明选拔赛优秀发明银奖”；“3E PLUS 级超大型岸桥”项目获得上海振华重工“科学技术进步奖特等奖”；“国内首创新型全桁架大梁岸桥”项目获得上海振华重工“科学技术进步奖一等奖”；“集装箱起重机涂装质量攻关”获得上海市质量技术监督局颁发的二等奖。

## 亲和友善，凝聚团队

一名好的领导者最突出的能力就是让团队的成员不断成长。徐建中业务能力突出，管理能力更是不在话下。运筹帷幄、任人唯贤、以身作则是他能够率领工艺技术部取得优异成绩的重要法宝。工作中的他严肃认真、一丝不苟，但是涉及团队建设方面，尤其是涉及与新员工的沟通交流，他永远都是和颜悦色、平易近人，丝毫不会让人产生距离感和陌生感。

平日里，他非常关心下属员工的工作生活和青年员工的成长，经常通过座谈会面对面让员工畅所欲言，尽可能满足员工的合理诉求。定期组织开展团队建设活动，增强团队凝聚力和人员归属感。同时也会借用自己曾经的奋斗历程勉励青年员工敢于出头，敢于承担。在他的鼓励下，已经有部分青年员工逐渐在各自的岗位上崭露头角，成为独当一面的优秀青年。

他注重培养部门的全面性技术人才，全面调动员工的工作潜能，更好地为公司发展提供技术保障；同时强化培训，明确培训要求，使部门在培训工作上更系统化，目的性更强。在培训课程的设置上，以点、面、体相结合的方式开展，全员、专业、技能三方面都能覆盖，不局限于岗位职能本身，做到点做精、面做细、体做全，使员工在知识、技能上同步提高；积极发挥各技术干部的技术特长，在顽症攻关、课题研究、改革创新、服务生产方面压担子，使部门在工作效率和质量上得到进一步提升。

坚守岗位不动摇，牢固守责永不锈。他是独当一面的部门经理，也是和善可亲的员工知心人；他是公司岸桥项目的守护者，也是公司组织建设的排头兵。

从普通工人成长为劳动模范。他潜心钻研，1套模具，3倍效率，他用汗水和青春演绎着新时代产业工人的风采与执着。

# 毛 希

## 岗位平凡 业绩不凡

◎ 毛 希

◎ 群众

◎ 大学专科

◎ 中级技工

现为中交西安筑路机械有限公司搅拌事业部冷作十组组长，首批“西筑工匠”之一。这位年轻的工匠自2009年入职以来，多次被评为中交西筑“最佳青年员工”“优秀员工”“优秀班组长”“青年标兵”“劳动模范”；他所带领的班组被评为全国公路交通系统“模范班组”。

## 把责任扛在肩上，以身作则带动班组共进步

当听到我们要了解劳模毛希的事迹时，搅拌事业部支部书记艾伟指着车间里头戴安全帽、身穿防护服，正在“全副武装”、聚精会神加工结构件的毛希，满脸得意地说：“我们搅拌事业部再难、再急的活都敢接，因为咱有毛希呢！”

2012 年，25 岁的毛希被任命为冷作十组班长，该班组有 8 名员工，其中 6 人为“90 后”，是整个部门劳动效率最差的一个班组。毛希说：“刚被任命为班组长时，由于年龄小，经验欠缺，压力山大。”经过不断地与老班长们交流，汲取经验，他逐渐下定决心：“既然当了班组长，就一定要当好。”为了能够尽快融入小组，他及时了解组员的工作状态和思想动态，在工作之余，毛希和组员一起拉家常、谈理想，用真情换真心，紧紧地将组员团结、凝聚在一起，小组的整个工作面貌在半年之后焕然一新，劳动效率在部门荣升第一。

在搅拌事业部部长董军看来，毛希踏实肯干顾大局，是车间青年的杰出代表。多年来，每当看到兄弟班组任务拖欠时，毛希都会主动伸出援助之手。在

面对生产任务紧、非标多、难度大、工时少，其他小组都不愿意承接的临时任务时，毛希和班组成员总是把责任扛在肩上，迎难而上，攻坚克难。在他的带领下，冷作十组组员都成了冷作、电焊样样精通的多面手。

## 开动脑筋为人先，撸起袖子加油干

沥青搅拌设备热料仓总成是沥青搅拌设备中最关键的总成之一，该总成制作工艺复杂，技术要求高，工序长，焊接量大。现有热料仓制作工艺为先拼仓体四周的围板，然后插入仓体内部的隔板，但在插隔板的过程中，由于空间小，隔板数量多，想要让每一块隔板拼到图纸要求的位置，需要反复多次才能成功。插一套隔板需要一周左右，是成套设备中生产效率最低的总成。

毛希接任冷作十组班长后，对这种情况是看在眼里、急在心里。他经常在下班时间，盯着设备在思考。有同事和他开玩笑说："毛希，下班了，不回去看媳妇，盯着热料仓看啥呢？"他只是害羞地挠挠头，微微一笑，继续思考。

后来，总能看到他拉着技术人员一起对着设备比划，大家才明白原来他们在讨论热料仓的制作工艺。经过一段时间的琢磨思考、沟通探讨，毛希最终想出了先插隔板、后拼围板的方法。效果出奇的好，在试运行的第一套产品上，插隔板的时间就缩短为 3 天，并且大大提高了产品的质量。经过反复试验，不断总结，该制作方法被编制成工艺，供全部门使用。现在热料仓制作时间已经缩短为 2 天，效率提高 300%。

2018 年，毛希带领的班组完成搅拌设备热料仓总成 41 台，全年完成总工时 308224 小时。在保证自身工作任务顺利完成的情况下，他还主动承接了多项非标任务，为西筑公司“保质保量保履约”工作奠定了坚实的基础。

## 勤学苦练，绽放青春芳华

入职初期，毛希师从陕西省劳动模范李勇。师傅常叮咛他：“干工作要像做人一样，表里如一；要想做好事，必须先做好人。”在师傅的殷勤教导下，他用自己勤奋的双手和所学的专业理论知识，在很短的时间里就使个人业务技能水平大幅提高，熟练掌握产品制作工艺，并能独立完成产品的制作和装配。针对部门小组多、起重工少，在吊装热料仓时等待起重工的时间周期长的情况，为了减少等待起吊过程中的窝工现象，毛希主动向部门提出考取起重工证件的

要求，经过起重工专业培训，顺利取得证书，提高了生产效率。

爱一行、干一行，干一行、专一行。多年来，毛希主攻搅拌设备总成制作，积极思考，累计提出合理化建议 105 条，被采纳 75 条，完成技术革新 15 项，制作大小工装、模具 20 余台套，创造经济效益 280 多万元。在毛希的带领下，热料仓生产完全走上了专业化道路，班组所承制的生产任务总是第一个完成。小组人均收入长期排名车间第一。

每一个时代都有一种先进的精神，这种精神源于我们身边每一个身份普通、岗位平凡、业绩突出的劳动者，他们以热爱工作、勤奋劳动的模范行为，为创造社会财富、促进社会发展做出了突出贡献；他们以爱岗敬业、争创一流，艰苦奋斗、勇于创新，淡泊名利、甘于奉献的伟大劳模精神，谱写了一曲曲人生赞歌。毛希正以这种积极进取的态度，以对工作高度认真负责的责任心，绽放青春芳华，实现着他的人生理想和目标。

一路行走，一路芳华！26 载，青丝变白发。11 座城，80 次评审，270 次巡查管理，这就是绿城“土木先生”李国民的数字人生。

# 李国民

## 理想常青“老师父”

现任绿城乐居集团安装管理专业经理，曾获得绿城集团公司“先进工作者”“优秀员工”“感动绿城年度人物”等多项荣誉。

◎ 李国民

◎ 群众

◎ 大学专科

◎ 现场工程师

李国民于1994年11月进入绿城。作为绿城房产第一代老员工，他见证了绿城每一步的繁荣和发展，同时也经历了政府的宏观调控和市场变化。26年来，他走过了11城，参与过大大小小项目近20个，参与评审项目方案图纸80余个，完成巡查管理270余次……他兢兢业业、勤勤恳恳，践行工匠精神，做一名“真诚、善意、精致、完美”的“土木人”是他的梦想。

## 陪伴了绿城25年的老李就像绿城的缩影

1994年夏天，李国民在杭州中山花园做安装管理，与绿城集团创始人宋卫平相识结缘。同年9月，宋卫平邀请李国民参与杭州丹桂花园的安装管理工作。在中山花园工程结束后，11月11日，李国民正式加入绿城。“我记得当时公司就13个人，工程部有3个人，大家的关系像兄弟一样。这种氛围很好，我就想，在这样的氛围中一直工作下去也不错。”没想到，这一干就是26年。26年来，近20个项目，李国民参与营造的项目几乎涵盖了绿城所有的产品系。绿城管理集团副总经理、绿城乐居集团总经理裘黎明说：“老李是和绿城同时代成长起来的，陪伴了绿城26年的老李就像我们绿城的一部分缩影。”26年来，不论身处哪个项目，李国民的上班时间都非常固定。他给自己规定的上班时间是7:10—7:40之间，早上一到工地先到现场转一圈，检查并梳理好问题，8:30将问题告知土建人员和施工人员，以便他们开展工作。

2001年1月春节前，李国民进入杭州绿园。项目实行24小时值班，一天凌晨2点，他去检查钻孔桩，掉到了井里，一身水泥。他直接用凉水冲掉水泥，在冬夜里穿着湿漉漉的衣服一直坚持到早上8点交班。在安装验收过程中，他亲自为施工单位做指导，并和他们说：“你们的活儿干得好，以后就会少出现问题，也就会赔得少。”事实证明，李国民是对的。杭州绿园交付后的5年保修期内，仅出现1次因业主装修引起的热水管道破裂事件。

2013年，他在浙报江南公寓负责后期的安装和维修管理工作。10月7日，台风“菲特”在福建、浙江两省东南沿海登陆，杭州城内大雨倾盆，一片狼藉。那天正好是由李国民和另一位同事负责防台应急现场值班。在忙乎一整天后，到了晚上，他们已经累得够呛。但在最后巡查中，他们发现2号楼屋面积水严重。李国民猜测一定是雨水管地漏堵塞了，他不顾大雨，鞋子一脱就跳进水里，

然后慢慢摸过去，把一个又一个地漏口的垃圾清理干净。等水位降下去后，他才松了一口气。回到办公室，他全身湿透了。同事提醒他，其实可以打电话叫施工单位的工人过来疏通。他说："让工人赶过来，不知道什么时候才能到。雨这么大，拖得越久，风险就越大，随手能解决的问题，自己完成比较安心。"

## 10年前绿园的图纸还印在我脑子里

因为天天跑工地，李国民的脸被晒得很黑，看起来有点严肃。但熟悉他的人都知道，他为人正派、诚恳豁达、清正廉洁，从不计较个人得失。他的下属惯于称呼他为"师父"（而非"师傅"），正是因为他总是像父辈一般倾情相待、倾囊相授。他平时工作很忙，但周末都会抽空到下属管理的项目去指导，既是为了帮助他们提高技术能力，也是为了对工程质量进行双重把关。他坚信绿城"真诚、善意、精致、完美"的核心价值观是他本人和团队成长的不二法门。

年轻一辈都喊李国民"老干部"，这是对李国民的尊敬和由衷的佩服。对年轻一辈，李国民想多说几句：

——上班早点到公司。早一些，不会堵车，而且能保持头脑清醒，可以先

到工地检查一圈，及时发现问题。

——多看图纸和规范标准。“我看图是这样的，70% 都能记住。绿园至今已经 10 年了，图纸还清晰地印在我的脑子里。有些项目即使不是我管现场安装，只管客服，但因为熟悉图纸，一到现场我就知道该怎么维修。”

——做工程，要勤快。脚要勤，要多走；眼睛要勤，要多看；嘴巴要勤，该说就说，看到问题就说；脑袋要勤，要多思考。

——分工不分家。各条专业线要团结，土建、安装、景观人员虽有分工，但相互之间看到问题都要及时提出并讨论，要将问题解决在前期工程施工阶段。

——保持细心，敲响警钟。在工地现场必须注意安全，要“一停二看三通过”，上看有无高空落物，下看有无铁钉等，戴安全帽必须扣好带子。

古人云：人无忠信，不可立于世；不信不立，不诚不行。忠诚的人，不论在何时何地，都会受到人们的赞美；忠诚的人，人格会得到升华。如果不慎丢失了它，那么这个人就可能一文不值。忠诚就是一种信仰，这便是李国民对“信”的解读。李国民经历了公司创业之初的艰辛，经历过辉煌，也见证了几次最困难的时刻，但他一直坚守在本职岗位上，从未动摇。

面对相对浮躁的房地产行业环境，他屡次抵制外界高薪厚职的诱惑，始终坚守在建设一线，一步一个脚印，奋力拼搏，迎难而上。他以实际行动践行匠心精神，铸就了桂花系列、九溪玫瑰园等一个又一个精品工程，赢得了“安装杯”“西湖杯”“钱江杯”等多个重要奖项。已跨过知天命之年的李国民感慨：公司的人才越来越多，素质也越来越好；年轻人正是学技术的时候，只要认真仔细地干活，没有干不好的。

谈及未来，李国民算起了时间：“我还有 10 多年退休，我肯定就跟着绿城一直走下去了；退休后，我要写本叫《风风雨雨》的书，把在绿城的工作经历写下来。这就是我未来的打算。”